JN093222

トランプで遊ぼう！

こどもから大人まで！

ゲーム Game
マジック Magic
占い Fortune Telling

上口龍生
三田皓司【監修】
シャーリー・スー

池田書店

盛り上がる!
ゲーム編

定番のゲーム

2・3人で遊べるゲーム

大人数で遊べるゲーム

1人で遊べるゲーム

ウケる!
マジック編

カードを揃える

JOKER
JOKER
A
A

カードが移動する

K
K

10
10

カードを当てる

Q
Q

9
9

J
J

カードが変身する

ドキドキ!

占い編

カードの基礎知識

盛り上がる！

ゲーム編

GAME

トランプ1組あれば遊べるゲームが大集合！ 1人でじっくり遊べるものから、大人数でワイワイ盛り上がれるものまで、多彩なゲームを紹介！　パーティーや空き時間に楽しもう！

ゲーム編の見方

ゲームの性格

運	戦術
★☆☆☆☆	★☆☆☆☆

そのゲームが、「運」に左右されやすいか、「戦術」次第で勝利をつかめるか、その度合を★の数で示しています。

トランプゲームの基本

J
Q
JOKER
K

♣ ゲームの用語解説

トランプゲームには独自の用語があります。基本的な用語を紹介するので、わからない用語があれば、このページに戻って確認してみてください。

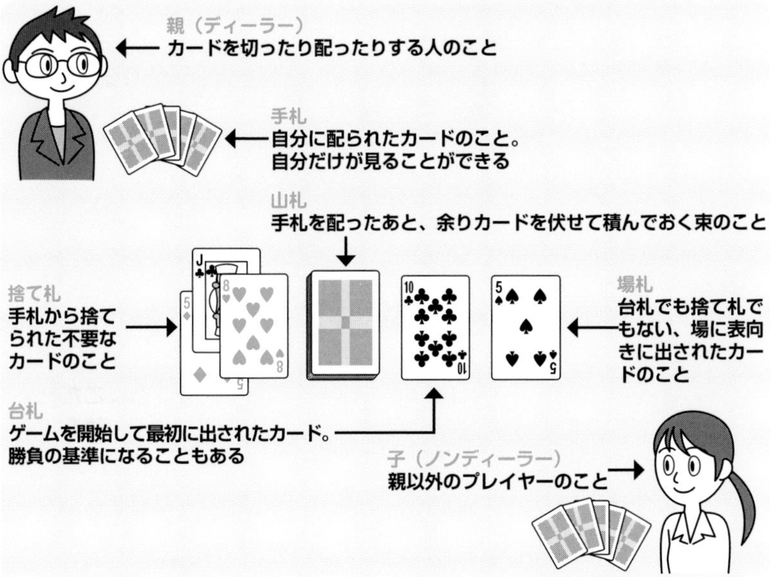

親（ディーラー）
カードを切ったり配ったりする人のこと
手札
自分に配られたカードのこと。
自分だけが見ることができる
山札
手札を配ったあと、余りカードを伏せて積んでおく束のこと
捨て札
手札から捨てられた不要なカードのこと
場札
台札でも捨て札でもない、場に表向きに出されたカードのこと
台札
ゲームを開始して最初に出されたカード。
勝負の基準になることもある
子（ノンディーラー）
親以外のプレイヤーのこと

役
カードのマークや数字で作る、特別な組み合わせのこと

切り札
そのゲームのルール上で最強のカードのこと。元来「トランプ」とは切り札を意味する

つけ札
場に出ているカードに自分のカードをつけ加えること。新たに役を作ったり、数字をプラスしたりする

手番
自分のプレイする番のこと。通常、親から時計回りに進める

♠ 親を決めよう

親を決めるのはジャンケンやサイコロでもいいですが、
本格的なのはカードを使って決める方法です。

❶ リボンスプレッド

ジョーカー以外の52枚のカードをよく切り、テーブルの上に横へ広げます。帯状になったカードから１人１枚ずつ好きなカードを引いたら表に向けて、いちばん強いカードを引いた人が親になります。

❷ ドロー

ジョーカー以外の52枚のカードをよく切って裏向きに置きます。その山から１人１枚ずつ好きなところにあるカードを引いて、いちばん強いカードを引いた人が親になります。

カードの強い順

数　字 A > K > Q > J > 10 > 9 > 8 > 7 > 6 > 5 > 4 > 3 > 2
マーク ♠ > ♥ > ♦ > ♣

♥ 楽しくゲームを進めるためのマナー

ゲームを楽しむためには、ルールやマナーも大切。勝負にこだわるあまり場の空気を悪くしたり、ルールをやぶったりしないように気をつけて、ゲームを楽しみましょう。

❶ **カードはよく切ってから配る**

❷ **プレイヤーはカードが配り終えるまで、カードに触れない**

❸ **他のプレイヤーの手札をのぞかない。自分のカードも見えないように持つ**

❹ **ゲームをあがったプレイヤーや見物人は、ゲームに助言や口出しをしない**

❺ **ゲームの進行はテンポが大切。長く考え込んでゲームを止めないように**

❻ **カードは大切に扱い、折ったり傷つけたりしない**

GAME 1

7を中心として数字を並べて手札をなくす!

七並べ（ファンタン）

数字の順番がわかればプレイできるため、子どもにも親しみやすいゲームです。ルールは簡単ですが、カードを出す順番など戦略的な一面もあるので大人でも楽しめます。

プレイ人数	使うカード	ゲームの性格	
3人以上	1セット 52枚 ジョーカーは除く	運 ★★★☆☆	戦術 ★★★★☆

「七並べ」の遊び方

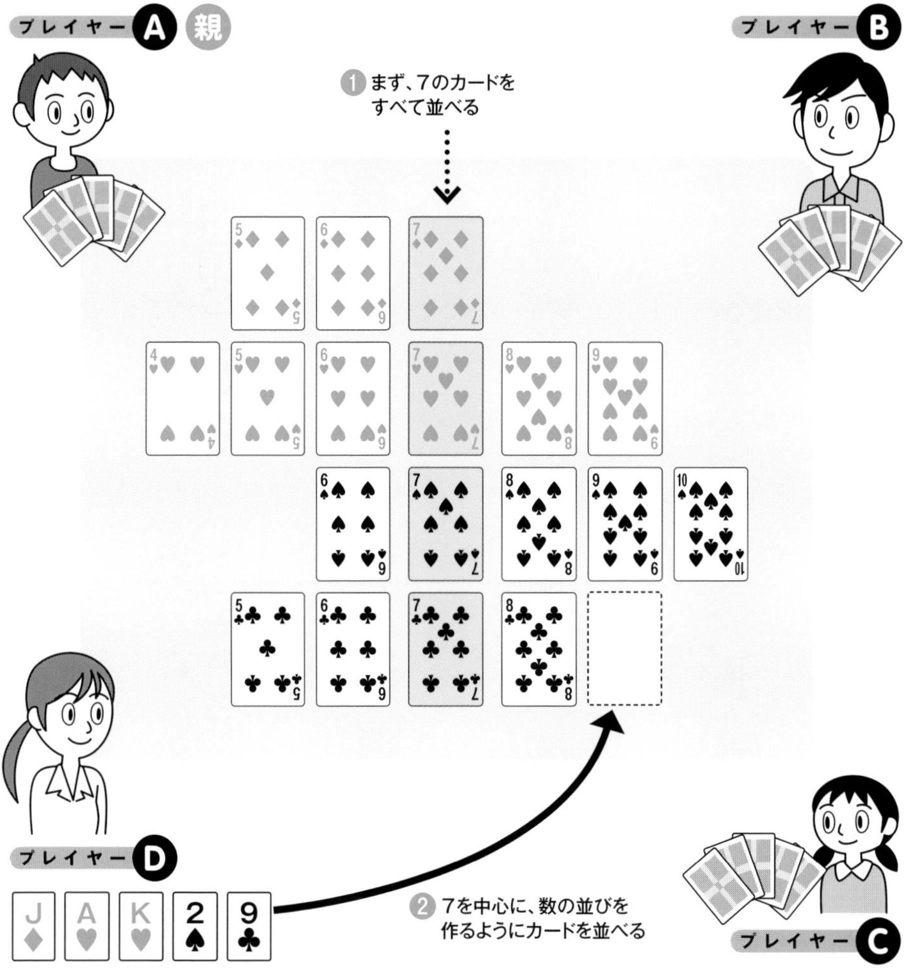

プレイヤーA 親
プレイヤーB
① まず、7のカードをすべて並べる
プレイヤーD
J A K 2 9
② 7を中心に、数の並びを作るようにカードを並べる
プレイヤーC

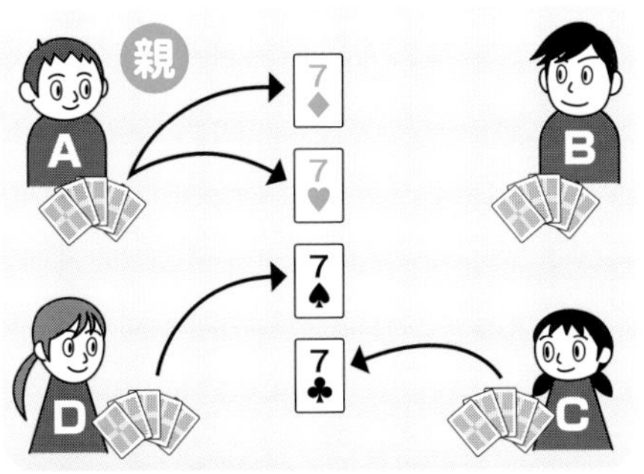
親
A
B
C
D

1 準備 親の左隣から1人1枚ずつ、すべてのカードを配ります。最終的なカードの枚数にバラつきが出ますがかまいません。その後、手札の中の7をすべて場に出します。

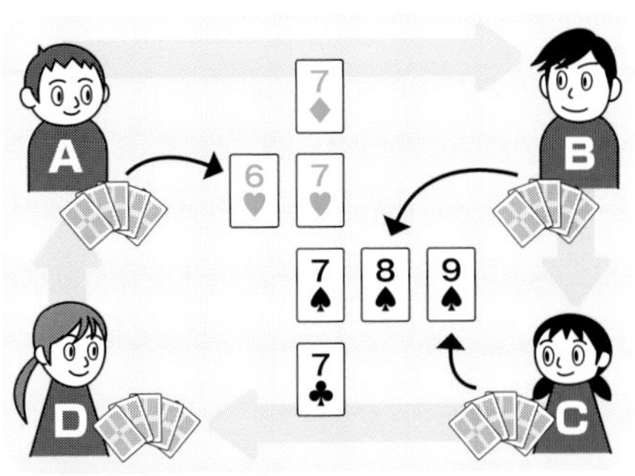
A
B
C
D

2 ◆7のカードを出した人からプレイを開始し、時計回りにプレイを進めます。7のカードを中心に、両側にマークの同じ数列ができるようにカードを置きます（例／♥7の隣には♥6か♥8が置ける。♥8の隣には♥9が置ける）。

A
B
C
D
パス

3 置けるカードがない、あるいは置けるカードはあるけど置きたくない場合（例／戦略的に8を出さずに、その後のカードを置かせないようにする場合など）は、「パス」をして順番を飛ばすことができます。

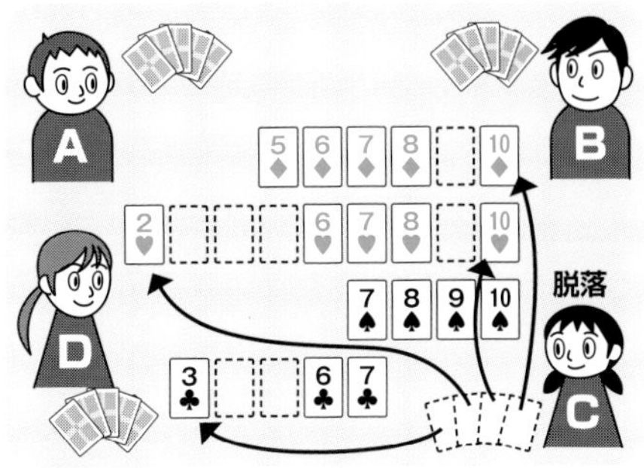
A
B
C
D
脱落

4 カードを出すことができず、4回目のパスをしなければならなくなった人は脱落です。残りの手札をすべて場に並べて、ゲームの続行を見守りましょう。カードは、他のカードを置くスペースを空けて並べます。

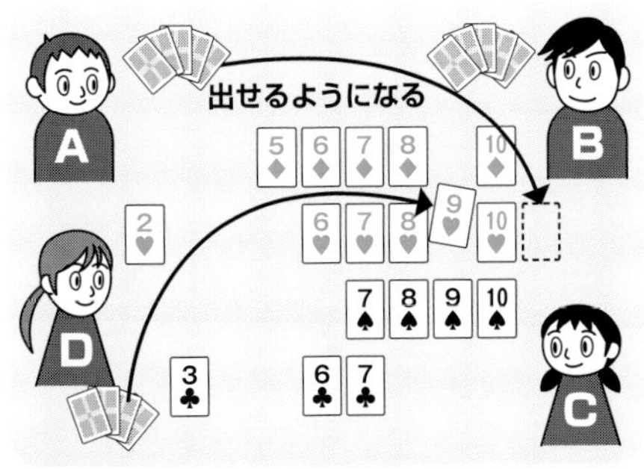
A
B
C
D
出せるようになる

5 脱落した人が並べたカードと、既に並んでいるカードが離れている場合、欠けたカードを埋めないと、続きを出すことができません（図では♥8と♥10の間に♥9を入れてスペースを埋め、♥J以上のカードを出せるようになった）。すべての手札を早くなくした人の勝ちです。

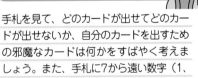

「七並べ」で勝つために

手札を見て、どのカードが出せてどのカードが出せないか、自分のカードを出すための邪魔なカードは何かをすばやく考えましょう。また、手札に7から遠い数字（1、2、3、K、Q、Jなど）がなく、7に近い数字（5、6、8、9など）があるマークの場合は、7に近い数字を止めておくと、他プレイヤーはカードを出せません。こうして足止めすることも必勝法の一つです。

GAME 2

2枚のカードの強さを競う運まかせのゲーム

戦争（ウォー）

２人で行うカードゲームの中で、最もシンプルなゲーム。作戦や駆け引きが必要なく、運だけがものをいうので、ゲームを始めたての子どもにも勝つチャンスがあります。

プレイ人数 2人

使うカード 1セット 52枚 ジョーカーは除く

ゲームの性格 運 ★★★★★ 戦術 ☆☆☆☆☆

「戦争」の遊び方

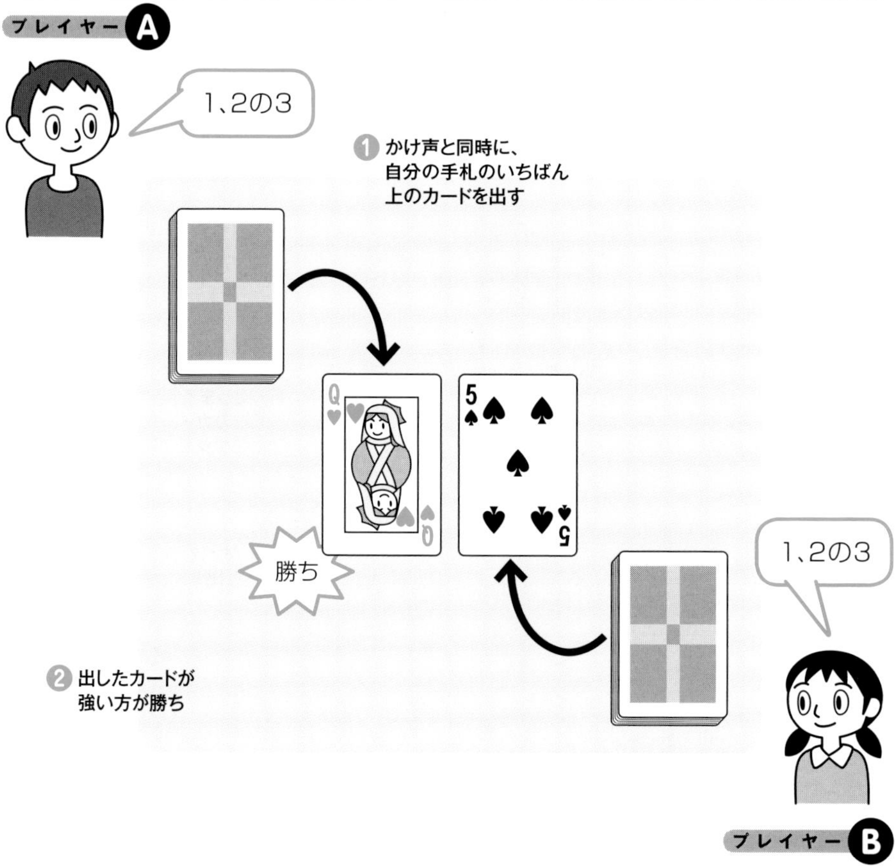
プレイヤーA
1、2の3
1 かけ声と同時に、自分の手札のいちばん上のカードを出す
勝ち
1、2の3
2 出したカードが強い方が勝ち
プレイヤーB

カードの強さ A＞K＞Q＞J＞10＞9＞8＞7＞6＞5＞4＞3＞2

A
B

1 準備 すべてのカードをよく切り、1枚ずつカードを配って1人26枚のカードを持ちます。カードは伏せたまま整えて、自分の前に置き手札とします。

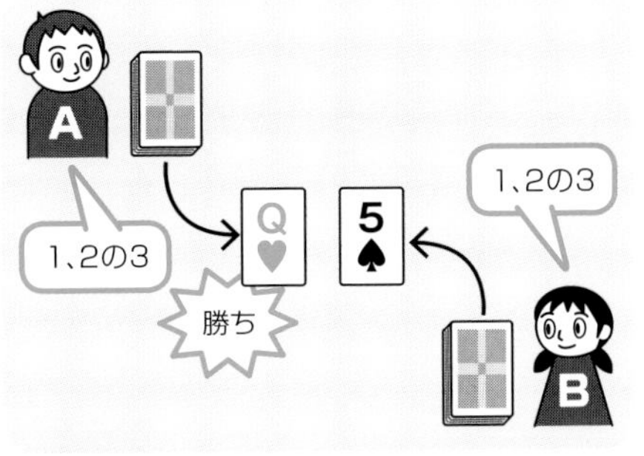
A
1、2の3
勝ち
1、2の3
B

2 「1、2の3」のかけ声で、手札のいちばん上のカードを表にして場に出します。

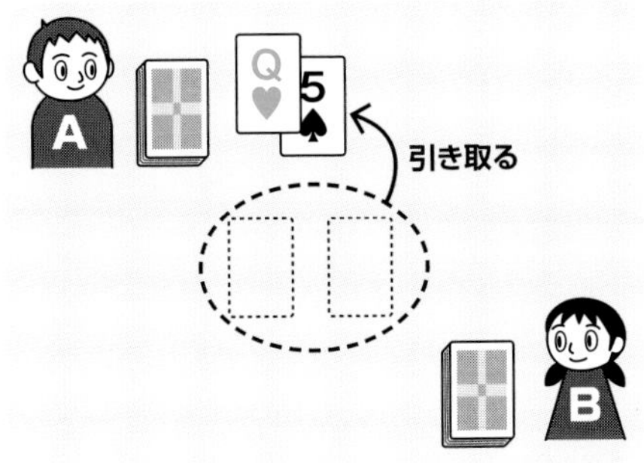
A
引き取る
B

3 2枚のカードのうち、強いほうが勝ち札です。勝ち札を出した人が、場に出ているカードを2枚とも引き取り、脇に置いておきます。

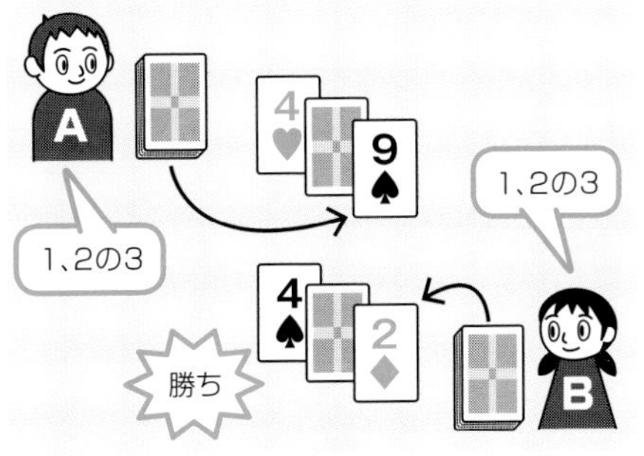
A
1、2の3
1、2の3
勝ち
B

4 同じ数字が出た場合、カードはそのままでお互いが1枚伏せて置き、再度カードを表にして出します。勝利が決まったら、勝ち札を出した人が6枚のカードを引き取ります。思いがけず強いカードをゲットできるかも？

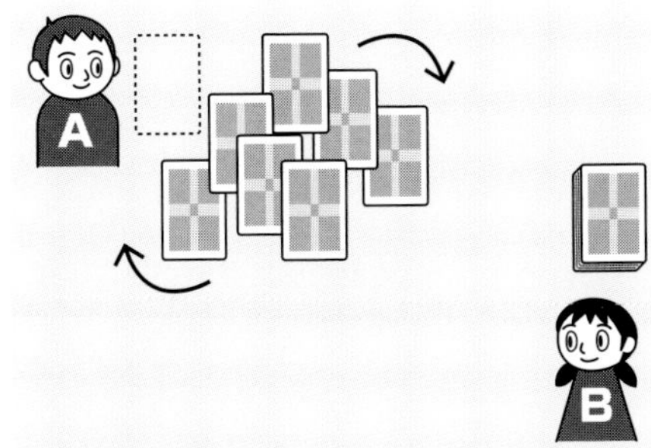
A
B

5 勝敗 手札がなくなったら、それまでに自分が引き取った札をよく切って手札とし、ゲームを続行します。

A
すべてのカードを
引き取る
勝ち
B

6 1人が52枚のカードをすべて集めるまで行います。すべてのカードを引き取った人の勝ちです。

GAME 3

オススメ！

相手よりも早くカードを重ねて手札をなくす！

スピード

手札をスピーディに台札に重ねていく、反射神経が決め手のゲーム。とてもシンプルですが、実際にプレイしてみると手と手がぶつかったりカードが飛んでいったりと、アクティブに楽しめます。

プレイ人数　2人

使うカード　1セット52枚　ジョーカーは除く

ゲームの性格　運 ★★★★☆　戦術 ★★★☆☆

「スピード」の遊び方

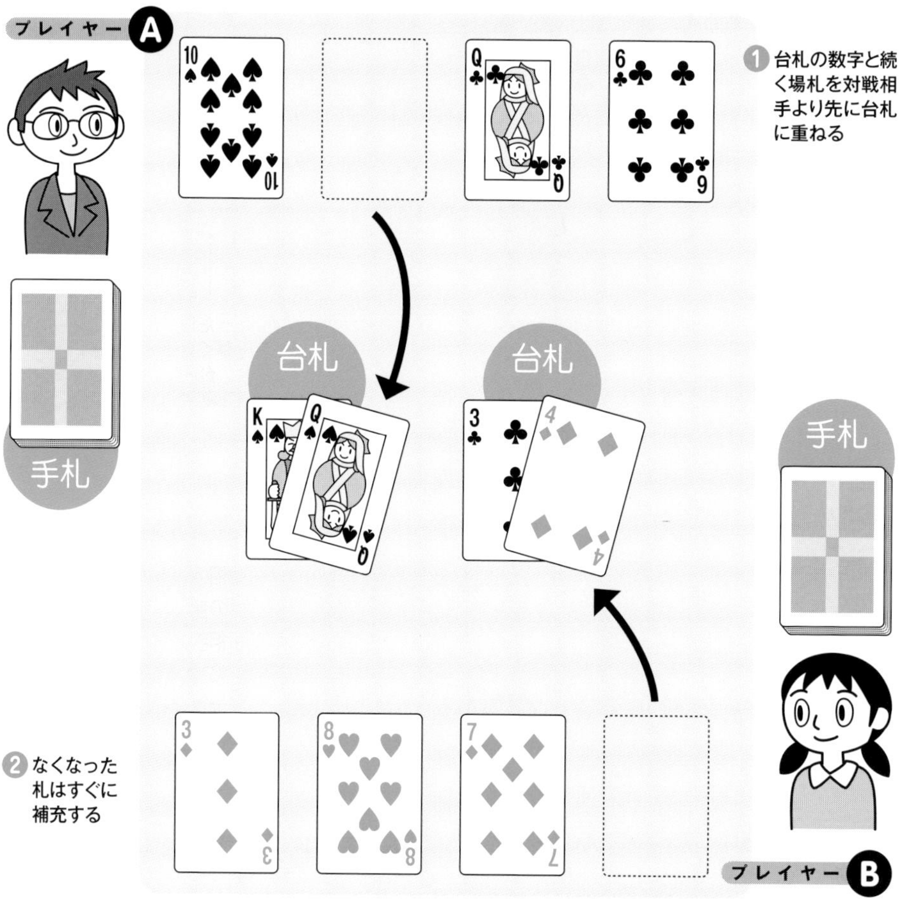

プレイヤーA
台札
台札
手札
手札
プレイヤーB
❶ 台札の数字と続く場札を対戦相手より先に台札に重ねる
❷ なくなった札はすぐに補充する

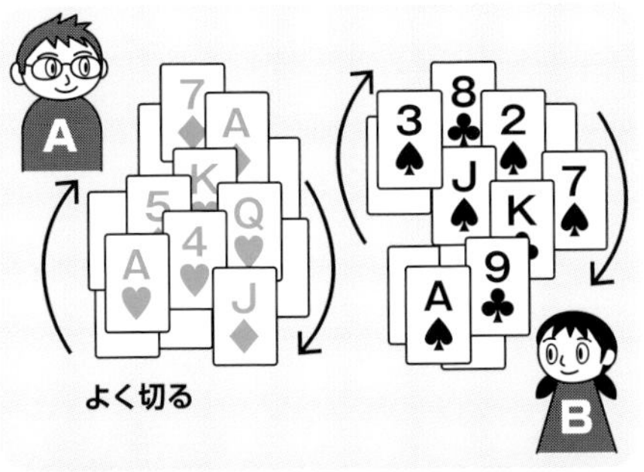
A
B
よく切る

1 準備 52枚のカードを赤と黒の各26枚に分け、よく切ります。切り終わったら対戦相手と交換し、手札にします。手札は裏返しのままで場に伏せます。

A
B
場札
台札
手札
手札
場札
1、2の3
1、2の3

2 手札のいちばん上から4枚を表向きに出して場札にします。「1、2の3」のかけ声で、手札から1枚出して台札とし、ゲームをスタート。

A
B
台札

3 4枚の場札のうち、2枚の台札に続く数字があれば、マークに関係なくカードを重ねます。続く数字とは、7に対する8と6など、隣り合わせになる数字のことです。

A
B
手札
手札

4 場札がなくなった場所には、手札のいちばん上から素早くカードを補充してゲームを続けます。台札に重ねるのは早いもの勝ちなので一連の流れを素早く行いましょう。

A
B
台札
1、2の3
1、2の3

5 勝敗 場札が台札と続かなくなったら、かけ声と同時に手札から台札を出して続行。手札がなくなったら「あがり！」と宣言する。先にあがった方の勝利です。

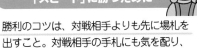

「スピード」に勝つために

勝利のコツは、対戦相手よりも先に場札を出すこと。対戦相手の手札にも気を配り、同じ数字があっても相手よりも早く場札を重ねましょう。
また、自分の手札だけを見てプレイしていると、数字が続かなくなり、カードを重ねられなくなってしまいます。相手の出す手札をよく観察し、それを利用して自分の手札を出すことができれば、よりたくさんのカードを出せます。

GAME 4

手札の中でいちばん強いカードを出して早くあがる
ページワン

台札と同じマークのカードを順番に出していき、早く手札をなくしたプレイヤーの勝ちです。カードが残り1枚になった時には、「ページワン」と言わなければ、必ずペナルティが与えられます。

プレイ人数	使うカード	ゲームの性格	
2～6人	1セット 52枚 ジョーカーは除く	運 ★★★★★	戦術 ★★★★★

「ページワン」の遊び方

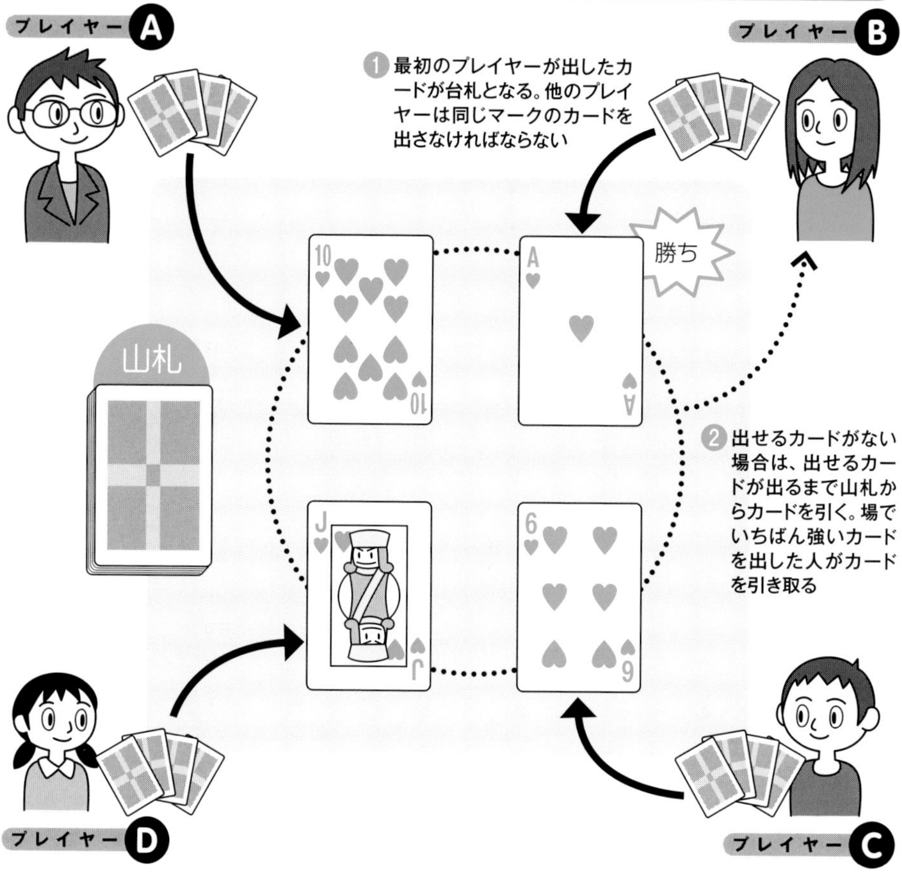

プレイヤーA
プレイヤーB
プレイヤーC
プレイヤーD
① 最初のプレイヤーが出したカードが台札となる。他のプレイヤーは同じマークのカードを出さなければならない
勝ち
山札
② 出せるカードがない場合は、出せるカードが出るまで山札からカードを引く。場でいちばん強いカードを出した人がカードを引き取る

カードの強さ A > K > Q > J > 10 > 9 > 8 > 7 > 6 > 5 > 4 > 3 > 2

親
A
B
山札
D
C

1 準備 親はカードをよく切り、各プレイヤーに4枚ずつカードを配ります。残りのカードは山札として場に置いておきましょう。

A
B
台札
A
山札
D
C

2 親の左隣からゲームを開始し、時計回りにゲームが進みます。まず、好きなカードを1枚出します。このカードが台札となります。

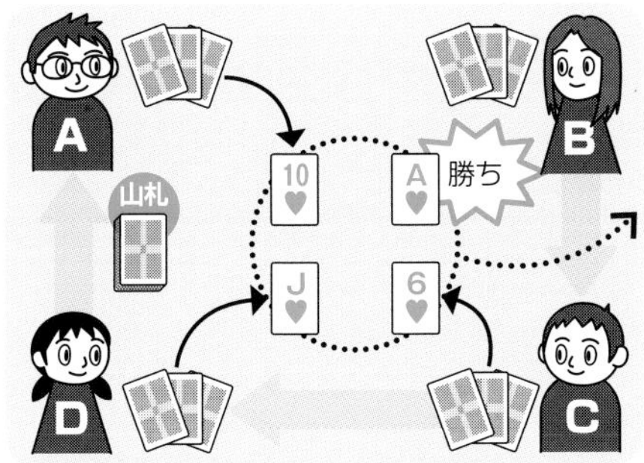
A
B
山札
10
A
勝ち
J
6
D
C

3 他のプレイヤーは、台札と同じマークのカードを出さなければなりません。手札に出せるカードがない場合、出せるカードが出るまで山札からカードを引きます。全プレイヤーのカードが出た時、いちばん強いカードを出した人の勝ちとなります。

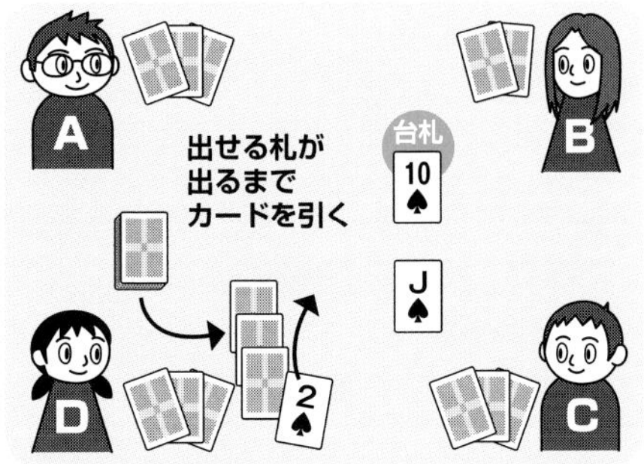
A
B
出せる札が
出るまで
カードを引く
台札
10
J
2
D
C

4 場に出された札は脇に流して一カ所に置き、山札がなくなったときによく切って山札として補充しましょう。次からは勝った人から台札を出します。場に出せるカードがない場合、出せるまで山札からカードを引きます。

ページワン
A
B
A
Q
6
3
D
C

5 勝敗 カードを出して残り1枚になったら、すかさず「ページワン」と宣言しましょう。宣言する前に次の人がカードを出した場合、ペナルティとして山札から5枚カードを引かなければなりません。こうして手札を出しきった人の勝ちです。

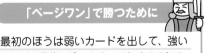

「ページワン」で勝つために

最初のほうは弱いカードを出して、強いカードを最後に残します。こうすることで、最後のほうは、自分が台札を出すことができるので、山札から手札を取ることなくゲームを進めることができます。
ページワンになりそうなプレイヤーの次の人は、最後の1枚になったプレイヤーがページワンを宣言する前に、素早くカードを出してペナルティを与えましょう。

GAME 5

手札を交換して強くして戦う5回勝負

エカルテ

フランス生まれの古いゲームで、スピーディーで生き生きとしたプレイが楽しめます。ゲーム開始の前に、何回か手札を山札と交換し、手札を強いカードにしていきましょう。

プレイ人数	使うカード	ゲームの性格	
2人	32枚（2〜6、ジャックを除く）	運 ★★★☆☆	戦術 ★★★★☆

「エカルテ」の遊び方

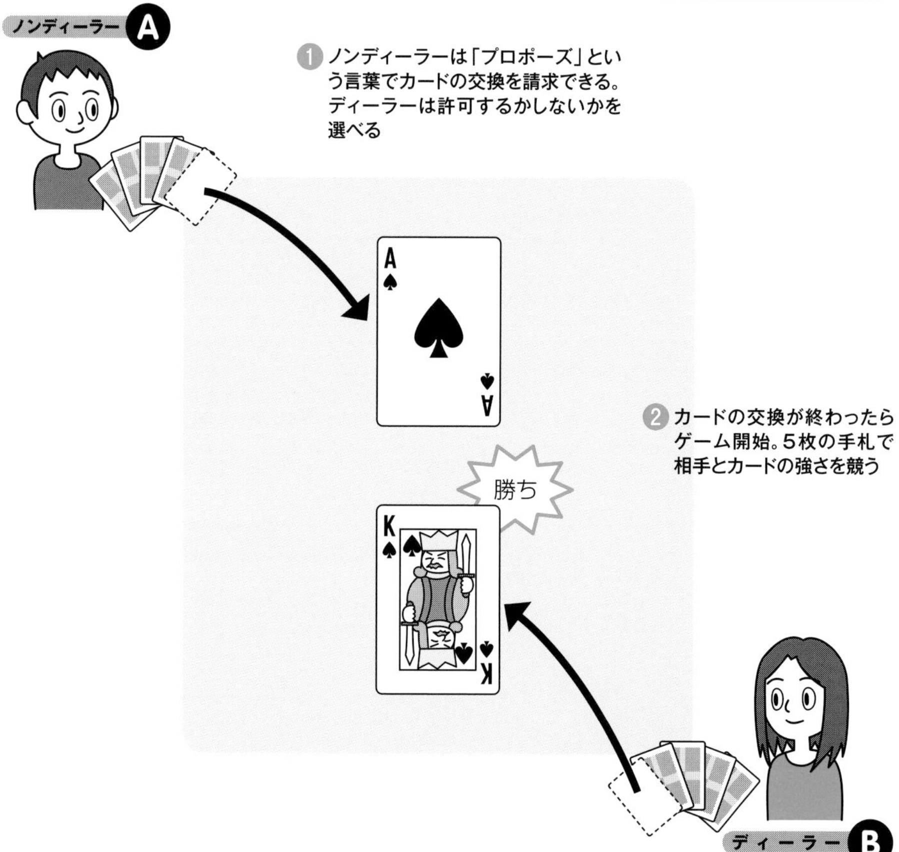

ノンディーラー A
① ノンディーラーは「プロポーズ」という言葉でカードの交換を請求できる。ディーラーは許可するかしないかを選べる
A
② カードの交換が終わったらゲーム開始。5枚の手札で相手とカードの強さを競う
勝ち
K
ディーラー B

カードの強さ K > Q > J > A > 10 > 9 > 8 > 7 > 切り札以外の捨て札（Aの強さに注意）

※切り札の場合は数にかかわらず台札より強い

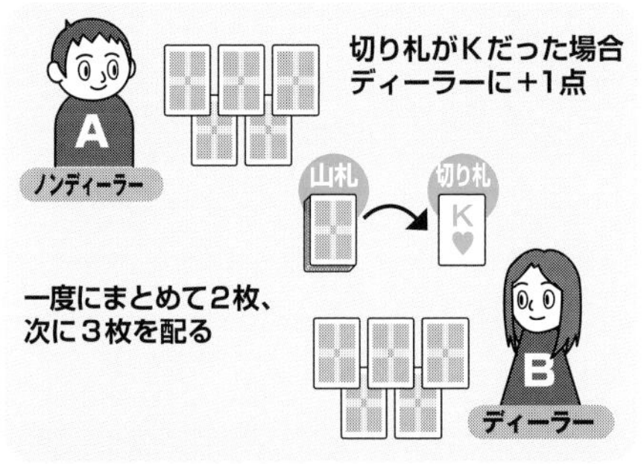
切り札がKだった場合
ディーラーに＋1点
A
ノンディーラー
山札
切り札
K
一度にまとめて2枚、
次に3枚を配る
B
ディーラー

1 準備 ディーラーは各マークの2、3、4、5、6を抜いてカードをよく切ります。次に、まとめて2枚と3枚を配ります。残りのカードは山札として裏向きにして置きます。山札のいちばん上のカードを開き、そのカードのマークが切り札となります。

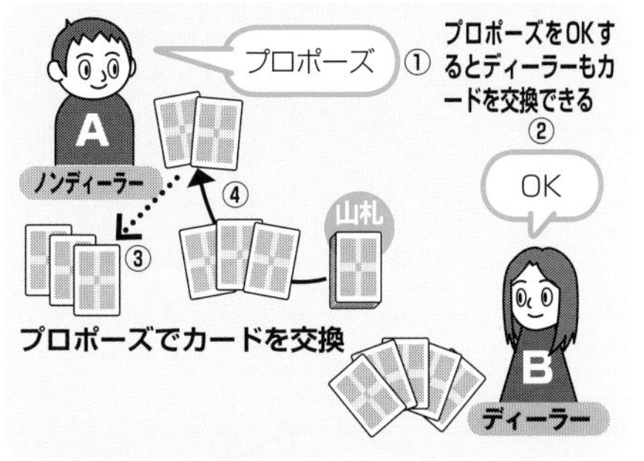
プロポーズ
①
プロポーズをOKするとディーラーもカードを交換できる
②
OK
A
ノンディーラー
④
③
山札
プロポーズでカードを交換
B
ディーラー

2 手札を見てから、ノンディーラーはすぐにプレイを開始するか、カードを交換するかを選択できます。カードを交換する場合は「プロポーズ」と宣言し、カードを交換します。プロポーズはプレイを開始するまで何度もできます。

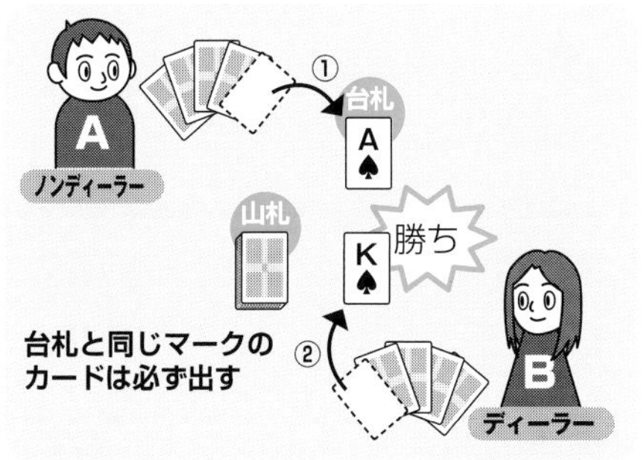
A
ノンディーラー
①
台札
A
山札
勝ち
K
台札と同じマークの
カードは必ず出す
②
B
ディーラー

3 ノンディーラーがプレイの開始を選択したら、まずノンディーラーからカードを出します。ディーラーは同じマークのカードを出し、強さを競います。同じマークのカードがなければノンディーラーの勝ちとなります。

台札と同じマークの
カードがない場合は捨
て札として1枚出す
A
ノンディーラー
②
7
山札
♥はないから
♣7で
台札
Q
勝ち
①
B
ディーラー

4 勝敗 次からは勝ったプレイヤーからカードを出します。これを5回繰り返し、どちらがより多く勝ったかを競い採点します。5回勝った人は2点、3〜4回勝った人は1点。手札を交換しないよう選択したのに3回以上勝てなかった人は−1点。5点を先に取った人の勝利です。

A
ノンディーラー
山札
拒否します
プロポーズ
B
ディーラー

1 ルール ディーラーはプロポーズに対して拒否権があります。ただし、プロポーズを拒否した場合はディーラーが3回以上勝たないと−1点となるので注意しましょう。勝つ自信がある時はプロポーズを拒否してゲームを始めましょう。

「エカルテ」で勝つために

手札の交換をいつまで続けるかが大事なところ。ディーラーになった場合はプロポーズを断って負けた場合にペナルティがありますが、ノンディーラーのプロポーズにいつまでもOKを出しているとノンディーラーの手札がどんどん強くなっていきます。ノンディーラーの場合は交換で確実に手札に強いカードばかりが集まればいいですが、中間の強さのカードを交換して弱いカードを引いてしまうリスクがつきまといます。

GAME 6

より強いカードを出してダイヤのカードを取り合う!

ゴップ

ルールはシンプル。ダイヤのカードをできるだけたくさん取ることです。相手のカードを読むだけでなく、プレイ中の会話でハッタリを楽しむのも醍醐味のひとつです。和気あいあいとプレイしましょう。

プレイ人数 3人

使うカード 1セット 52枚 ジョーカーは除く

ゲームの性格 運 ★☆☆☆☆ 戦術 ★★★★★

「ゴップ」の遊び方

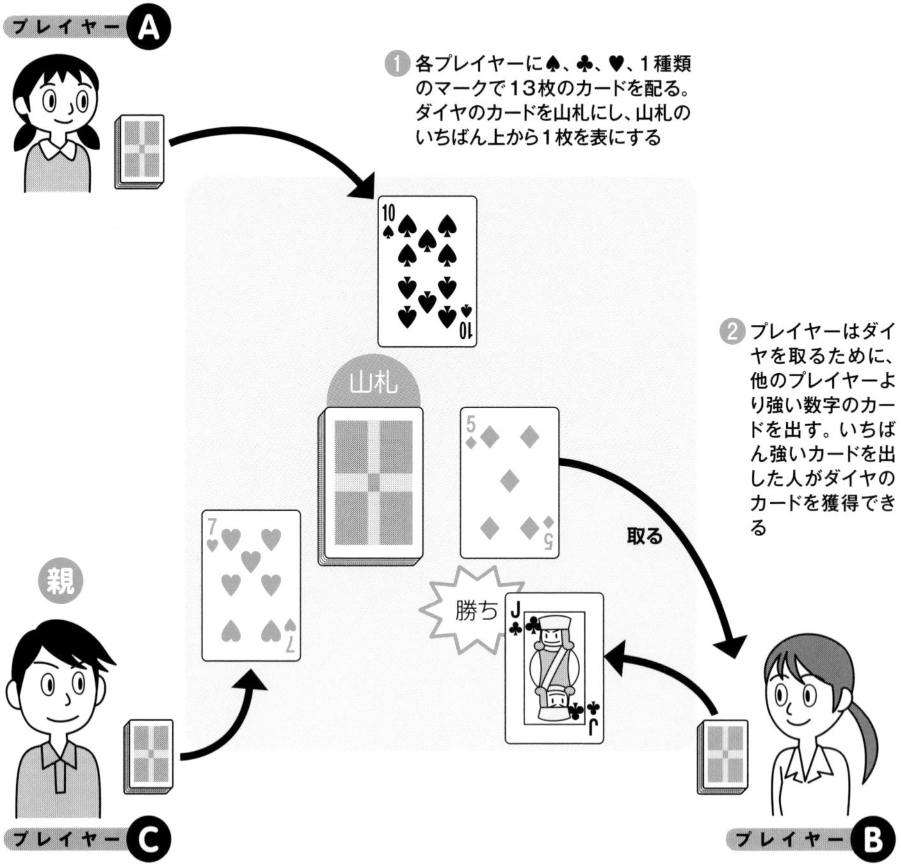

プレイヤーA
山札
取る
勝ち
親
プレイヤーC
プレイヤーB

1. 各プレイヤーに♠、♣、♥、1種類のマークで13枚のカードを配る。ダイヤのカードを山札にし、山札のいちばん上から1枚を表にする
2. プレイヤーはダイヤを取るために、他のプレイヤーより強い数字のカードを出す。いちばん強いカードを出した人がダイヤのカードを獲得できる

カードの強さ K > Q > J > 10 > 9 > 8 > 7 > 6 > 5 > 4 > 3 > 2 > A

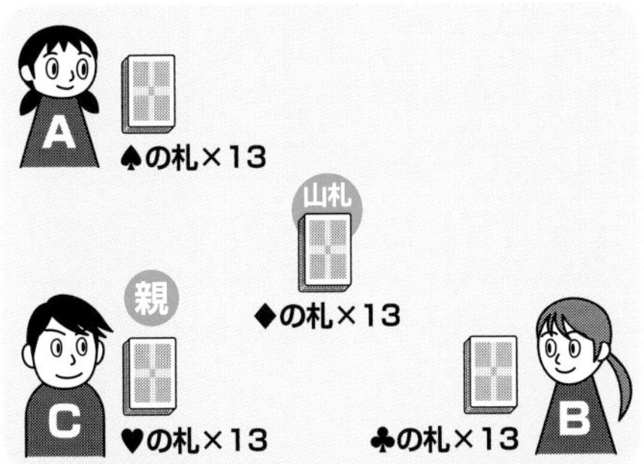
A
♠の札×13
山札
親
◆の札×13
C
♥の札×13
♣の札×13
B

1 準備 親はカードをマークごとに13枚ずつに分けます。それぞれのマークの山をよく切り、♥、♠、♣の山を各プレイヤーに配ります。◆の山は場の中央に伏せて置きます。

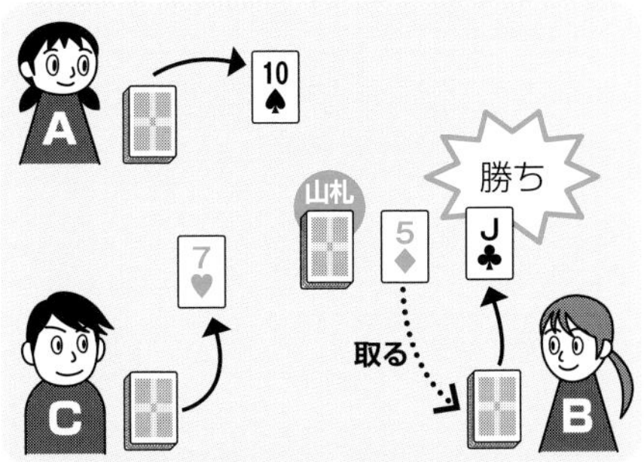
A
山札
勝ち
取る
C
B

2 親が◆の山のいちばん上から1枚開きます。各プレイヤーは、◆のカードの数を見ながら手札から出すカードを検討し、自分の前に伏せて置きます。「1、2の3」のかけ声でカードを開き、いちばん強いカードを出した人が◆のカードを取ります。

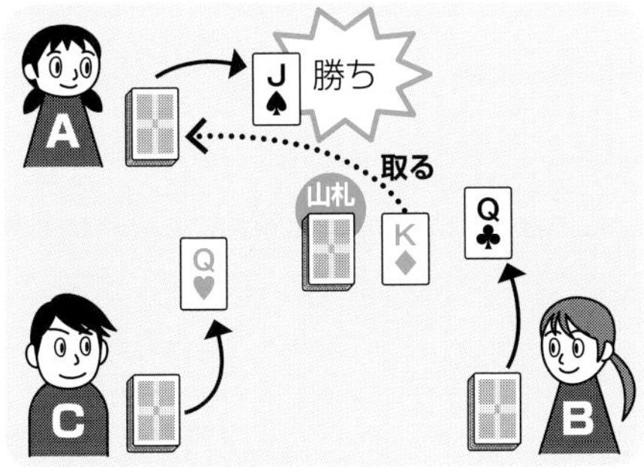
A
勝ち
取る
山札
C
B

3 2人の数字が同じだった場合（例えば、♥Qと♣Qだったとき）は、残りの1人の勝ちとなり、◆のカードを獲得できます。つまり、弱いカードでもカードの数字が被らなかった人の勝ちです。

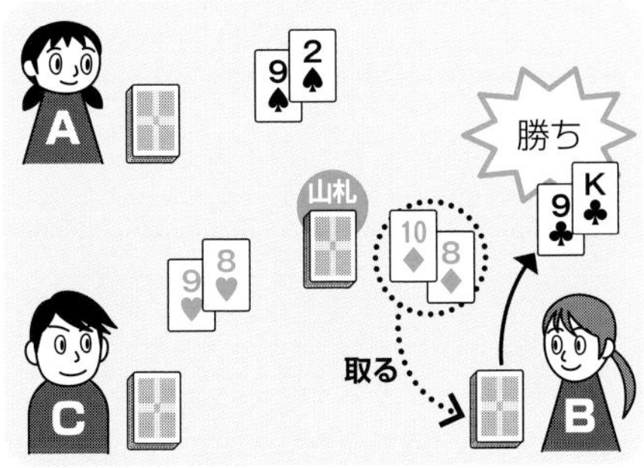
A
山札
勝ち
取る
C
B

4 3人とも同じカードを出した場合（例えば、♥9、♠9、♣9だったとき）は、◆のカードはそのまま残しておき、◆のカードの山のいちばん上からもう1枚をめくって続行します。次の勝者は2枚の◆のカードを獲得できます。

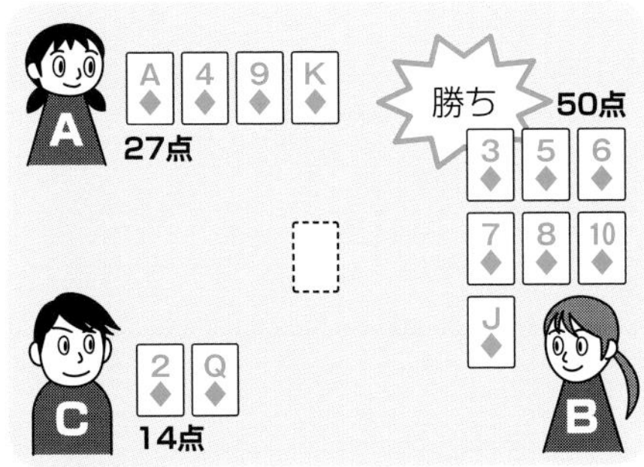
A
27点
勝ち
50点
C
14点
B

5 勝敗 ◆の山札がなくなったら、各プレイヤーが獲得した◆の合計点を数えます。点数はAが1点、2～10はそれぞれの点数、Jが11点、Qが12点、Kが13点。合計点数が高い人が勝ちです。

「ゴップ」で勝つために

対戦相手が使ったカードを覚えておきましょう。特に、K～10、4～Aあたりを覚えておくと、対戦相手が次に何を出すかが推理できるので勝ちやすくなります。強いカードを出すといった嘘をついたり、弱いカードを出す演技をするなど、ハッタリで他プレイヤーのカードをコントロールできれば達成感があります。ゴップをもとにした『はげたかのえじき』という有名なボードゲームもあり、こちらも盛り上がります。

GAME 7

オススメ！

“だまし合い”で、伏せられたカードを当てる！

ゲスイット

推理＆心理戦のゲームです。1対1で、相手の手札を探りながら伏せられたカードの数字を言い当てます。「だました！」「やられた！」といった展開が楽しいスリリングなゲームです。

プレイ人数 **2人**　使うカード **13枚**（1つのマーク）

ゲームの性格　運 ★☆☆☆☆　戦術 ★★★★★

「ゲスイット」の遊び方

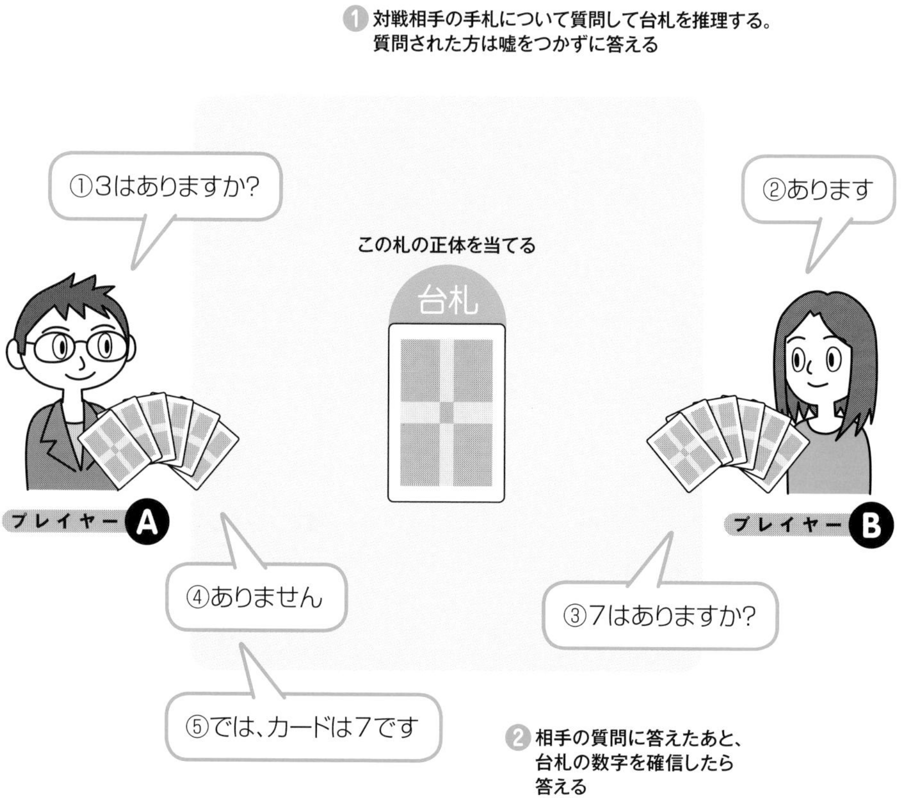

1 対戦相手の手札について質問して台札を推理する。質問された方は嘘をつかずに答える
①3はありますか？
②あります
この札の正体を当てる
台札
プレイヤーA
プレイヤーB
④ありません
③7はありますか？
⑤では、カードは7です
2 相手の質問に答えたあと、台札の数字を確信したら答える

A
親
B

1 準備 親はトランプから1つのマーク13枚のカードを取り出します。カードをよく切り、6枚ずつ配り、残った1枚を場に伏せて置きます。

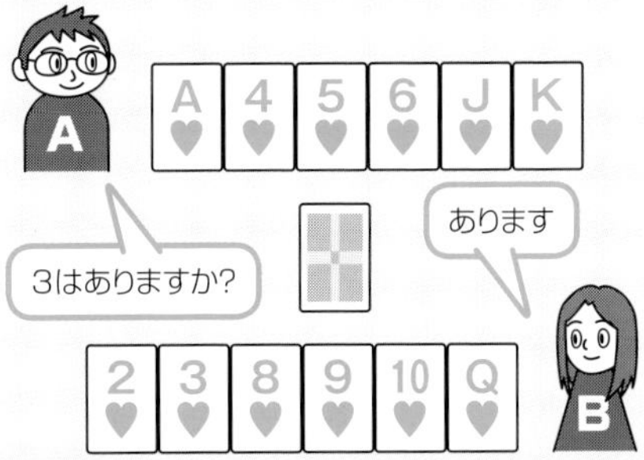
A
A 4 5 6 J K
3はありますか?
ありますす
2 3 8 9 10 Q
B

2 子（A）から手番が始まります。手札をよく見て、相手の手札の数字について質問します。質問された方は正直に答えなければいけません。

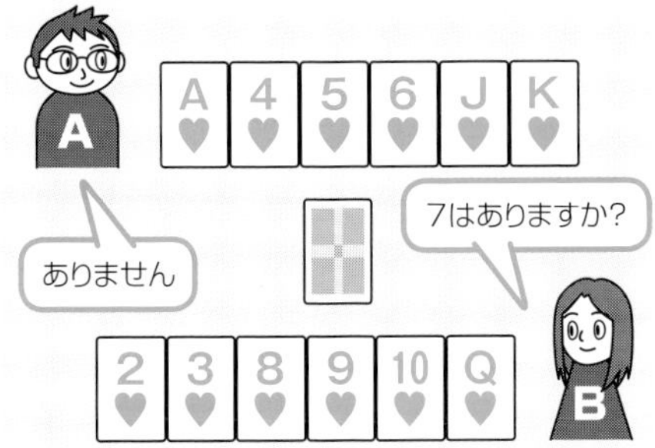
A
A 4 5 6 J K
ありません
7はありますか?
2 3 8 9 10 Q
B

3 手番は交互にきます。次はAが相手に手札の数字について質問します。この際、相手と同じ質問をしてはいけません。

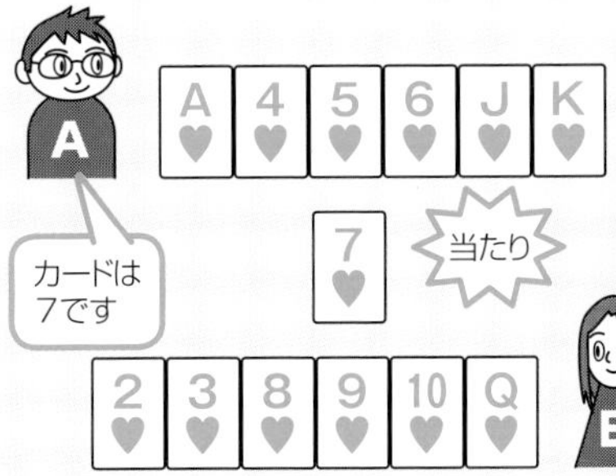
A
A 4 5 6 J K
カードは
7です
7
当たり
2 3 8 9 10 Q
B

4 カードがわかったら質問に答えたあとに宣言します。カードをめくって確かめて、カードが当たっていたら勝ちです。相手に質問をした直後に伏せられたカードの数字を宣言してはいけません。

A
A 4 5 6 J K
答えは
4かな?
ありません
4はありますか?
2 3 8 9 10 Q
B

5 自分の手札にある数字をあえて質問しても大丈夫です。たとえば、手札に4があるのに「4はありますか？」と聞いて、ミスリードを狙うこともできます。なお、数字を間違えると負けです。

当てたら1点、外したらマイナス1点

何度か連続でプレイして、どちらがより勝利したかを競うこともできます。どちらのハッタリが上手か勝負しましょう。だまされたことが悔しい、負けず嫌いにはもってこいのゲームです。
自分の手札にある数字を質問して台札を間違わせたり、駆け引きをしたりしながら楽しみましょう。

GAME 8

オススメ！

手札で“役”を作り、残りのカードの合計を減らす！

ジン・ラミー

麻雀やセブンブリッジに似ている、愛好者も多いゲームです。3枚以上のカードで“役”を作り、役にならない半端なカードの合計点が少ない方が勝ちとなり、100点を先取した人が勝ちです。

プレイ人数	使うカード	ゲームの性格	運	戦術
2人	1セット 52枚 ジョーカーは除く		★★★★★	★★★★★

「ジン・ラミー」の遊び方

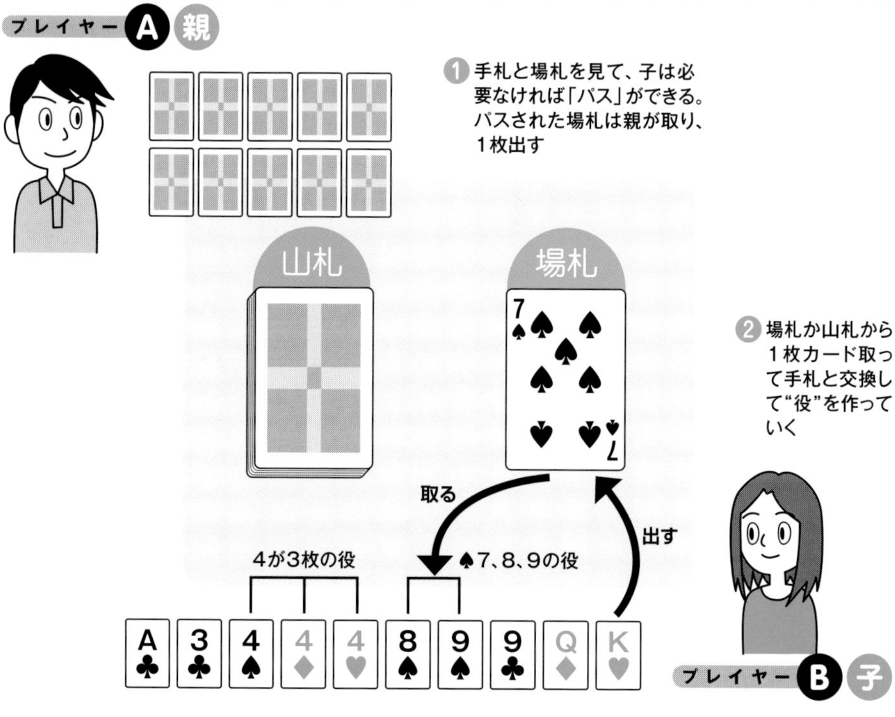

プレイヤーA 親
① 手札と場札を見て、子は必要なければ「パス」ができる。パスされた場札は親が取り、1枚出す
山札
場札
② 場札か山札から1枚カード取って手札と交換して“役”を作っていく
取る
出す
4が3枚の役
♠7、8、9の役
プレイヤーB 子

役になる組み合わせ	①同じ数字の3枚以上の組み合わせ （例／◆K、♠K、♣Kや、♥2、◆2、♠2、♣2など） ②同じマークの数の並び（3枚以上） （例／♥2、♥3、♥4や♣10、♣J、♣Q、♣Kなど）
カードの点数	・K、Q、J、10…10点 ・9～2…数字通り　A…1点

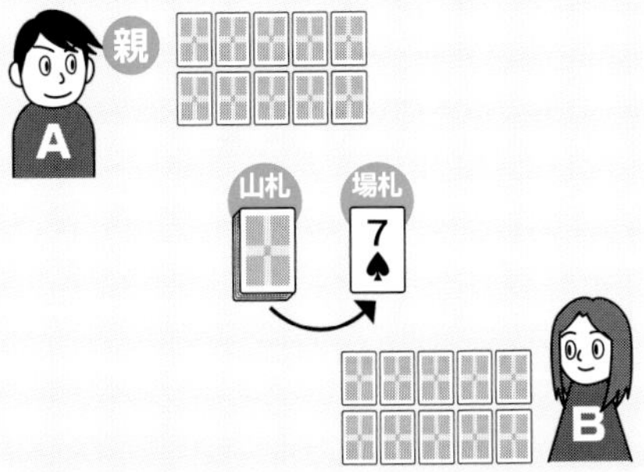
親
A
山札
場札
B

1 準備 親は52枚のカードをよく切り、1人10枚ずつカードを配ります。残りのカードを伏せて置いて山札とし、いちばん上を1枚開いて場札とします。

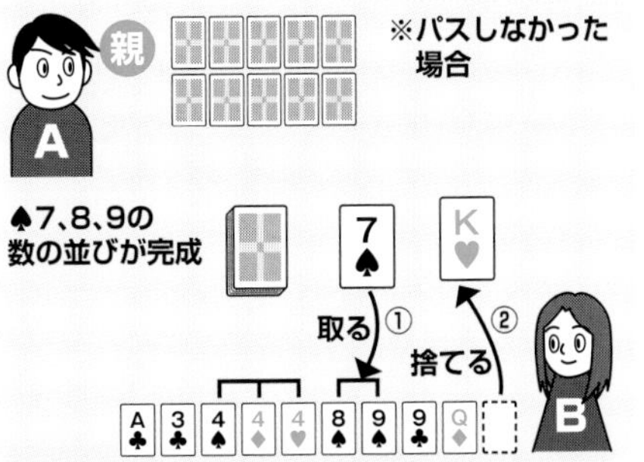
親
A
※パスしなかった場合
♠7、8、9の数の並びが完成
取る ①
② 捨てる
B

2 準備 手札を見て、子が場札を取るかを決めます。子が取った場合は手札の中に場札を入れ、1枚捨てます。子がカードを取らなかった場合は親がカードを取るかを選び、親も取らない場合は子が山札から1枚取り手札の中に入れ、1枚捨てて場札に重ねます。

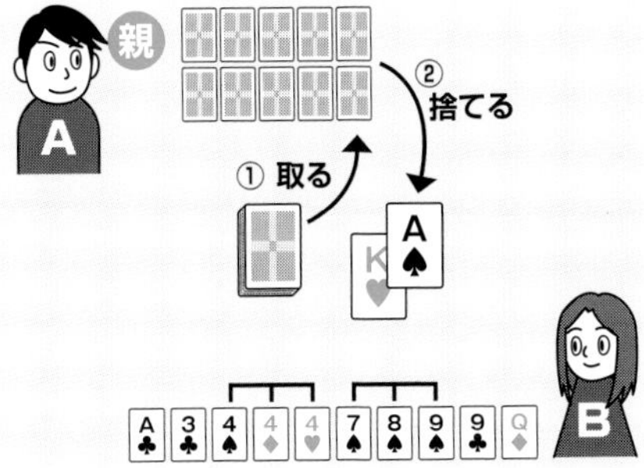
親
A
② 捨てる
① 取る
B

3 子が最初の場札を取った場合は親から、子がパスして親が最初の場札を取った場合は子からゲームを開始します。この手番からは、山札からカードを取ります。

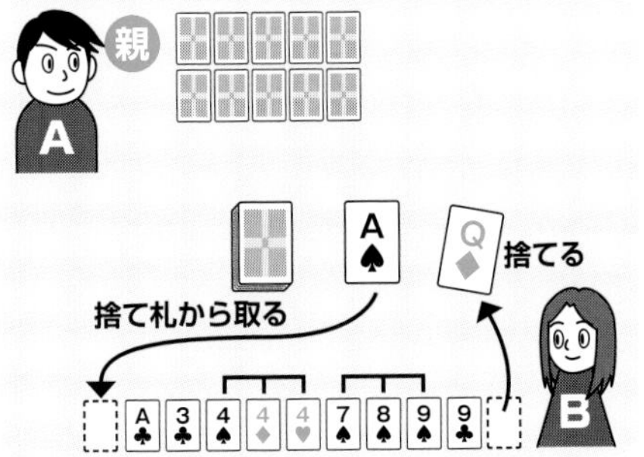
親
A
捨てる
捨て札から取る
B

4 対戦相手の出した捨て札も取ることができます。このように、山札か捨て札から1枚取り、不要なカードを1枚捨てるのを繰り返して、3枚以上のカードの組み合わせを作ります。

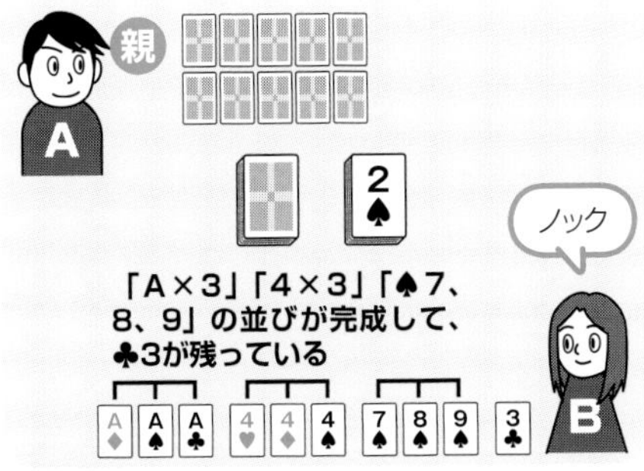
親
A
ノック
「A×3」「4×3」「♠7、8、9」の並びが完成して、♣3が残っている
B

5 “役”を作らない半端なカードの合計点が10以下になったら、山札か捨て札から1枚手札に加えて、1枚を捨てたあと「ノック」と宣言してカードを開き、ゲームをストップします。

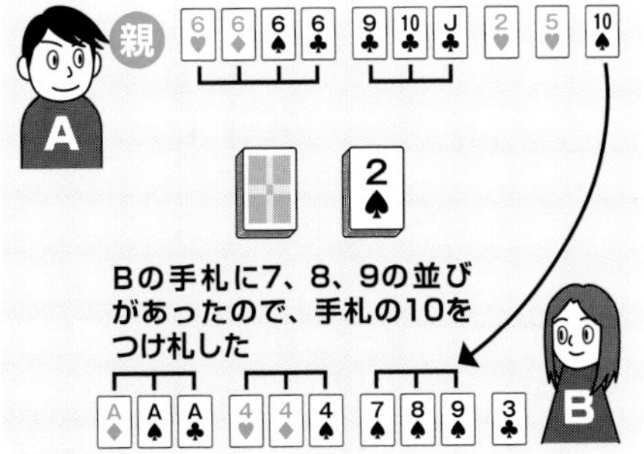
親
A
Bの手札に7、8、9の並びがあったので、手札の10をつけ札した
B

6 ノックされた人は、自分の手札で“役”を作れない半端なカードを相手の“役”と組み合わせて、半端なカードの合計値を減らすことができます。

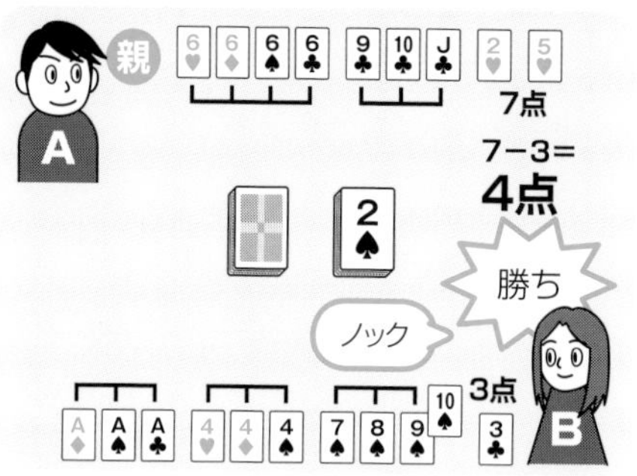
親
7点
7−3=
4点
勝ち
ノック
3点
A
B

1 勝敗 半端なカードの合計が少ない方の勝ちです。ノックした人が勝った場合、合計点の差が得点となります（図では半端なカードの合計が、Aは7点、Bは3点だったのでBの勝ち。7－3=4でBに4点入る）。

「ジン・ラミー」のボーナス計算

「ジン・ラミー」には、一定の条件でボーナスが付く場合があります。

ジン・ボーナス	半端なカードが1枚もない場合＋30点
ボックス・ボーナス	1回のゲームで相手に勝つごとに＋25点
ゲーム・ボーナス	100点を先取した人に＋100点
シャットアウト・ボーナス	相手に一度もあがらせなかったときは＋100点

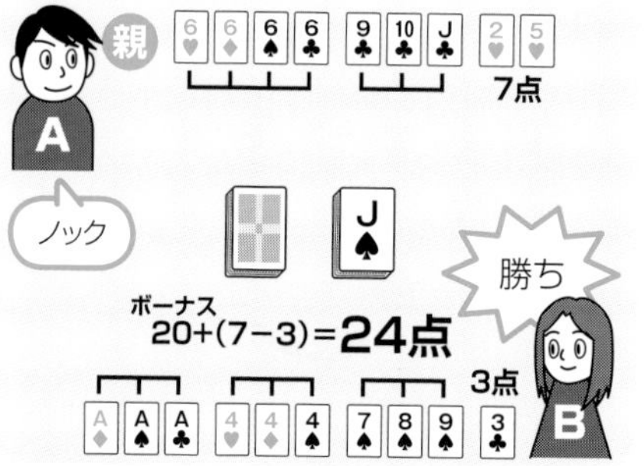
親
7点
A
ノック
勝ち
ボーナス
20+(7−3)=24点
3点
B

2 勝敗 ノックしたにも関わらず負けた場合を「アンダーノック」といいます。勝った方に20点のボーナスがつきます（図ではAが7点、Bが3点でアンダーノックになったので、Bに20点のボーナスが加算された）。

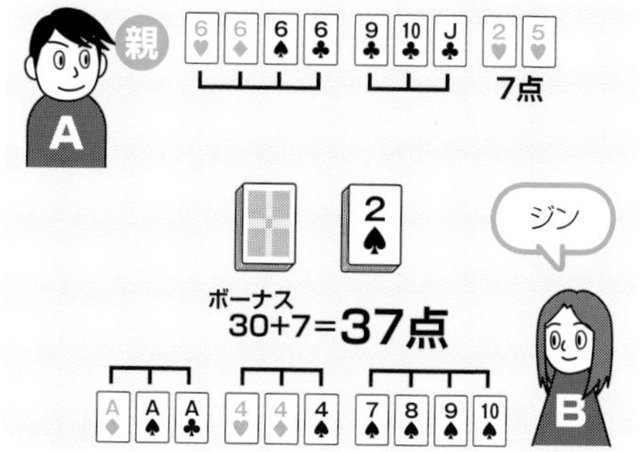
親
7点
A
ジン
ボーナス
30+7=37点
B

3 勝敗 半端なカードが1枚もない場合を特別に「ジン」と言います。ジンをして勝った場合は30点のボーナスがつきます（図ではBがジンであがったので、Bに30点のボーナスが加算された）。

「ジン・ラミー」の役作りのコツ

1）持ち札が悪いときは、２枚組を作るようにしましょう。２枚組を持っていると、３枚組を作りやすくなります。
2）ノックされたとき、悪い手札が残っていれば、大敗してしまいます。よい手札を作るより、悪い手札を捨てていくほうが安全です。
3）他のプレイヤーが役を作ってしまう前に、あがってしまうほうが得策。よりよい役を作ろうとするより、なるべく早く役を作ってあがりましょう。

「ジン・ラミー」で勝つために

相手が欲しがっているカードを捨てると、自分の捨て札で役を作られてしまいます。対戦相手のカード運びから、欲しがっているカードを見極めましょう。しかし、相手が欲しがっていそうなカードを出さないようにするあまり、自分に必要な持ち札を捨てるのは得策ではありません。ゲームの終盤は思い切って相手が欲しがっていそうなカードでも捨ててしまい、相手の役が完成する前にノックをしてしまいましょう。

GAME 9

オススメ！

前の人より強いカードを出して手札をなくす！

大富豪（大貧民）

日本で生まれたゲームです。いちばん先にあがると「大富豪」になり、2回目以降は有利な手札でプレイできます。日本各地にローカルルールがあるので、ここでは基本のルールを紹介します。

プレイ人数	使うカード	ゲームの性格	
4人以上	1セット 53枚（A～K、ジョーカー）	運 ★★★★★	戦術 ★★★★☆

「大富豪」の遊び方

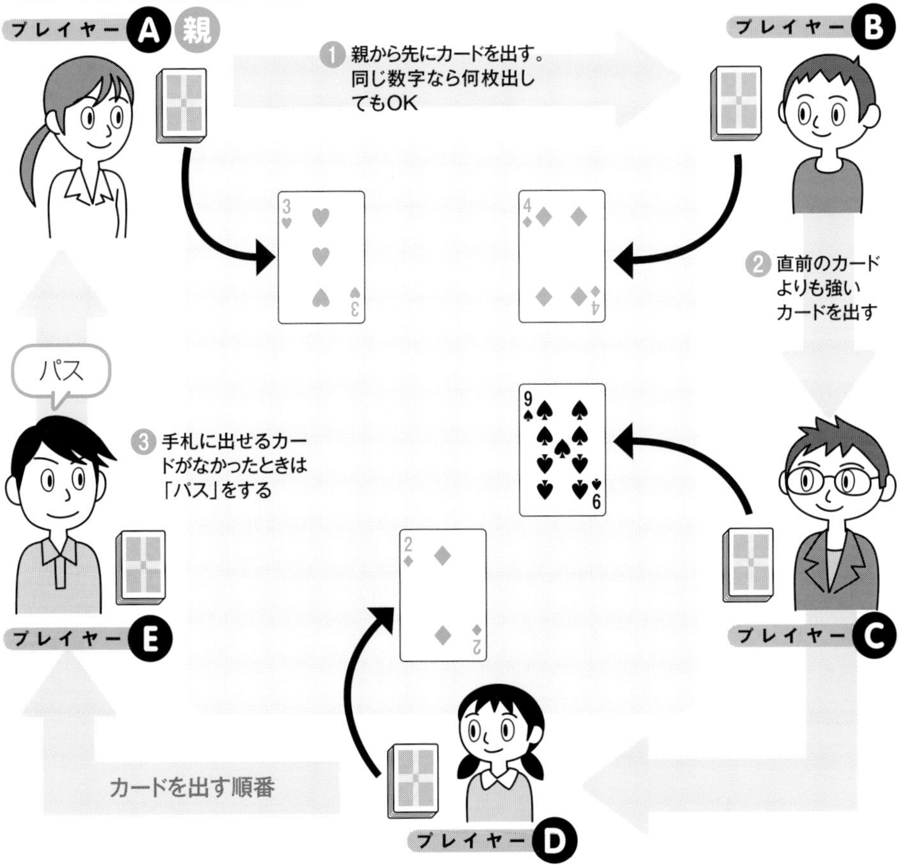

プレイヤーA 親
プレイヤーB
プレイヤーC
プレイヤーD
プレイヤーE
① 親から先にカードを出す。同じ数字なら何枚出してもOK
② 直前のカードよりも強いカードを出す
③ 手札に出せるカードがなかったときは「パス」をする
パス
カードを出す順番

カードの強さ
2 > A > K > Q > J > 10 > 9 > 8 > 7 > 6 > 5 > 4 > 3 （ジョーカーは何にでもなる万能カード）

A
親
B
E
C
D

1 準備 親はカードをよく切り、1人1枚ずつ配ります。すべてのカードを配ると手札の枚数に差が出ますが、そのままゲームを開始しましょう。2回目以降は前回の最下位（大貧民）が親になります。

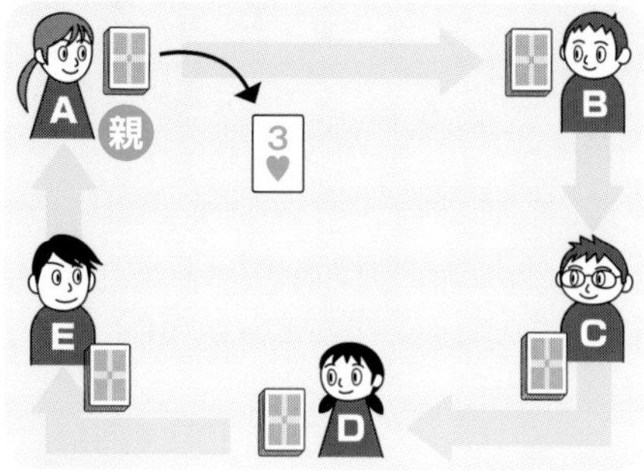
A
親
3
B
E
C
D

2 親からゲームを開始し、時計回りに進めます。まず、好きなカードを1枚、場に出します。

A
B
3
4
E
C
D

3 次の人からは、直前のカードよりも強いカードを出していきます。マークは関係ありません（図では直前に出された♥3よりも強い◆4を出した）。順番が一巡しても、強いカードが出せるプレイヤーがいる限りカードを出すことができます。

A
3
パス
4
B
パス
パス
9
E
パス
A
C
D

4 出せるカードがない場合や、戦略的にカードを出したくない場合は「パス」ができます。一度パスしても、2巡目以降に手番が回ってくればカードを出すことができます。

A
B
E
4
C
D

5 すべてのプレイヤーがパスしたら、場に出ているカードは脇に寄せて、最後にカードを出した人から再度ゲームを開始します。こうしてカードを出して減らしていきます。

A
5
4
3
8
7
6
B
E
C
D

6 カードを最初に出す人は、同じマークの3枚以上の数の並びを出すこともできます。次の人は、同じ枚数で、直前の人のいちばん上の数以上の数の並びなら出すことができます。

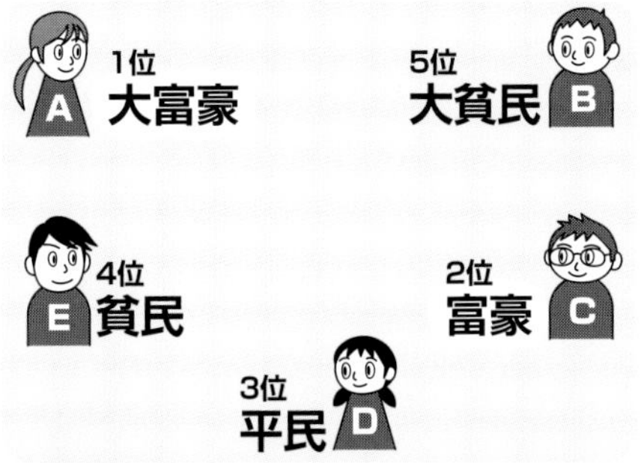
A
1位
大富豪
5位
大貧民
B
E
4位
貧民
2位
富豪
C
3位
平民
D

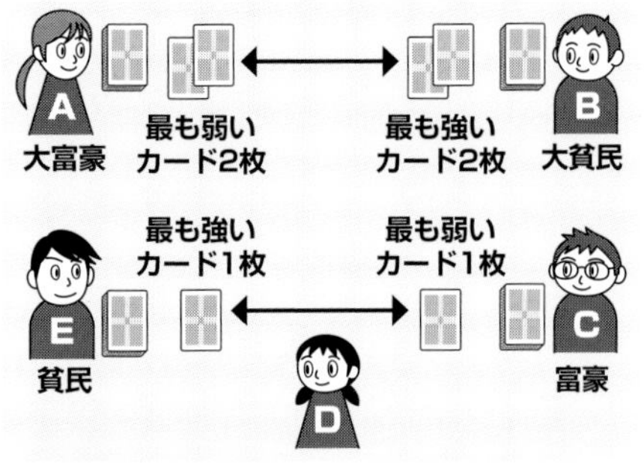
A
大富豪
最も弱い
カード2枚
最も強い
カード2枚
B
大貧民
最も強い
カード1枚
最も弱い
カード1枚
E
貧民
C
富豪
D

7 勝敗 最初に手札をなくした人が「大富豪」です。上位から順番に「大富豪」「富豪」「平民」「貧民」「大貧民」となります。4人の場合は平民がいなくなり、5人以上の場合は平民が増えます。

8 2回目以降は、カードが配られた後にカードを交換します。大貧民は手札から最も強いカードを2枚、大富豪は手札から最も弱いカードを2枚交換します。貧民は手札で最も強いカードを1枚、富豪は手札で最も弱いカードを1枚交換します。

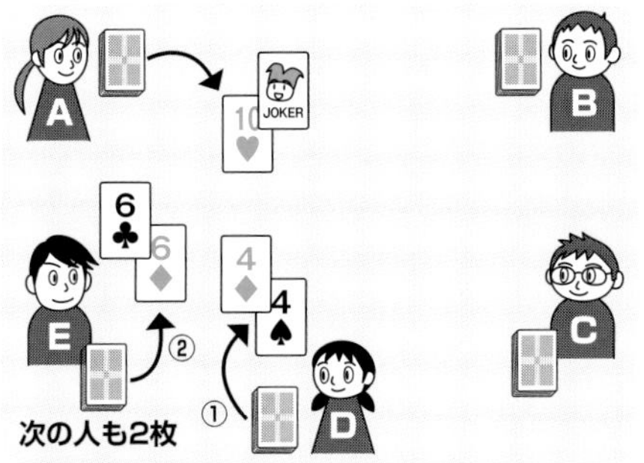
A
JOKER
B
E
C
D
②
①
次の人も2枚

A
革命
B
E
C
D

1 特別ルール 最初にカードを出す人は、同じ数字であれば何枚でも出すことができます。この場合、次のプレイヤーは同じ枚数で強いカードを出す必要があります。ジョーカーを持っている人は、他のカードと組み合わせて出すことができます。

2 特別ルール 同じ数字の4枚のカードを出したら「革命」となり、カードの強さが逆転します（2が最弱、3が最強になる）。4枚のカードは、自分の手番ならいつでも出せます。ゲームが終わるとカードの強さは元に戻ります。

「大富豪」のローカルルール

各地にたくさんのローカルルールが存在します。面白いルールを一部紹介します。

大富豪のローカルルール

大革命	2を4枚出したら、その時点で勝者となる。その後から1ゲームは革命と同じくカードの強さが逆になる
8切り	8を出したら、その場のカードは流れ、再度自分の手番から始まる
縛り	ひとつ前のカードと同じマークのカードを出すと、次以降も同じマークのカードしか出せなくなる
都落ち	大富豪が大富豪になれなかった場合、一気に大貧民となる

「大富豪」で勝つために

まとめて出せるカードの組み合わせを優先して残し、じゃまなカードを捨てて上がりやすい手札を作りましょう。弱いカードを効率よく処分し、後半は強いカードを使って自分から始まるターンを確保すると、思い通りのゲーム運びができるでしょう。また、使われたカード（特に、ジョーカー、2、A、K、Q、Jなどの強いカード）を覚えておくことも重要です。

GAME 10

点数の高いカードを取っていく「花札」に似たゲーム

カシノ

プレイヤーが手札で場札を取って点数を競うゲーム。もともとはギャンブルでしたが、カードの数字を足して取ることができるため、アメリカでは算数教育に役立つゲームとして親しまれています。

プレイ人数 2人

使うカード 1セット 52枚 ジョーカーは除く

ゲームの性格 運 ★★★★☆ 戦術 ★★★★★

「カシノ」の遊び方

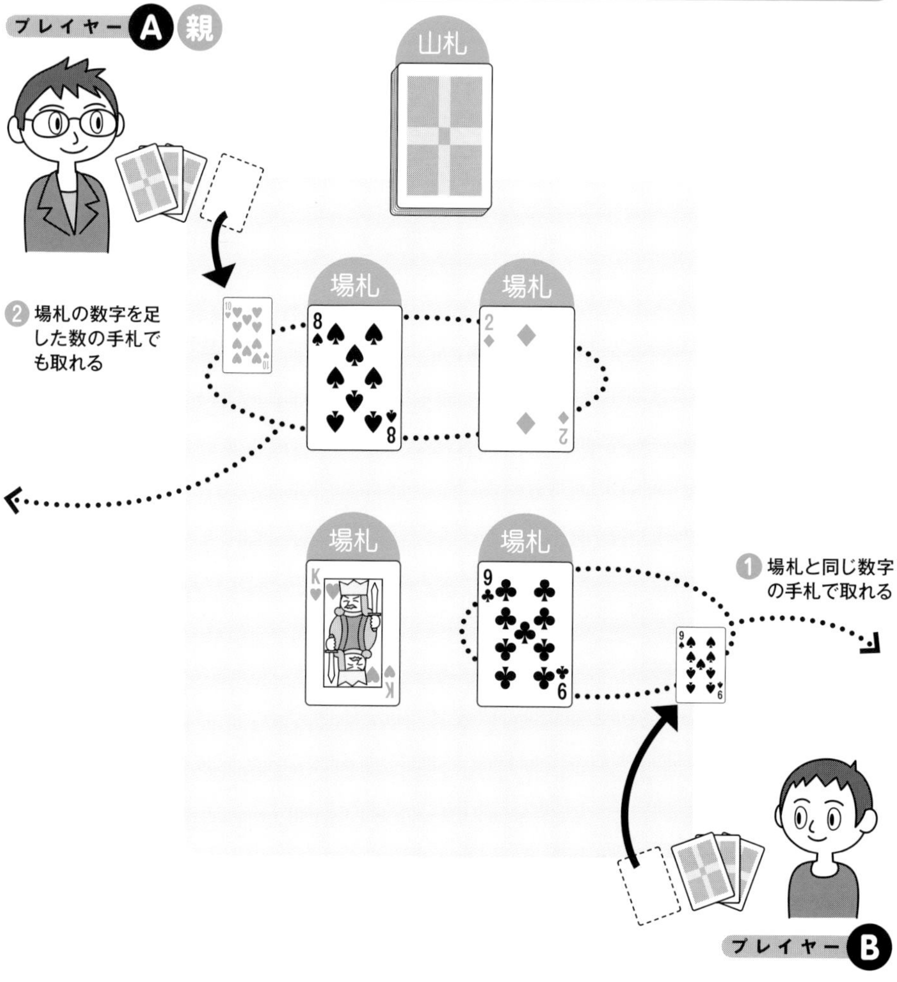

プレイヤーA 親
山札
場札
場札
② 場札の数字を足した数の手札でも取れる
場札
場札
① 場札と同じ数字の手札で取れる
プレイヤーB

親
A
山札
場札
B

1 準備　カードをよく切り、1人4枚ずつ配ります。残りのカードの上から4枚を場に開き、残りは山札として場に伏せます。

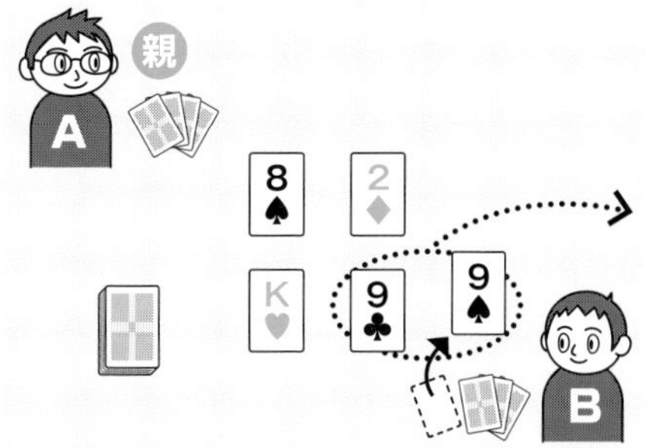
親
A
B

2　場札と同じ数字の手札があれば、手札を場札の上に置いて一緒に取ることができます。場札に9があって手札に9があれば、2枚を合わせて一緒に取って、脇に置いておきます。

親
A
B

3　手札で場札を取ることができなければ、手札を1枚表にして場に出します。次からは場札として扱います。

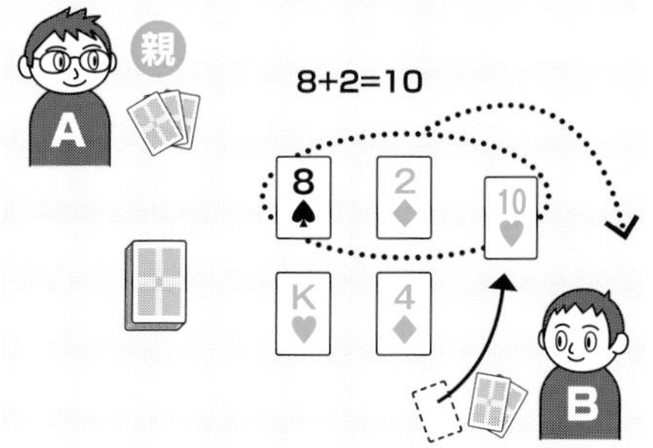
親
A
8+2=10
B

4　何枚かの場札の数の合計と、手札のカードの数字が同じ場合は、1枚の手札で複数のカードが取れます。絵札（J、Q、K）は足して取ることができません。

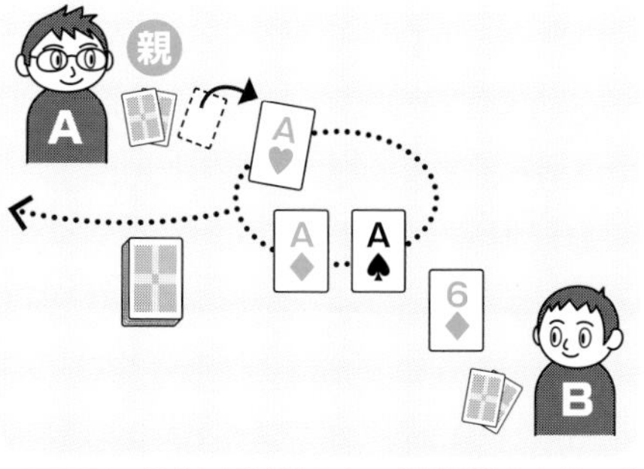
親
A
B

5　場札に同じ数のカードが複数枚あり、手札に同じ数のカードがあれば、全部のカードを取ることができます。たとえば、場にAが2枚あるとき、手札のAで2枚とも取ることができます。

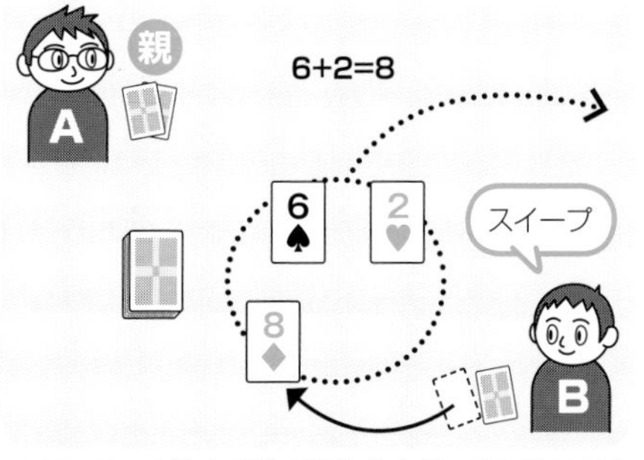
親
A
6+2=8
スイープ
B

6　1枚の手札で場札を全部一度に取ることを「スイープ」といいます。次の人は取れるカードがないので、手札から1枚カードを捨てなければいけません。スイープは特別に点数がつくので、スイープの回数は覚えておくことが重要です。

親
A
K
5
2
6
3
7
B
3+7=10
10

7 手札で場札をすぐに取らず、手札を場札につけておき、次の順番で合わせて取ることもできます。手札の合計になるようにつける方法（図では3に7をつけて、次で10を出して取る）と、同じ数字を重ねる方法（例／2に2をつけて、次で2を出して取る）があります。

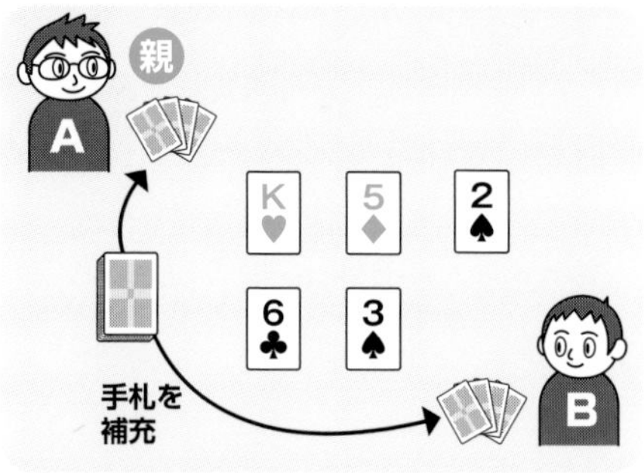

親
A
K
5
2
6
3
手札を
補充
B

8 4回順番が回って来たら手札がなくなるので、親がもう一度カードを4枚ずつ配って手札を補充し、ゲームを続けます。親は、場にカードを補充することはありません。

採点方法

カード	3点	取ったカードの枚数がいちばん多い人
スペード	1点	♠のカードをより多くとった人
ビッグ・カシノ	2点	◆10を取った人
リトル・カシノ	1点	♠2を取った人
エース	1点	Aのカード1枚につき1点（Aが2枚あれば2点）
スイープ	2点	スイープ1回につき2点

山札がなくなったら、自分が取ったカードを並べて点数を計算しましょう。価値のあるカードは決まっているので、上記の表を参考にしてください。

なお、スイープを行ったプレイヤーにはスイープ1回につき2点が加算されます。何回スイープしたかも忘れずに採点しましょう。

7点
A
カード(3点)+リトル・カシノ(1点)+エース3枚(3点)
勝ち
6点
B
スペード(1点)+ビッグ・カシノ(2点)+エース1枚(1点)+スイープ1回(2点)

9 勝敗 採点したら、親を左隣のプレイヤーに変えて、再度ゲームを始めます。いちばん先に合計点が21点になった人が勝ちです。複数人が同時に21点を越した場合は、合計点数が多い人が勝ちとなります。

「カシノ」で勝つために

点数の大きなカードから取るのが基本。◆10を取れるときには、取り逃さないようにしましょう。Aは1枚1点になるので、優先的に取りたいカードです。つけ札をするなどして、効率よく集めましょう。また、今まで何のカードが出てきたかを覚えておくと、今後出るカードや相手の手札をある程度推理できるので、効率よく手札を使うことができます。

GAME 11

オススメ!

ハートのカードを取ると負け！

ハート（ブラックレディ）

手札からカードを出して、カードの強さを競うゲーム。いちばん強いカードを出して♥のカードを取ってしまうと、マイナスポイントがつく点が特徴です。戦略性が高いため、海外には多くのファンがいます。

プレイ人数 3～5人

使うカード 1セット 52枚（ジョーカーを除く）※4人の場合

ゲームの性格 運 ★★★★★ 戦術 ★★★★★

「ハート」の遊び方

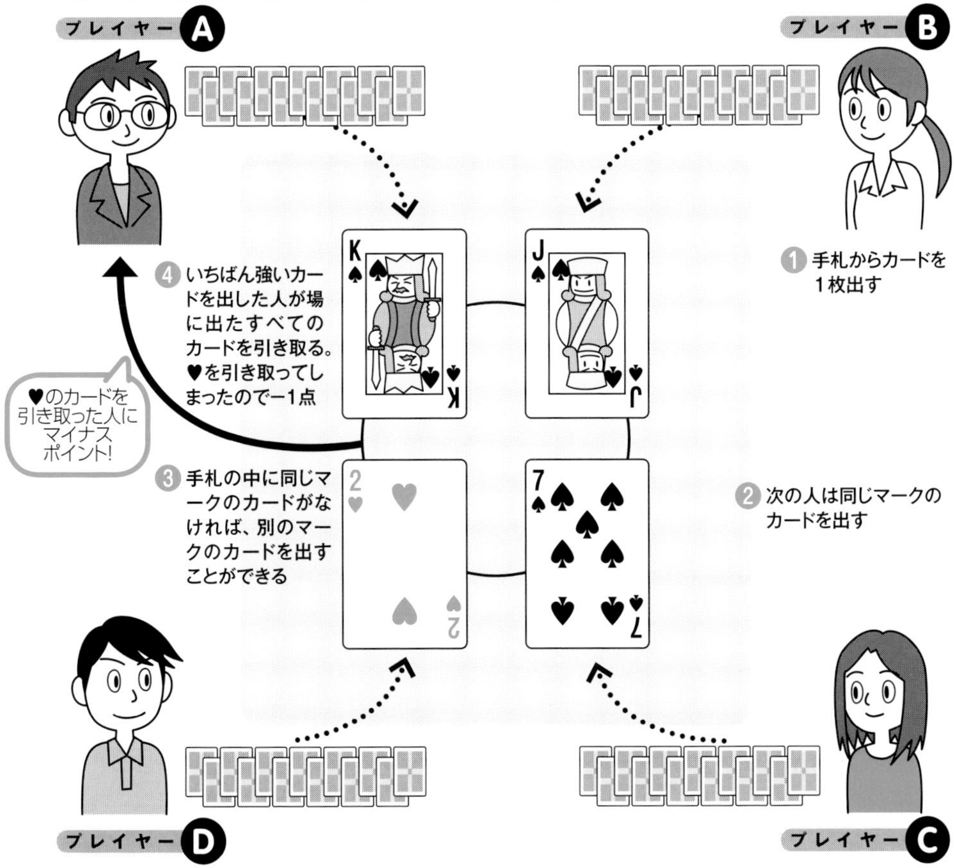
プレイヤーA
プレイヤーB
プレイヤーC
プレイヤーD
① 手札からカードを1枚出す
② 次の人は同じマークのカードを出す
③ 手札の中に同じマークのカードがなければ、別のマークのカードを出すことができる
④ いちばん強いカードを出した人が場に出たすべてのカードを引き取る。♥を引き取ってしまったので－1点
♥のカードを引き取った人にマイナスポイント!

カードの強さ　台札 A ＞ K ＞ Q ＞ J ＞ 10 ＞ 9 ＞ 8 ＞ 7 ＞ 6 ＞ 5 ＞ 4 ＞ 3 ＞ 2 ＞ 捨て札

※3人の場合、♠2とジョーカー以外の51枚、5人の場合、♠2と♦2とジョーカー以外の50枚

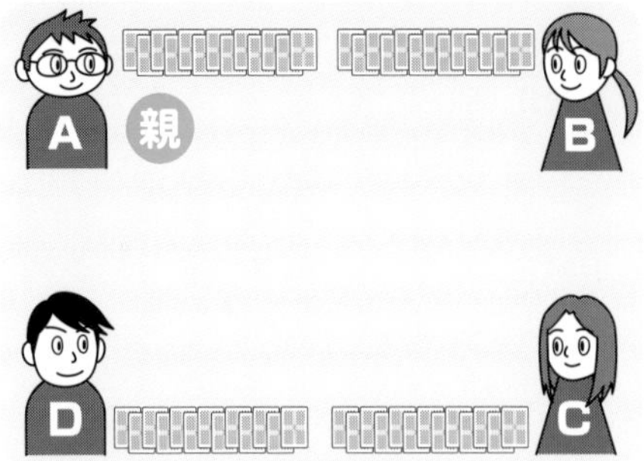
A
親
B
D
C

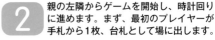

1 準備 親は全員に同じ枚数のカードを配ります。プレイヤーが3人なら♣2を抜いて1人17枚、4人なら1人13枚、5人なら♣2と♠2を抜いて、 1人10枚ずつ配りましょう。

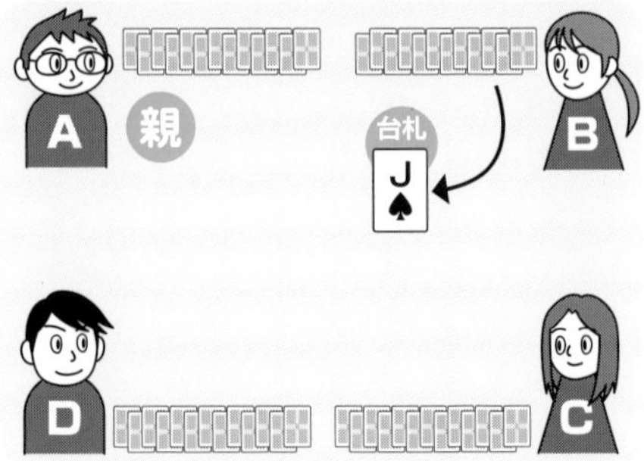
A
親
台札
B
D
C

2 親の左隣からゲームを開始し、時計回りに進めます。まず、最初のプレイヤーが手札から1枚、台札として場に出します。

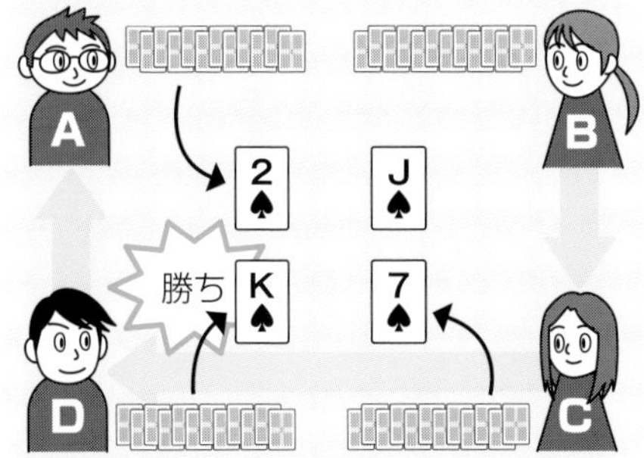
A
B
勝ち
D
C

3 他のプレイヤーは、手札に台札と同じマークのカードがあれば、必ず出しましょう。順番にカードを出し、強さを競います。場に出ているカードは、勝ち札を出したプレイヤーがすべて引き取り、脇に置いておきます（ゲームの1巡目で♥を出してはいけない）。

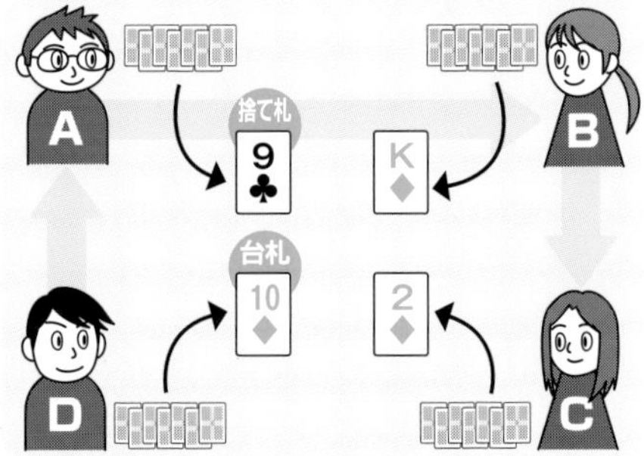
A
捨て札
B
台札
D
C

4 次のゲームは、勝ち札を出したプレイヤーが台札を出して開始します。手札の中に台札と同じマークのカードがなければ、別のマークのカードを捨て札にできます。

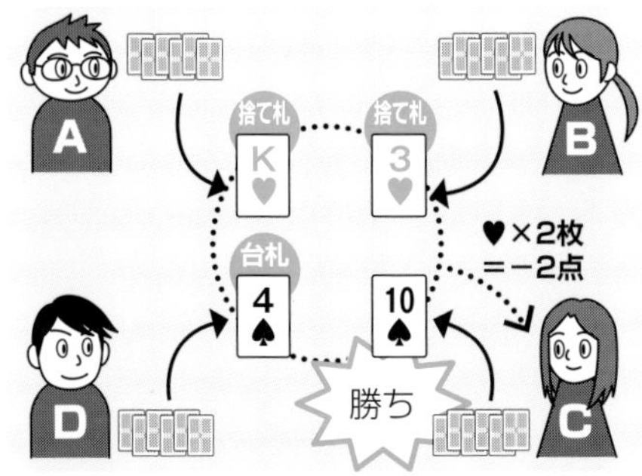
A
捨て札
捨て札
B
台札
♥×2枚
＝−2点
勝ち
D
C

5 勝ち札を出すと♥のカードを引き取らないといけません。♥はペナルティとなるので、できるだけ♥のカードを引き取らないように進めましょう（図では、AとBは台札の♠が手札にないため♥を捨てたので、勝ち札を出したCが♥を2枚引き取ることになった）。

A
−1点
B
−4点
負け
−2点
−6点
D
C

6 勝敗 全プレイヤーの手札がなくなったら、引き取ったカードの♥の枚数がペナルティとなります（図ではCの引き取ったカードの中に♥が6枚あったので−6点となった）。点数表に点数をつけ、最初に−100点オーバーした人の負けです。

「ハート」の派生型ゲーム

ブラックレディ

「ハート」のバリエーションゲーム。♥がペナルティカードなのは「ハート」と同じですが、♠Qが、たった1枚で−13点のペナルティがつく災害カードになります。大どんでん返しがあるので盛り上がること間違いなしでしょう。

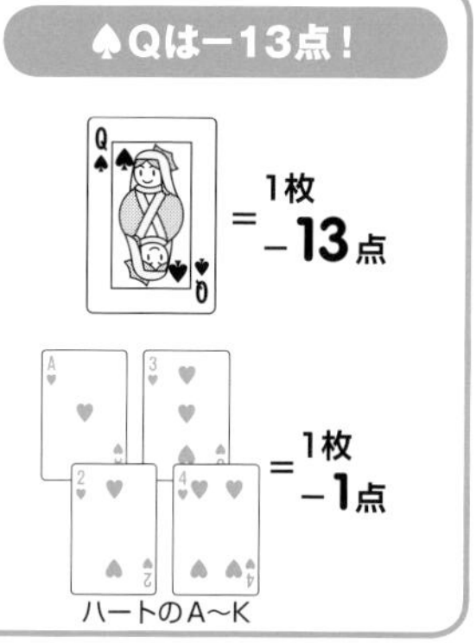
♠Qは−13点!
=1枚 −13点
=1枚 −1点
ハートのA〜K

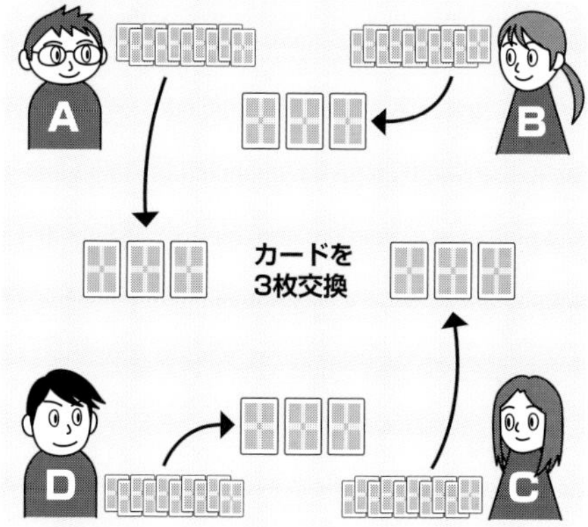
A
B
カードを
3枚交換
D
C

ルール1 カードが配られたら、他のプレイヤーと手札を3枚交換します（配り方は「ハート」と同じ）。交換の方向はゲームが進むごとに変えます（３人の場合…右→左→交換なし／４人の場合…右→左→対面→交換なし／５人の場合…右→左→右２人目→左２人目→交換なし）。

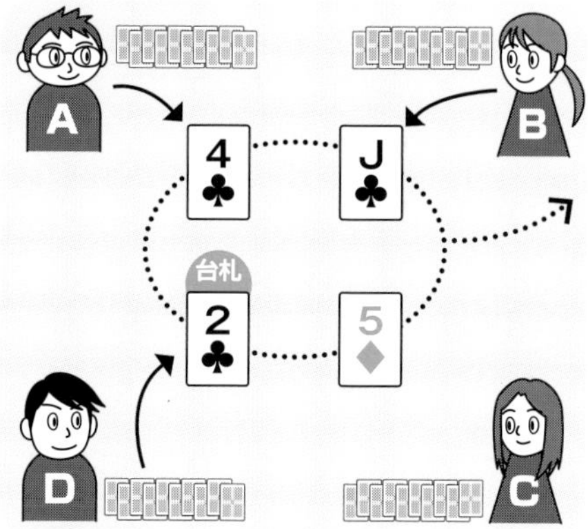
A
B
4
J
台札
2
5
D
C

ルール2 ゲームは、♣2を持っている人から開始します。また、最初の1巡目だけは♥のカードと♠Qを捨て札にしてはいけません。あとのルールはカードの点数以外「ハート」と同じです。

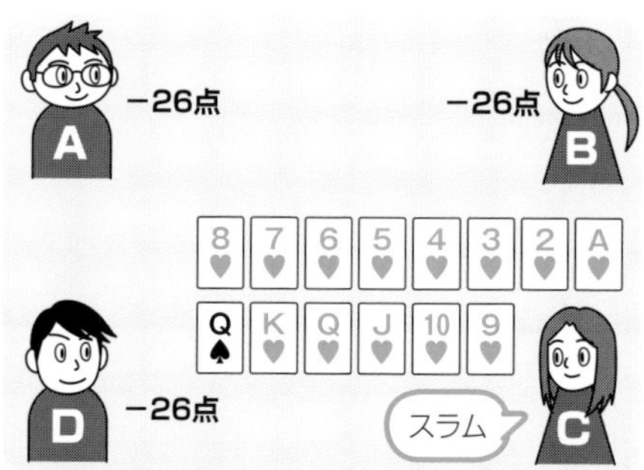
A −26点
−26点 B
D −26点
スラム
C

ルール3 ♥のカード13枚と♠Qをすべて引き取った人は「スラム」といい、特典を得ることができます。自分のスコアから−26（♥のカード13枚分の−13点と♠Qの−13点の合計）点を引くか、他の全プレイヤーに−26点を与えられる、大逆転のルールです。

「ブラックレディ」で勝つために

カードの交換がポイント。カードの交換は、自分の手札を守るために行います。最初に♠の持ち札が3枚以下なら、♠AKQは交換しましょう。♠の持ち札が4枚以上あれば交換せずにキープします。♠Qがあれば相手に取らせるため、交換せず手札として持っていた方が安心です。また、スラムは大どんでん返しの面白いルールですが、失敗すると大きなマイナス点がつくため、できるだけやらない方が得策といえます。

GAME 12

同じマークを揃えて数字の合計を51に近づける!
51（フィフティ・ワン）

5枚の手札を同じマークに揃え、数字の合計できるだけ51点に近づけるゲームです（51が5枚で作れる最大の数）。集めるマークが他のプレイヤーと競合した場合の駆け引きが重要となってきます。

プレイ人数 3～5人　使うカード 1セット 53枚 ジョーカー1枚　ゲームの性格 運 ★★★★☆ 戦術 ★★★☆☆

「51」の遊び方

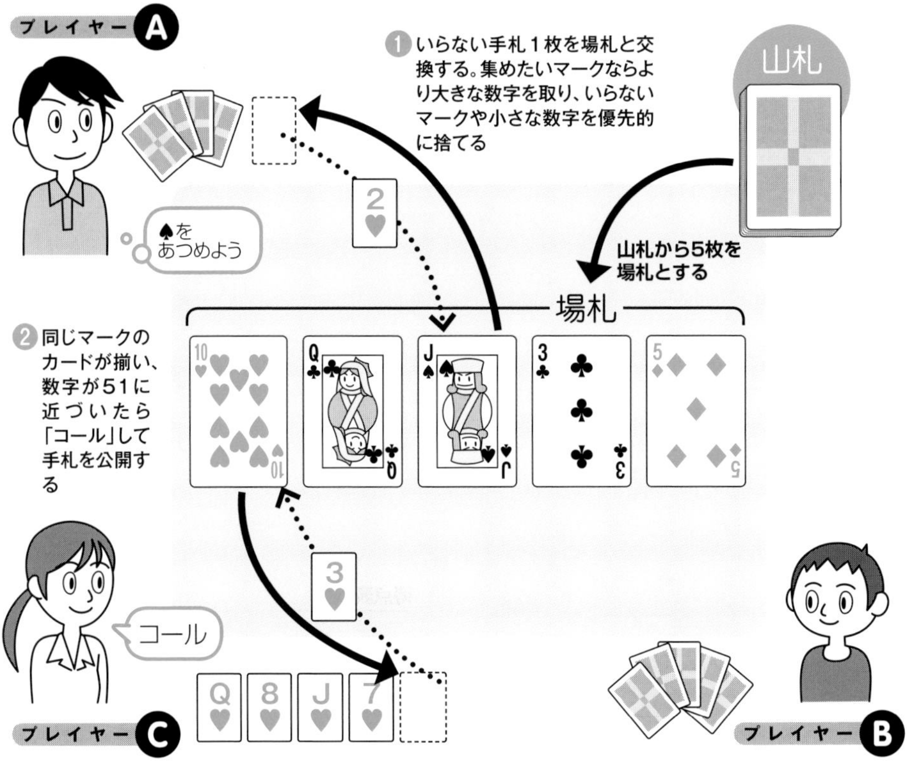

プレイヤーA
❶いらない手札1枚を場札と交換する。集めたいマークならより大きな数字を取り、いらないマークや小さな数字を優先的に捨てる
山札
♠を あつめよう
2
山札から5枚を場札とする
場札
❷同じマークのカードが揃い、数字が51に近づいたら「コール」して手札を公開する
3
コール
Q 8 J 7
プレイヤーC
プレイヤーB

カードの点数	51点にするには
A（11点）、J、Q、K（10点）、ジョーカーは10点と11点のどちらとしても使える。	10 J Q K A …10～KとAで51 9 10 Q A JOKER …ジョーカーを入れて51

親
山札
場札
A
B
C

1 準備 親は各プレイヤーに5枚ずつカードを裏向きにして配ります。残りのカードから5枚のカードを表向きに場に置いて場札とします。残った札は山札として脇に置いておきましょう。

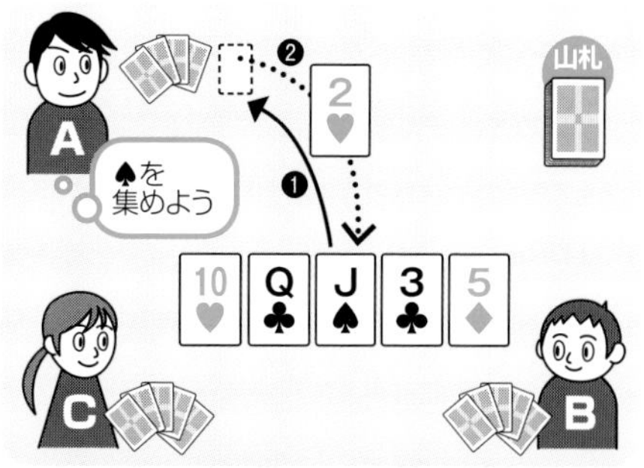
山札
♠を
集めよう
A
B
C

2 手札を確認したら、親からゲームを開始し、時計回りに進めます。1巡目は、不要な手札1枚を表向きに置かれた場札と交換します。自分が集めたいマークが場札にあったら、優先的にそのカードと交換してマークを揃えましょう。

山札
5枚すべてのカードを捨て
て新しいカードを開ける
流します
A
B
C

3 2巡目からは、不要なカードがあれば「パス」できます。「流す」を宣言すれば場札の5枚をすべて捨て札にし、山札から新たに5枚のカードを表向きに開いて場札にできます。「流す」と宣言した人はパスできません。捨て札は、山札がなくなったときによく切って山札にできます。

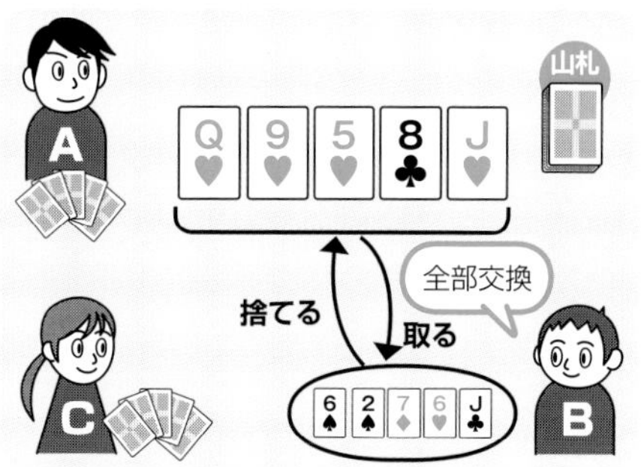
山札
全部交換
捨てる
取る
A
B
C

4 場に出ているカードの数字とマークがよかった場合、手札の5枚と場札の5枚をすべて交換することもできます。

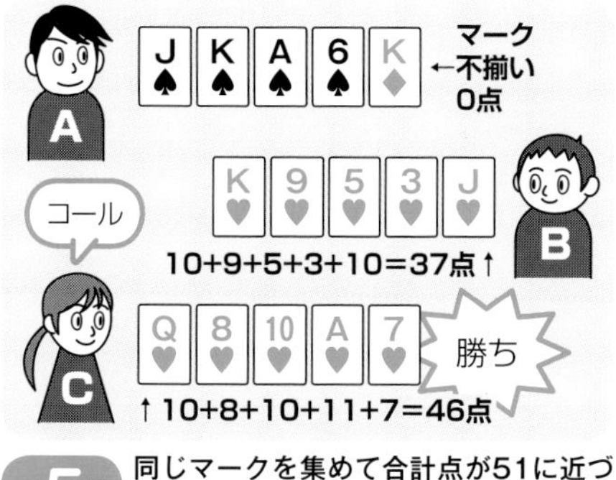
マーク
←不揃い
0点
コール
10+9+5+3+10=37点↑
勝ち
↑10+8+10+11+7=46点
A
B
C

5 勝敗 同じマークを集めて合計点が51に近づいたら「コール」を宣言します。すべてのプレイヤーはカードを開き、合計点を計算し、いちばん合計点の高いプレイヤーが勝ちとなり、ボーナス点数を得られます。51になったときは特別に「ストップ」と宣言します。

「51」の採点方法

得点表

ゲームに勝利ボーナス	自分の点に+5点
51ボーナス	自分の点に+10点
コールに失敗ペナルティ	−51点

「コール」してゲームに勝利した人は自分の点数に+5点が与えられます。合計が51になり「ストップ」した人は+10点が与えられます。また「コール」したのに他プレイヤーの方が合計点が高かった場合や、マークが違うのに「コール」した人は、−51点のペナルティとなります。

GAME 13

前の人と同じマークを出さずに手札を減らす!

ブタのしっぽ

カードを1枚ずつめくり、前の人と同じマークが出たら場札をすべて引き取ります。最後に持っていたカードが多い人が負けです。運が勝敗を左右するので、子どもから大人まで楽しめるゲームです。

プレイ人数 2〜6人　使うカード 1セット 52枚 ジョーカーは除く　ゲームの性格 運 ★★★★★ 戦術 ★★☆☆☆

「ぶたのしっぽ」の遊び方

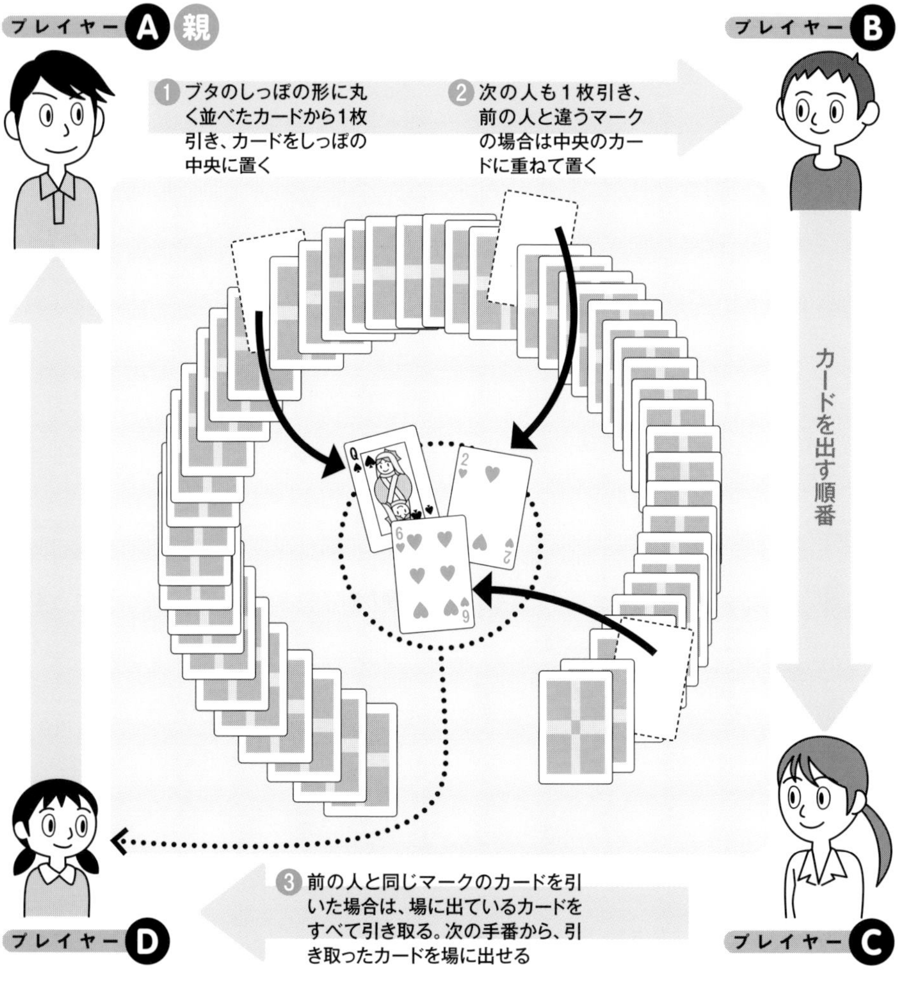

プレイヤーA 親
プレイヤーB
プレイヤーC
プレイヤーD
①ブタのしっぽの形に丸く並べたカードから1枚引き、カードをしっぽの中央に置く
②次の人も1枚引き、前の人と違うマークの場合は中央のカードに重ねて置く
③前の人と同じマークのカードを引いた場合は、場に出ているカードをすべて引き取る。次の手番から、引き取ったカードを場に出せる
カードを出す順番

親
場札
A
B
C
D

1 準備 親はカードをよく切り、少しずつずらしてブタのしっぽの形に丸く並べます。囲まれた場所にカードを置くスペースを空けておきましょう。

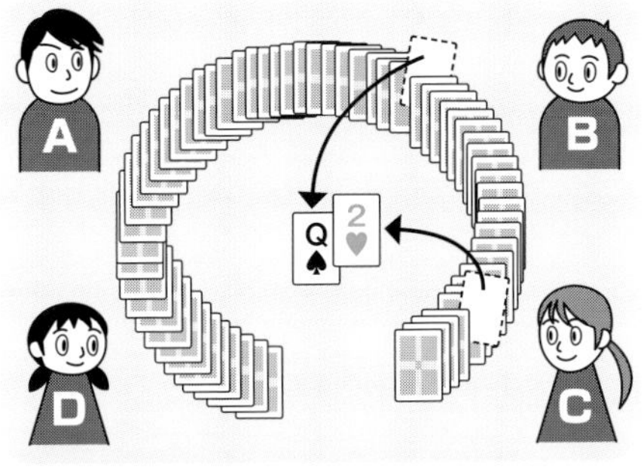
A
B
C
D
Q
2

2 親の左隣の人からプレイを開始し、時計回りにゲームを進めます。まず、好きなカードを1枚めくります。めくったカードと台札のマークが違う場合はセーフとなり、カードはそのまま台札の上に重ねます。

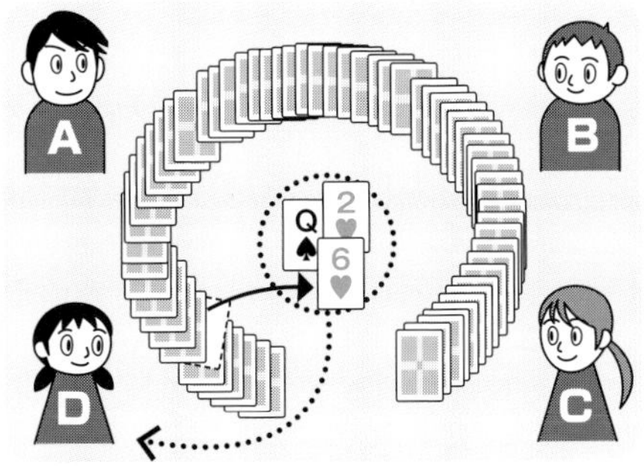
A
B
C
D
Q
2
6

3 めくったカードが台札のマークと同じだった場合はアウトとなります。ペナルティとして、場の中央にたまっている台札をすべて引き取ります。

A
B
C
D
9
2

4 引き取った札は手札として使うことができます。自分の順番がきた時、新しくカードを引かずに、手札から1枚出しましょう。手札に出せるカードがない場合（台札と手札のマークが同じ場合）は、場のカードを1枚めくります。

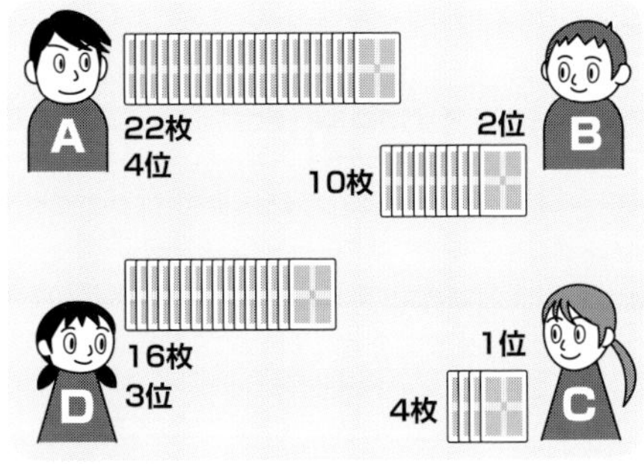
A
22枚
4位
B
2位
10枚
D
16枚
3位
C
1位
4枚

5 勝敗 すべての場札がなくなったとき、手札が最も少ない人の勝ちです。このとき、最後にめくったカードとプレイヤー全員が出したカードのマークが違った場合は、場に出ているカードが残っていてもかまいません。

「ブタのしっぽ」で勝つために

運がものをいうゲームですが、プレイの最初には、数枚のカードを引き取ったほうが、手札から場に出すマークを選択できるため、ゲームを有利に運ぶことができます。
中盤から後半にかけては、他プレイヤーにより多くのカードを引き取らせるように、手札を取捨選択しましょう。

GAME 14

オススメ！

カードの力を利用してまっさきにカードをなくす！

ドボン

いち早く手札をなくしたプレイヤーが勝ちのゲームで、カードゲームの「UNO（ウノ）」に似ています。役札を使って他のプレイヤーの邪魔をしたり、複数のカードを出す「ドボン」を使うなど、戦略性のあるゲームです。

プレイ人数 3～7人　使うカード 1セット52枚 ジョーカーは除く　ゲームの性格 運 ★★★★★ 戦術 ★★★★★

「ドボン」の遊び方

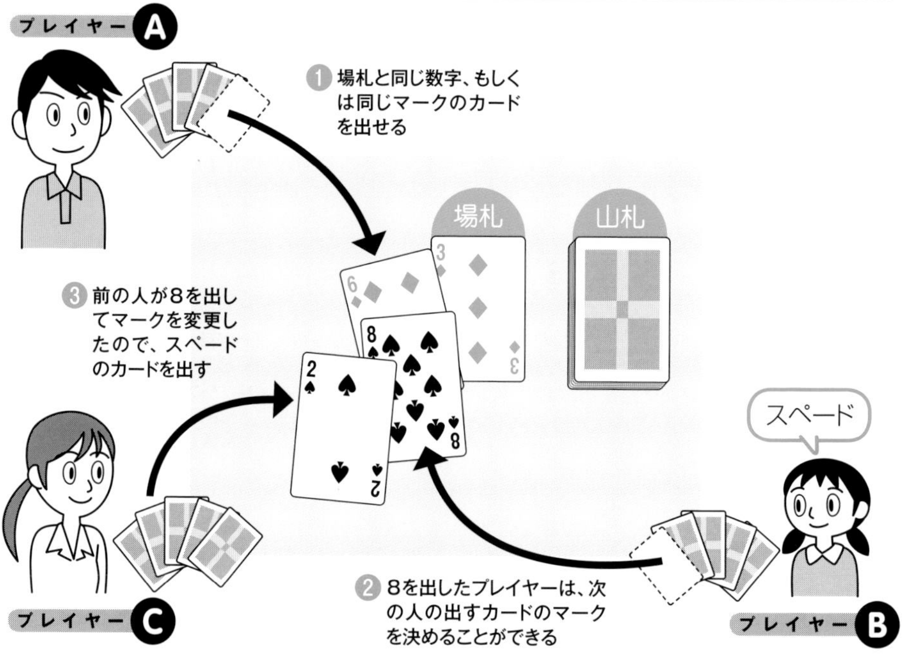

プレイヤーA
①場札と同じ数字、もしくは同じマークのカードを出せる
場札
山札
③前の人が8を出してマークを変更したので、スペードのカードを出す
スペード
②8を出したプレイヤーは、次の人の出すカードのマークを決めることができる
プレイヤーC
プレイヤーB

“役札”の効果

8 台札のマークや数字に関係なく、いつでも出すことができます。次の人の出すカードのマークを指定できます。

2 2を出したプレイヤーの次のプレイヤーは、カードを出すことができません。代わりに山札からカードを2枚取って手札に加えます。ただし、続けて2を出せる場合には、さらにその次の人が4枚を引きます。3枚なら6枚、4枚なら8枚となります。

A 次のプレイヤーを1回休みにできます。このカードは1枚ずつしか出せません。

J カードを出す順番を逆回りにできます。誰かが再びJを出すまで順番は変わりません。

Q このカードを2枚以上持っていた場合は、まとめて出せます。♥Q、♠Q、♣Qが手札にあり、場札が♥のとき、♥Qを下にしてすべてのカードを出しましょう。次の場札は、♠Qと♣Qのうち、上になったカードとなります。

親
場札
山札
A
B
C

1 準備 親はカードをよく切り、各プレイヤーに5枚ずつ配ります。残ったカードは場の中央に伏せて置き、山札とします。山札のいちばん上から1枚のカードを開いて表向きに置きます。このカードが場札となります。

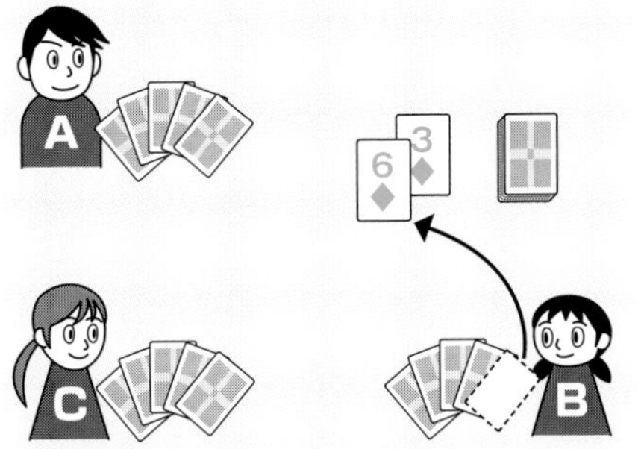
A
B
C

2 親の左隣から時計回りに開始します。まず、台札と同じマークか同じ数字のカードを表向きに1枚重ねます。手札に出せるカードがない時は、山札のいちばん上から1枚ずつカードを引き、手札に加えていきます。出せるカードが出たら、場札に表向きに重ねます。

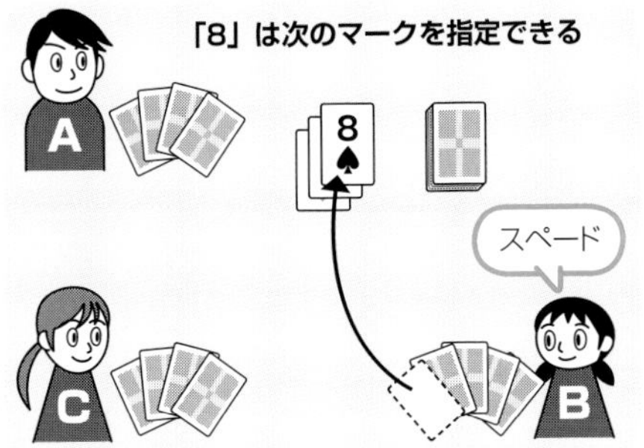
「8」は次のマークを指定できる
スペード
A
B
C

3 場札に"役札"が出た場合は、役札の効果によってゲーム展開が変化します。役札はその場で効力を発揮するので、ゲームの展開をおもしろくします。

リーチ
A
B
C

4 手札のカードが残り1枚になったら、必ず「リーチ」と宣言しましょう。宣言を忘れた場合は、ペナルティとして山札からカードを1枚取り、手札に加えます。こうしていちばん早く手札をなくした人が勝ちです。

2+4+4=10
ドボン
A
B
C

5 ルール マークや数字に関係なく、手札を一気に出してあがることができます。場札の数字が、手札の数字をすべて足した数字と一致したときには「ドボン」と言ってあがることができます（図では台札が10で手札が2と4と4だったので「ドボン」であがれた）。

「ドボン」のルーツ

「ドボン」のルーツは「エイト」というゲーム。エイトでは、ゲーム終了時に持っていたカードにマイナス点がつきます（8=−50点、K〜10=−10点、9〜2=その数字の点数、A=−1点）。手札がなくなった人が0点、それ以外の人は手札の点数を計算し、マイナス点の多い人が負けとなります。8のカードは大事に置いておくとマイナス点がついてしまうので、タイミングよく使ってしまいましょう。

GAME 15

3枚以上のカードで“役”を作って手札をなくす!

セブンブリッジ

“役”になるカードを卓上に出し、早く手札をなくした人の勝ちです。他のプレイヤーの捨て札をもらって、ポンやチーをすることができる点が、麻雀とよく似ています。

プレイ人数 2~6人（4人がオススメ）

使うカード 1セット53枚 ジョーカー1枚

ゲームの性格 運 ★★★★☆ 戦術 ★★★★★

「セブンブリッジ」の遊び方

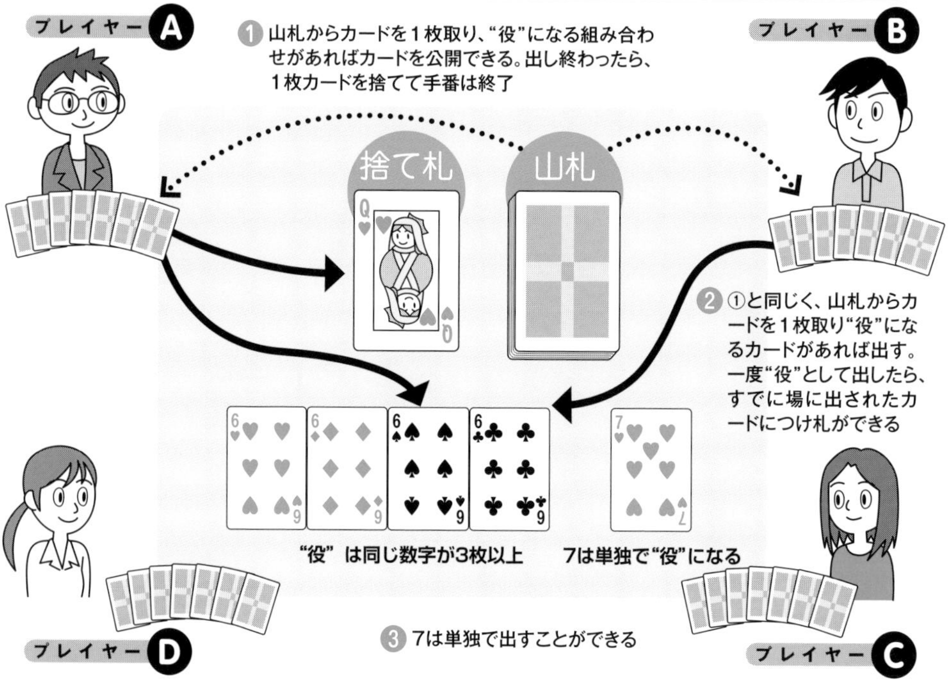

プレイヤーA
プレイヤーB
プレイヤーC
プレイヤーD
① 山札からカードを1枚取り、“役”になる組み合わせがあればカードを公開できる。出し終わったら、1枚カードを捨てて手番は終了
捨て札
山札
② ①と同じく、山札からカードを1枚取り“役”になるカードがあれば出す。一度“役”として出したら、すでに場に出されたカードにつけ札ができる
“役”は同じ数字が3枚以上
7は単独で“役”になる
③ 7は単独で出すことができる

役になる組み合わせ	①3枚以上で同じマークの数の並び ②3枚以上の同じ数字の組み合わせ ③7のカードは、単独でも組み合わせても“役”になる。組み合わせは2枚でもOK （例えば、同じマークの7と6や7と8など2枚からでも“役”になる）
カードの点数	・数字の札…その数字の点数分マイナス ・絵札…すべて－10点

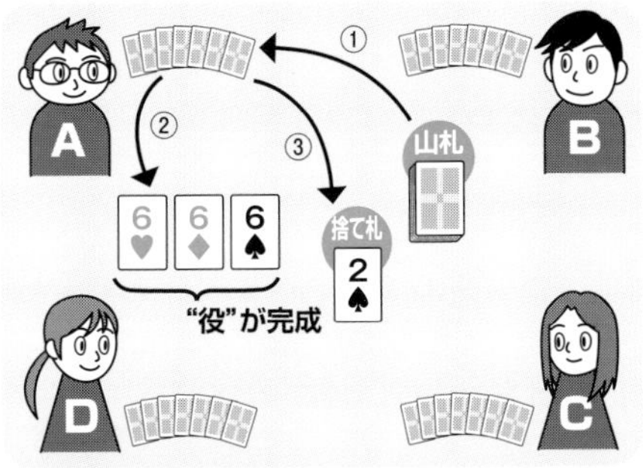
A
B
C
D
①
②
③
山札
捨て札
“役”が完成

準備

1 親は全員に7枚ずつカードを配り、親からプレイを開始します。山札から1枚取り、手札からいらない1枚を捨てます。次からも同様に進めます。3枚以上の組み合わせで“役”ができたら、カードを表にして公開します。出すカードがなくなったら1枚捨てて手番は終了です。

A
B
C
D
山札
捨て札
①
②

2 “役”ができない場合は、1枚捨て札をします。取ったカードをそのまま捨てることもできます。カードを捨てたら手番は終了です。

A
B
C
D
チー
山札
“役”が完成

3 他のプレイヤーの捨て札で“役”を作ることもできます。マークの同じ数の並びができるときは「チー」（右隣の人の捨て札に限る）、同じ数字が3枚になる場合は「ポン」（どのプレイヤーの捨て札でもOK）をカードが捨てられたときに宣言し、“役”を場に公開します。

A
B
C
D
山札

4 場に公開した“役”のあるプレイヤーは、自分の順番の時に自分や他のプレイヤーが“役”として公開したカードに自分のカードをつけ足すことができます。

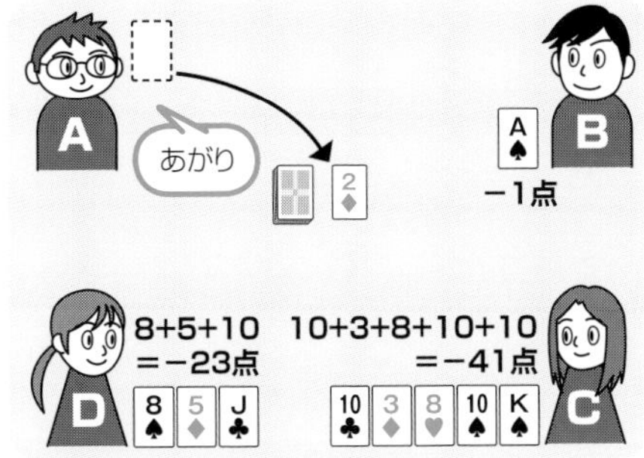
A
B
C
D
あがり
−1点
8+5+10
=−23点
10+3+8+10+10
=−41点

勝敗

5 ゲームを進め、最初に手札がなくなった人の勝ちとなります。あがるためには、1枚捨て札をしてからあがらなければならないため、“役”を場に公開して手札をなくすことはできません。敗者は残った手札の点数がマイナス点となります（点数計算は左ページを参照）。

「セブンブリッジ」で勝つために

手札は順番に並べ、単純なミスを防ぎましょう。また、他プレイヤーの出した役や捨て札に注目し、ポンやチー、つけ札をするタイミングを逃さないようにしましょう。まとめて役を作ろうとして、手札を減らさずにいるとペナルティが増えていきます。カードを場に出せるときにどんどん出して、手札を減らしていくことも大切です。

GAME 16

他のプレイヤーの“あがり”に注意を払う!

うすのろ

手札を他の人と交換し、同じ数字を４枚揃えるゲーム。あがったプレイヤーは素早くコインを取ります。他のプレイヤーも素早くコインを取らないと、反射神経のない「うすのろ」になってしまいます。

プレイ人数	使うカード	ゲームの性格
3～7人（4～5人がオススメ）	プレイ人数×4枚 ジョーカーは除く	運 ★★★☆☆ 戦術 ★★★★☆

「うすのろ」の遊び方

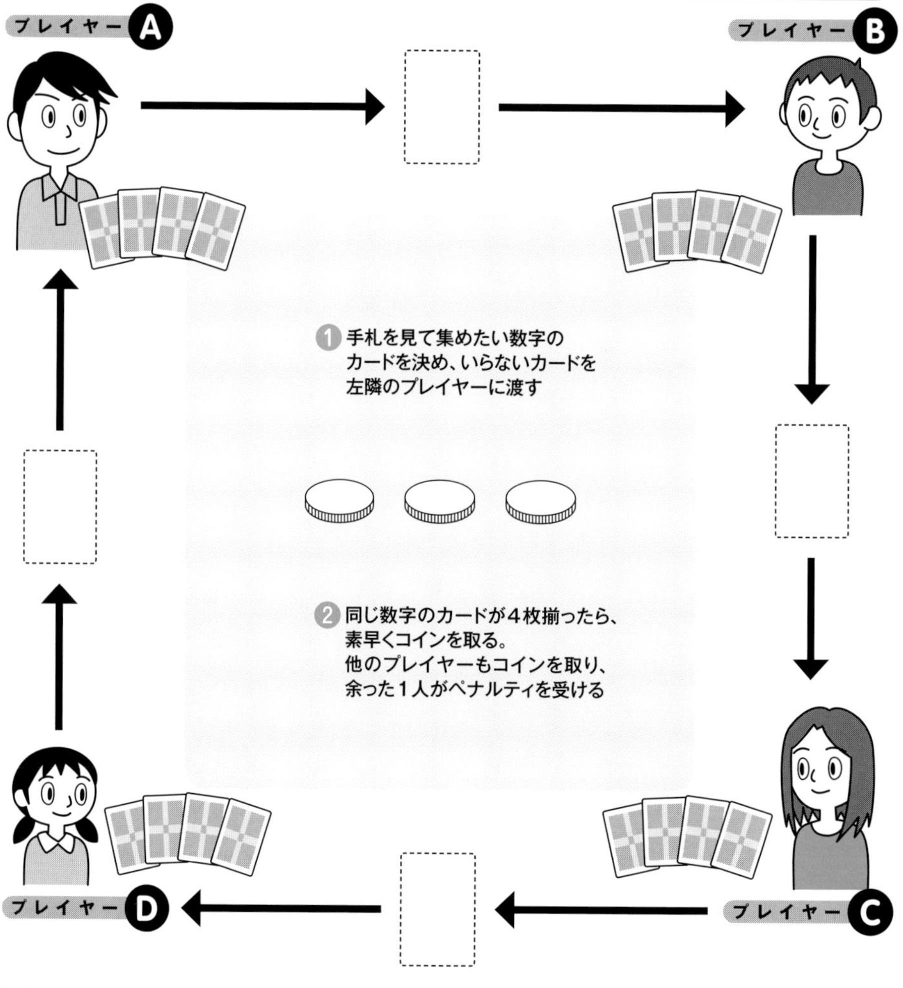

プレイヤーA
プレイヤーB
❶ 手札を見て集めたい数字のカードを決め、いらないカードを左隣のプレイヤーに渡す
❷ 同じ数字のカードが４枚揃ったら、素早くコインを取る。他のプレイヤーもコインを取り、余った１人がペナルティを受ける
プレイヤーD
プレイヤーC

A
B
C
D
よく切って
配る

1 準備 プレイヤーの人数より1少ない枚数のコインを用意し（4人なら3枚）、場の中央に置きます。親は同じ数字のカード×プレイヤーの人数分をよく切り、各プレイヤーに4枚ずつ裏向きで配ります。ここから手札を交換して、同じ数字のカードを4枚集めていきます。

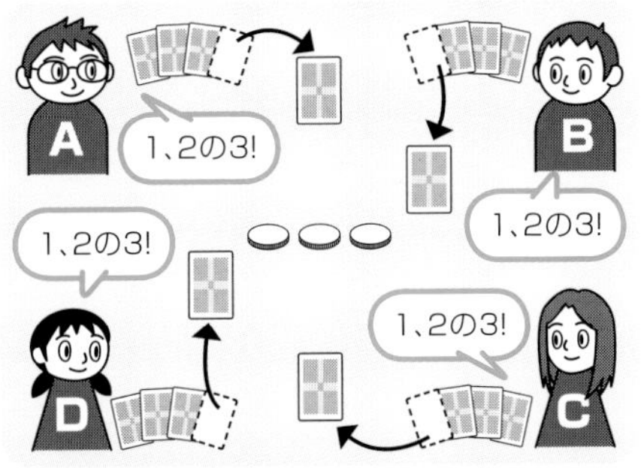
A
B
C
D
1、2の3!
1、2の3!
1、2の3!
1、2の3!

2 手札を確認したら、「1、2の3！」のかけ声で不要なカードを左隣の人の前に裏向きにして置きます。自分の前に置かれたカードは手札にし、次の交換までに集めるカードを再度検討します。誰かが同じカードを4枚集めるまでゲームを続けます。

A
B
C
D

3 同じ数字のカードが4枚集まったら、場の中央のコインを1枚、素早く取ります。このとき、カードが揃ったことを宣言する必要はありません。

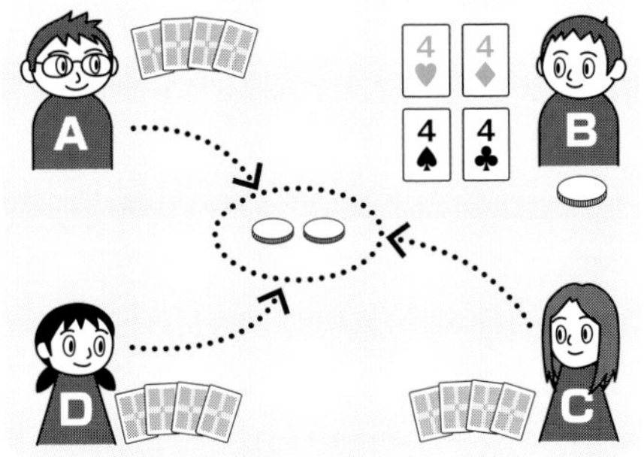
A
B
C
D

4 誰かがコインを取ったら、カードがまだ揃っていない他のプレイヤーも素早くコインを取りましょう。

A
B
C
D
負け

4回負けると
「うすのろ」に…
・ペナルティ1
う
・ペナルティ2
うす
・ペナルティ3
うすの
・ペナルティ4
（負け）
うすのろ

5 勝敗 コインの数は1枚少ないので、コインを取れない人が1人います。この反射神経のない人がペナルティとして「う」となります。1回コインを取り逃す度に「うすのろ」の1文字が増えて、4回ペナルティとなると「うすのろ」のレッテルを貼られます。

コラム

反射神経がものを言うゲームです。他のプレイヤーがコインを取る動きに注意しましょう。ローカルルールには「うすのろまぬけ」「うすのろばかまぬけ」なども存在するようです。各文字数に応じてプレイ回数を増やしましょう。たまにはコインを取るフリ（フェイント）をかけるとゲームがより盛り上がります。

GAME 17

ゴー・フィッシュ（家族揃え）

同じ数字の組み合わせをたくさん集める!

他のプレイヤーにカードを請求することで、同じ数字のカードを集めていくゲームです。自分の欲しいカードを誰が持っているか推理して請求するときのドキドキ感や駆け引きを楽しみましょう。

プレイ人数：2～5人
使うカード：1セット52枚（ジョーカーは除く）
ゲームの性格：運 ★★☆☆☆　戦術 ★★★★★

「ゴー・フィッシュ」の遊び方

プレイヤーA 親
カードを出す順番
プレイヤーB
Dさん 2をください
ゴー・フィッシュ
山札
2
Aさん 7をください
プレイヤーD
プレイヤーC

❶ 自分が欲しい数字のカードを、他のプレイヤーに請求する。請求された人が持っていた場合は、必ず渡さなければいけない

❷ カードを請求された人が、請求された数字のカードを持っていない場合は「ゴー・フィッシュ」と言う。請求した人は山札からカードを1枚引く

A
親
B
山札
D
C

1 準備 親はカードをよく切り、プレイヤーの総数が2、3人の場合は１人7枚、4、5人の場合は1人5枚のカードを配ります。残りのカードを場の中央に置きます。

Dさん 2をください
A
B
2
渡す
D
C

2 親の左隣からゲームを開始し、時計回りに進めます。手札をよく見て集める数字を決めたら、他のプレイヤーにカードを請求します。請求する数字のカードを持っていることが条件です。請求されたカードを持っていたら、手札からすべて渡します。

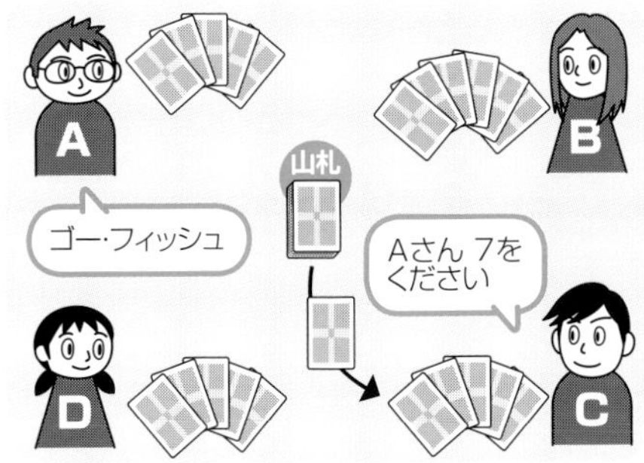
A
B
山札
ゴー・フィッシュ
Aさん 7をください
D
C

3 請求されたカードを持っていなかった場合、請求された人は「ゴー・フィッシュ」と言います。請求した人は山札からいちばん上のカードを1枚引きます。このとき、自分が請求したカードを引いた場合は、他のプレイヤーに一度公開してからカードを手札に入れます。

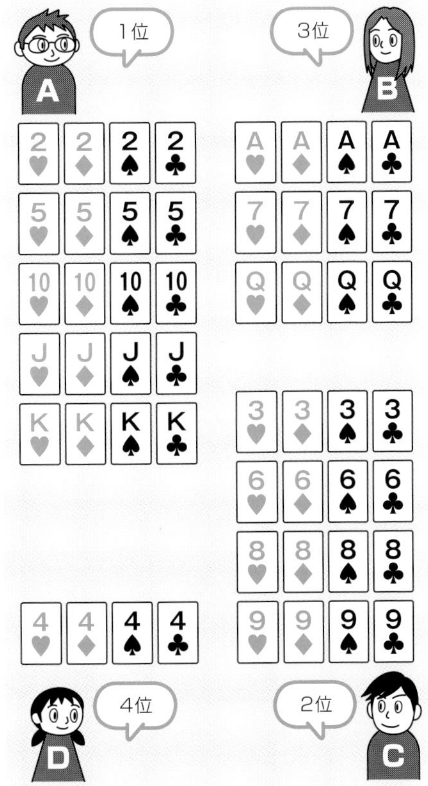
1位
3位
A
B
4位
2位
D
C

4 勝敗 同じ数字のカードを4枚集めるごとに、場に公開していきます。山札と手札がすべてなくなったらゲーム終了となり、同じ数字の4枚セットを最も多く集めた人の勝ちです。同数のカードは引き分けとなります。

「ゴー・フィッシュ」で勝つために

他プレイヤーへ請求できるカードは、手札にあるカードだけなので、他のプレイヤーが請求したカードを覚えておきましょう。自分の手元にそのカードがあった場合、相手プレイヤーに請求して横取りすることができます。また、集めようとしたカードがなかなか手に入らないときは、そのまま集め続けるか、見切りをつけて集めるカードを変更するかを見極めましょう。

GAME 18

オススメ!

同じマークの列をいちばん長く並べて点数を競う!

ミッチ

3人で行うゲームです。自分の前にマーク別の列を作っていくので、一見すると1人遊び風ですが、実際にプレイしてみると、実は駆け引きが重要なゲームであることに気付くでしょう。

プレイ人数	3人
使うカード	54枚 ジョーカー2枚を含む
ゲームの性格	運 ★★★★☆ 戦術 ★★☆☆☆

「ミッチ」の遊び方

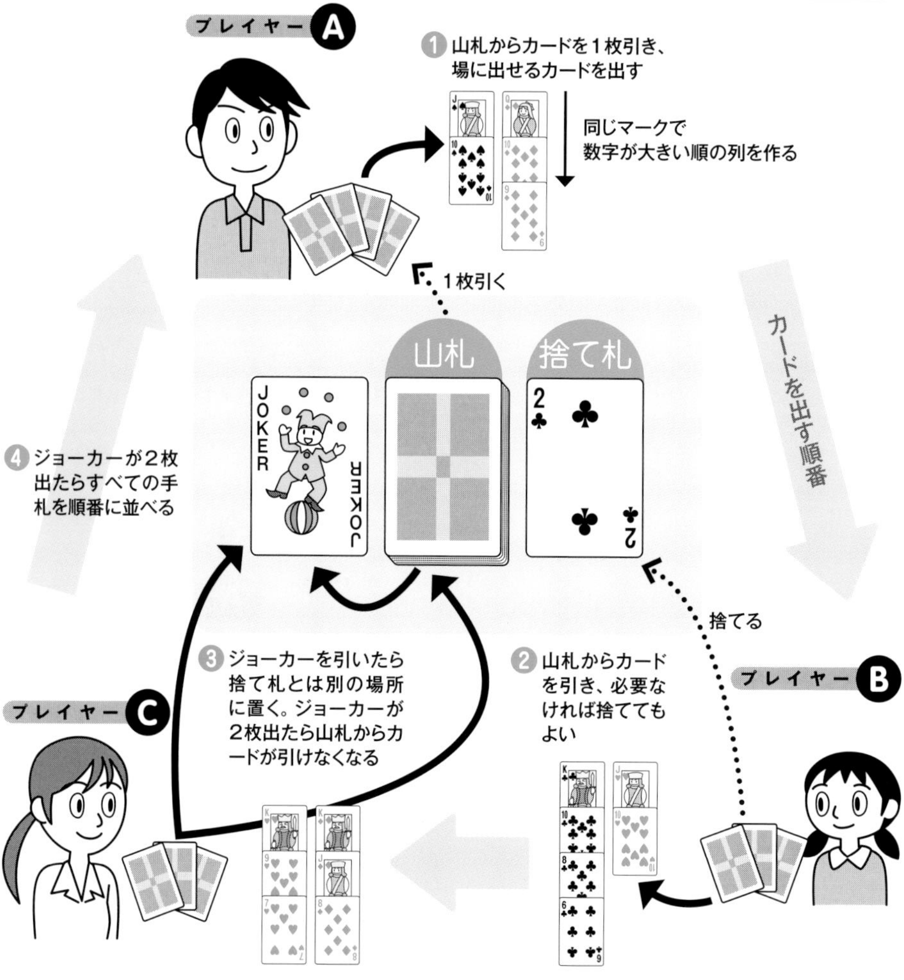

プレイヤーA
1 山札からカードを1枚引き、場に出せるカードを出す
同じマークで数字が大きい順の列を作る
1枚引く
山札
捨て札
JOKER
カードを出す順番
4 ジョーカーが2枚出たらすべての手札を順番に並べる
捨てる
3 ジョーカーを引いたら捨て札とは別の場所に置く。ジョーカーが2枚出たら山札からカードが引けなくなる
2 山札からカードを引き、必要なければ捨ててもよい
プレイヤーB
プレイヤーC

親
A
JOKER
JOKER
C
B

1 準備 親は52枚のカードをよく切り、1人5枚ずつ配ります。残りの37枚にジョーカーを2枚差し込み、再度よく切って山札として場に置きます。

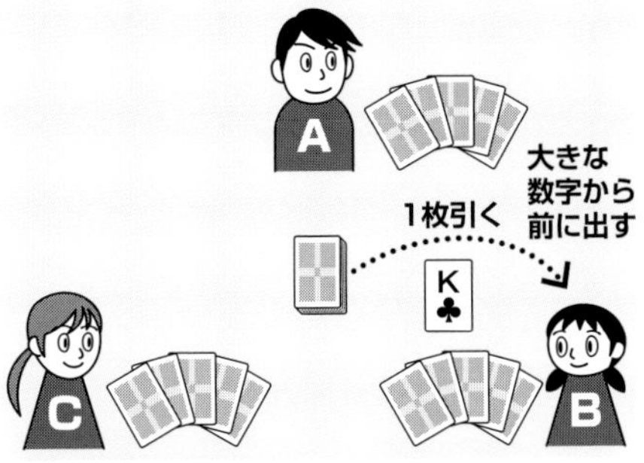
A
大きな数字から前に出す
1枚引く
K
C
B

2 親の左から開始し、時計回りに進みます。山札からカードを1枚引いて手札に加え、カードを出すか捨てるかします。引いたばかりの札を捨ててもOKです。

A
C
B

3 上から下に向かって数が減っていくようにカードを並べていきます。1つのマークで1つの列しか作れません。各プレイヤーの前には最大4つの列ができます。

A
JOKER
C
B

4 ジョーカーが出たら手札に加えず、捨て札とは別の場所に置きます。ジョーカーを引いたプレイヤーは、カードを1枚引き直してプレイを続けます。

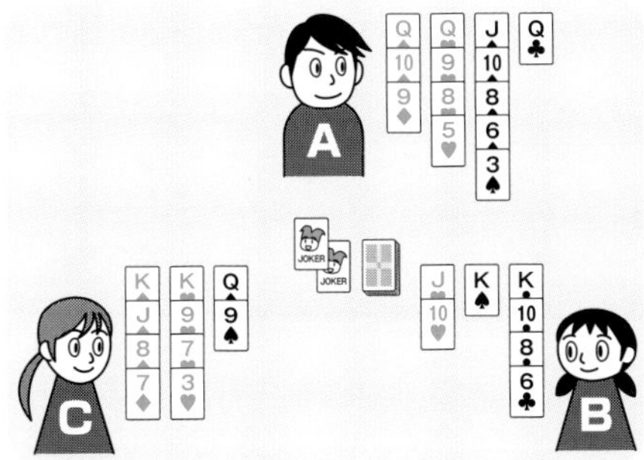
A
JOKER
JOKER
C
B

5 勝敗 2枚目のジョーカーが出たら、山札からカードを引くのを止めて、手札だけでゲームを進めます。この時からは捨て札をせず、すべてのカードを順番に出していきます。

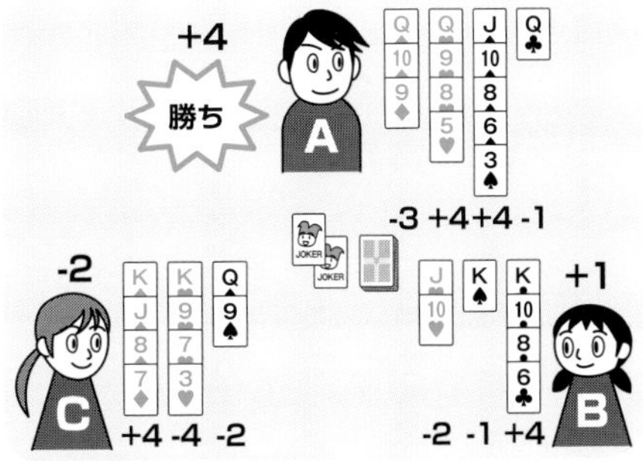
+4
勝ち
A
-3 +4+4 -1
-2
+1
C
B
+4 -4 -2
-2 -1 +4

6 全員が手札を出し終わったら、各マークでいちばん長い列を作った人が、そのマークの勝者として+4点。列の長さで負けた人は、カードの枚数分の点数がマイナスになります。同じ枚数の列の場合、最後の数字が大きい方の勝ちとなります。合計点数の高い人の勝利です。

GAME 19

2人1組になって強いカードを出す!

ホイスト

4人のプレイヤーが2人1組に分かれ、場に出したカードの強さを競い合うゲームです。パートナーが強い札を出したら自分は弱い札を出すなど、パートナーとのチームプレイが重要になってきます。

プレイ人数 4人(2人1組)　使うカード 1セット 52枚 ジョーカーは除く　ゲームの性格 運 ★★★☆☆ 戦術 ★★★★★

「ホイスト」の遊び方

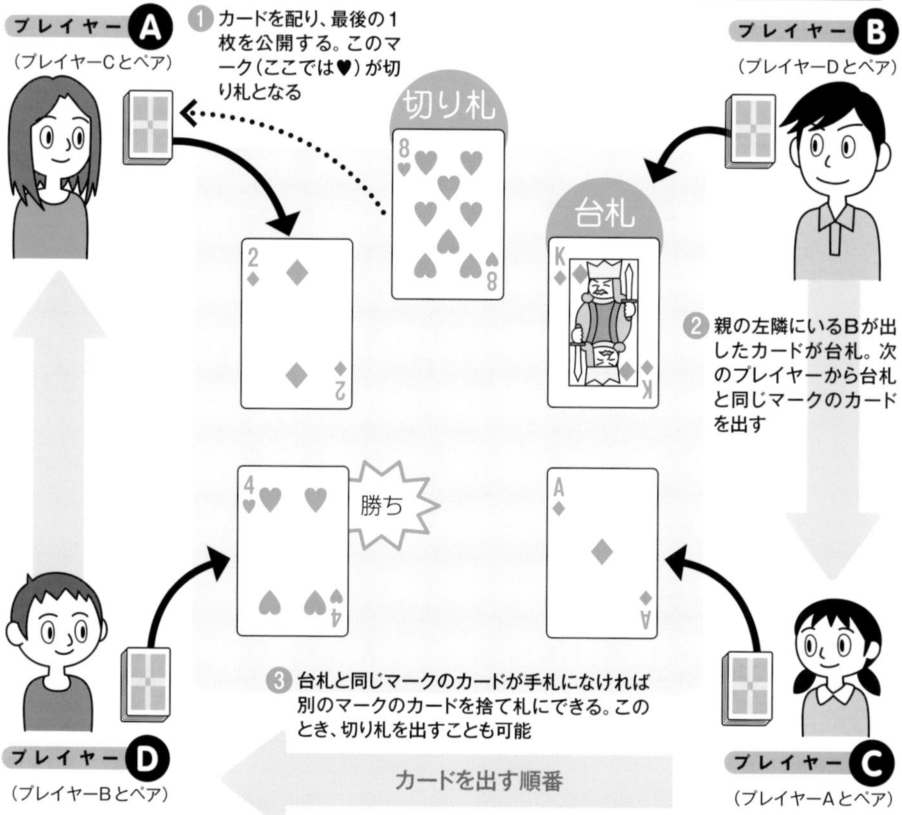

プレイヤーA
(プレイヤーCとペア)
プレイヤーB
(プレイヤーDとペア)
プレイヤーC
(プレイヤーAとペア)
プレイヤーD
(プレイヤーBとペア)
切り札
台札
勝ち
カードを出す順番

❶ カードを配り、最後の1枚を公開する。このマーク(ここでは♥)が切り札となる

❷ 親の左隣にいるBが出したカードが台札。次のプレイヤーから台札と同じマークのカードを出す

❸ 台札と同じマークのカードが手札になければ別のマークのカードを捨て札にできる。このとき、切り札を出すことも可能

カードの強い順

切り札 A＞K＞Q＞J＞10…3＞2 ＞台　札 A＞K＞Q＞J＞10…3＞2＞ 切り札以外の捨て札

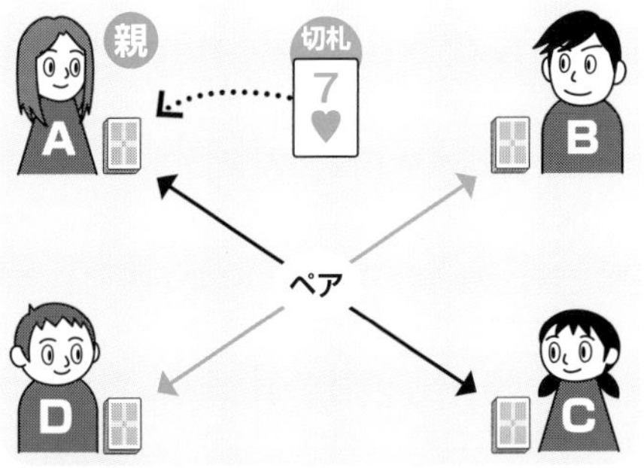
親
切札
7
A
B
ペア
D
C

1 準備 向かい合わせの人がペアとなります。親はカードをよく切り、左隣から時計回りにカードを配ります。最後の1枚が親のところにくるので、表向きにして場に置きます。このカードのマークが切り札になるので、みんなで確認しましょう。

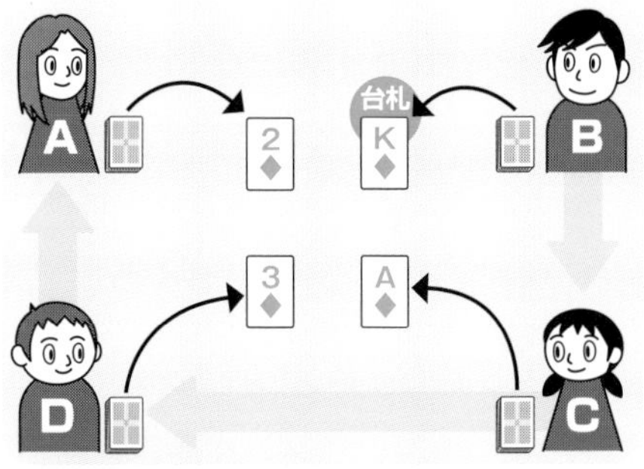
A
台札
K
B
2
3
A
D
C

2 親が切り札を自分の手札の中に戻したら、親の左隣からゲームを開始します。まず、好きなカードを1枚出します。このカードが台札となります。他のプレイヤーは同じマークのカードを出さねばなりません。

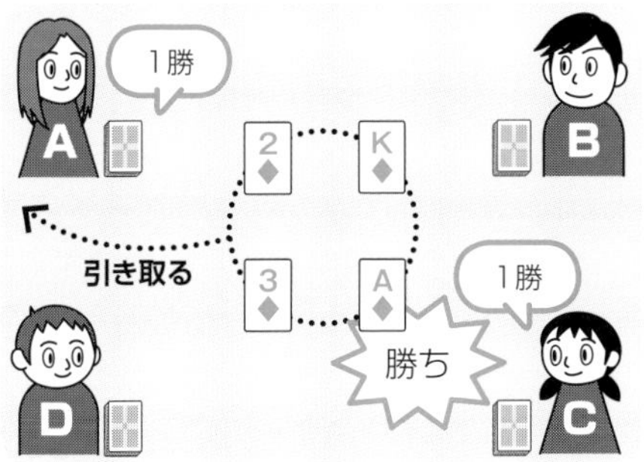
1勝
A
B
2
K
引き取る
3
A
1勝
勝ち
D
C

3 すべてのプレイヤーがカードを出し終えたら、いちばん強いカードを出したプレイヤーがいるペアが場札をすべて引き取ります（勝った時の場札を束にして脇に置いておくと勝ち数が分かりやすい）。これをくり返して、7回引き取ったチームが1点です。

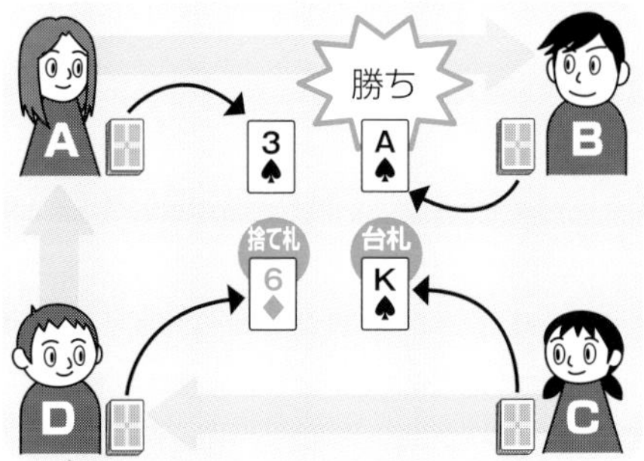
勝ち
A
3
A
B
捨て札
6
台札
K
D
C

4 次からは、いちばん強いカードを出したプレイヤーから台札を出します。台札と同じマークのカードがなければ、マークが違うカードを1枚、捨て札として出しましょう。

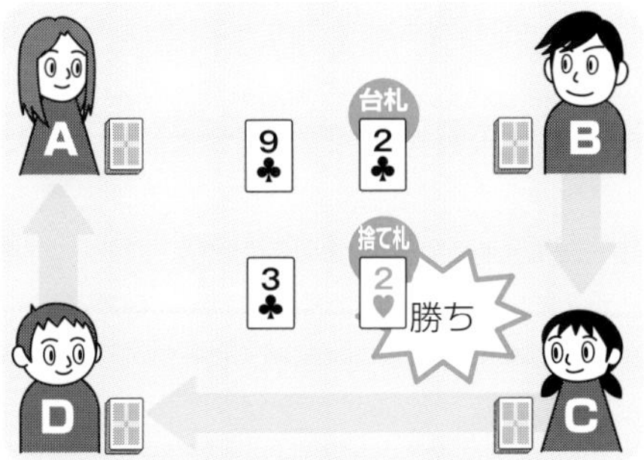
A
台札
9
2
B
捨て札
3
2
勝ち
D
C

5 勝敗 台札と同じマークがないとき、切り札と同じマークのカードを出せます。この場合、切り札と同じマークのカードがいちばん強いカードです。場札を7回引き取ったチームに1点、8回だと2点。5点先取したチームがワンゲームとなり、2ゲーム先取したチームの勝利です。

「ホイスト」で勝つために

味方の手札がわからないため、チームワークがポイントとなります。味方が強いカードを出したらいらないカードを出す、味方が弱いカードを出したら強いカードを出すなど、カードの出し方のバランスを取りながら進めましょう。また、場に出たカードを覚えておき、現在どのカードがいちばん強いのかを把握しておくことも重要。ここぞというときに強いカードを使いましょう。

GAME 20

勘でカードを交換して6枚のカードの合計点を減らす!

ゴルフ

自分の前に並んだ6枚のカードの合計点を低くしていくゲームです。上下のカードの数字が揃うと0点となります。カードの交換はほぼ勘に頼るため、運の要素が強いゲームです。

プレイ人数 4~5人

使うカード 1セット 52枚 ジョーカーは除く

ゲームの性格 運 ★★★★★ 戦術 ★★★★★

「ゴルフ」の遊び方

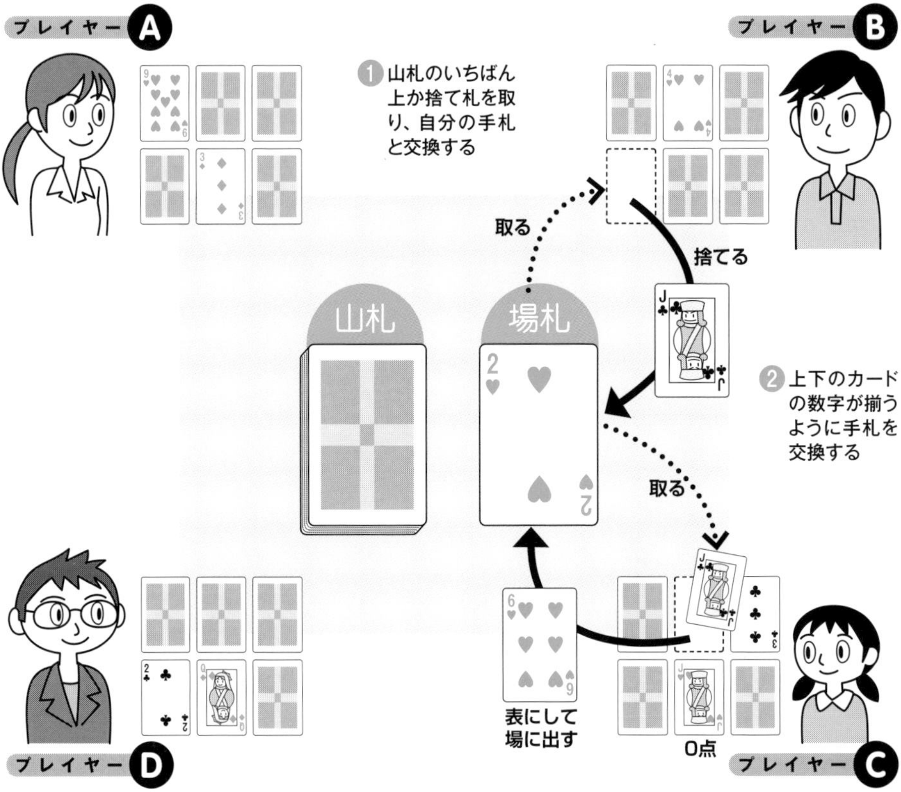

プレイヤーA
プレイヤーB
プレイヤーC
プレイヤーD
❶山札のいちばん上か捨て札を取り、自分の手札と交換する
取る
捨てる
山札
場札
❷上下のカードの数字が揃うように手札を交換する
取る
表にして場に出す
0点

得点のルール

縦に同じカードを揃えると0点。A…1点、JQK…10点、10…0点、9~2…数字どおりとして換算、上下のカードの合計が得点となる

[例]

Q♦	Q♣	6♠	=5点
Q♥	5♥	6♦	
0点	15点	0点	

Q♥	J♣	10♠	=13点
A♠	J♥	2♦	
11点	0点	2点	

A
B
C
D
親
山札
場札

1 準備 親はカードをよく切り、左隣から1枚ずつ6枚カードを配ります。残ったカードは伏せたまま中央に置き、1枚を表にして隣に置きます。配られたカードは各プレイヤーが裏向きのまま横3×縦2に並べ、どれでも好きな2カ所を表にします。

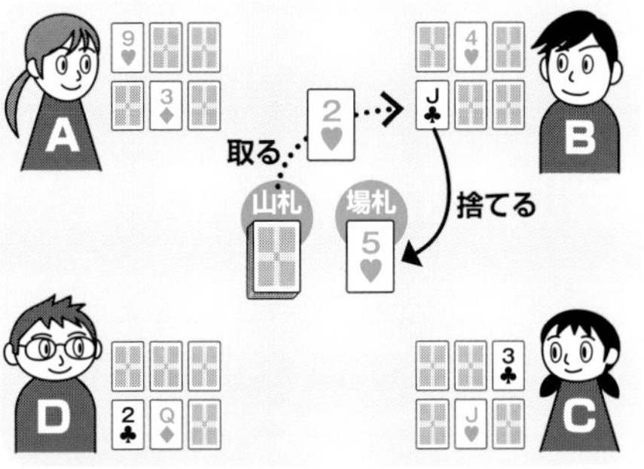
取る
山札
場札
捨てる

2 親の左隣からゲームを開始し、時計回りにプレイします。山札のいちばん上か、場札のどちらかを手に取ります。山札を取った場合は表を見て、場札として出すか自分の手札と交換します。

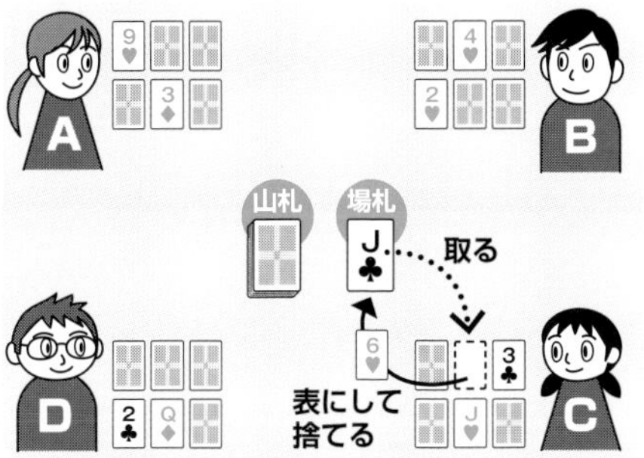
山札
場札
取る
表にして
捨てる

3 次のプレイヤーも、山札か場札から1枚を交換します。場札を取った場合は必ず手札と交換しましょう。縦に同じ数字のカードが並ぶと0点になります（図では上に♣J、下に♥Jとなるので、この2枚のカードは0点）。

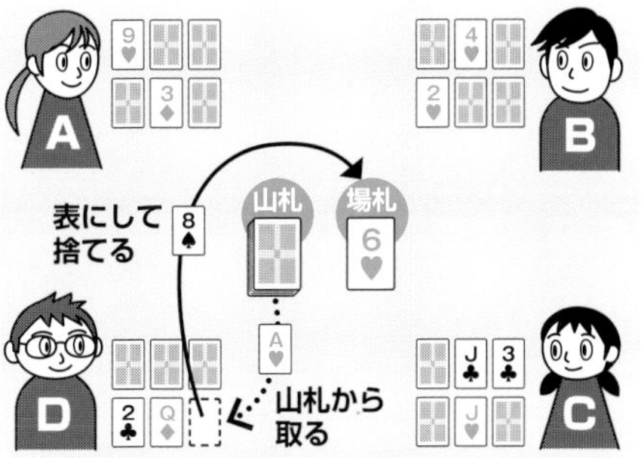
表にして
捨てる
山札
場札
山札から
取る

4 裏のカードと交換すると表のカードが増えていきます。交換するときに裏のカードを表にしたら、必ず場札として捨てなければなりません。

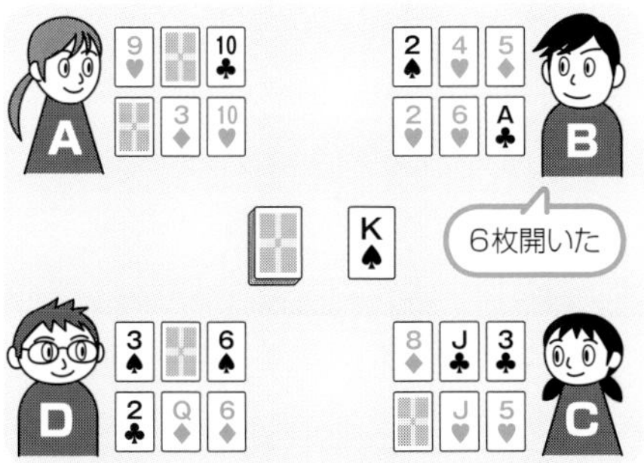
6枚開いた

5 勝敗 1人のプレイヤーのカードが6枚とも開いたらゲーム終了です。全プレイヤーはカードをすべて表向きにして手札を採点しましょう。採点方法は左ページの下を参照。合計点がいちばん低かった人の勝ちとなります。

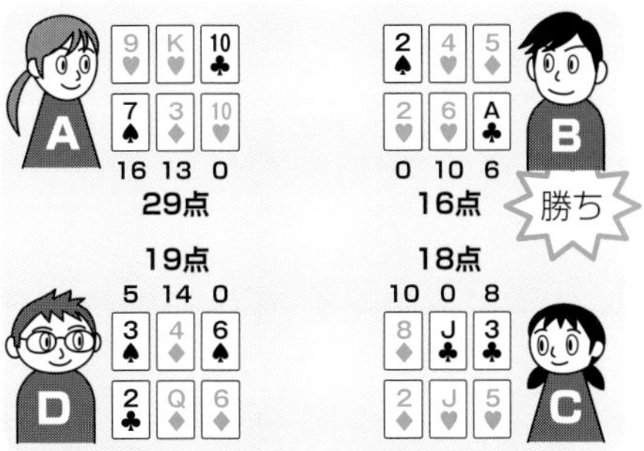
16 13 0
29点
0 10 6
16点
勝ち
19点
5 14 0
18点
10 0 8

6 勝敗 採点方法は左ページの下部を参照してください。合計点数がいちばん低かった人の勝ちとなります。

GAME 21

オススメ！

カードを5×5に並べてポーカーの役を作る！

ポーカーソリティア

5×5にカードを並べ、縦横の列でポーカーの“役”を作ります。自分で点数を記録し、ハイスコアを目指しましょう。ローカルルールによっては斜めの点数もつけますが、ここでは基本のルールを抑えましょう。

プレイ人数 1人

使うカード 1セット 52枚 ジョーカーは除く

ゲームの性格 運 ★★★★★ 戦術 ★★★★★

「ポーカーソリティア」の遊び方

25枚のカードを5×5に並べ、ポーカーの役を作る。縦横の列で採点して総得点を出す

縦 24点
横 25点
合計 49点
プレイヤーA

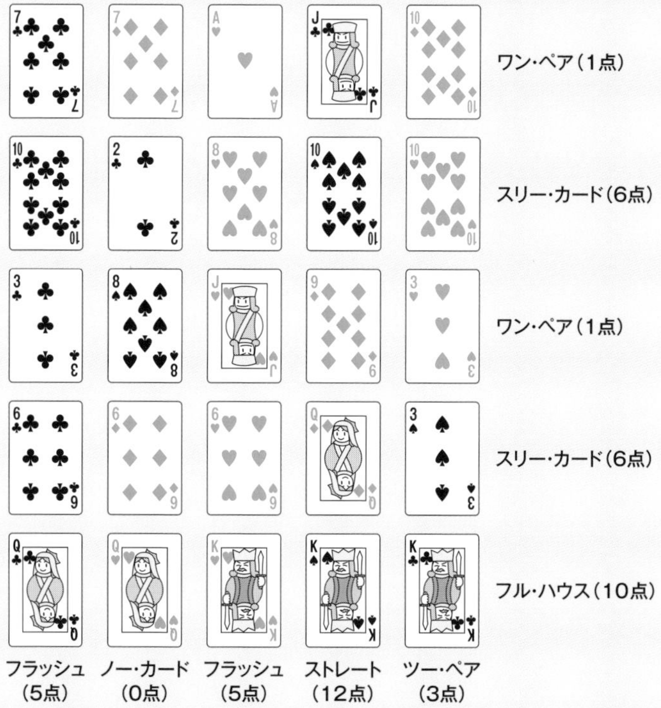

ワン・ペア（1点）
スリー・カード（6点）
ワン・ペア（1点）
スリー・カード（6点）
フル・ハウス（10点）
フラッシュ（5点）
ノー・カード（0点）
フラッシュ（5点）
ストレート（12点）
ツー・ペア（3点）

ポーカーの“役”の得点

ワン・ペア	1点
ツー・ペア	3点
スリー・カード	6点
ストレート	12点
フラッシュ	5点
フル・ハウス	10点
フォー・カード	16点
ストレート・フラッシュ	30点

※役の説明は61-62ページを参照

山札
A

1 準備 52枚のトランプをよくシャッフルし、山札として手元に置きます。テーブルの上には5×5の25カ所のカード置き場があると想像してください。

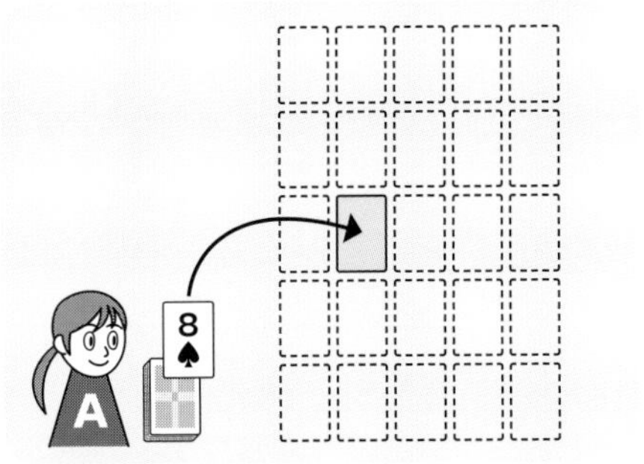
8♠
A

2 山札のいちばん上から、1枚カードを引きます。5×5のカード置き場の中で、好きな場所に置きます。カード置き場以外の場所に置くことはできません。

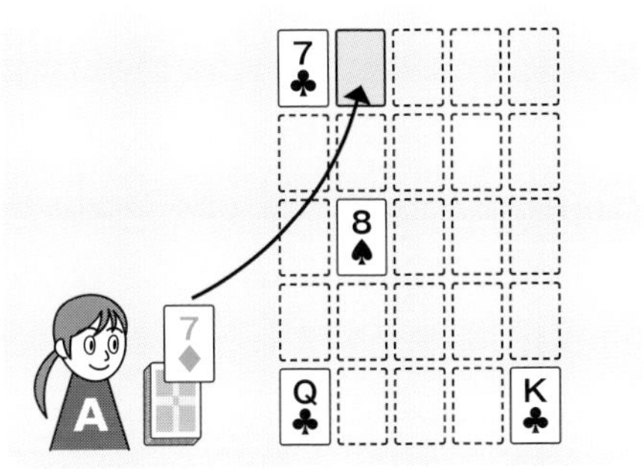
7♣
8♠
7♦
Q♣
K♣
A

3 2枚目からは、残りの枠のどこかに置いて行きます。一度置いたカードは動かせないので、ポーカーの役を想像しながら配置しましょう。

7♣ 7♦ A♥ J♣ 10♦
10♣ 2♣ 8♥ 10♠ 10♥
3♣ 8♠ J♥ 9♦ 3♥
6♣ 6♦ 6♥ Q♦ 3♠
Q♣ Q♥ K♥ K♠ K♣
A

4 勝敗 25枚、すべてのカードが出たら、縦横でポーカーの役を確認します。役に応じて採点し、スコアを出しましょう。

国別の採点方法の違い

採点方法には2種類あります。ここで紹介した採点方法はイギリス式で、もう1つアメリカ式の採点方法もあります。アメリカ式では、ワン・ペア（2点）、ツー・ペア（5点）、スリー・カード（10点）、ストレート（15点）、フラッシュ（20点）、フル・ハウス（25点）、フォーカード（50点）、ストレート・フラッシュ（75点）、ロイヤル・フラッシュ（100点）となります。

「ポーカーソリティア」成功のコツ

運や勘も重要になってくる1人遊び。高得点のカギは、カードをどこに置けば高得点をとれるかを判断する力です。ポーカーの役をイメージしながらカードを配置しましょう。
フラッシュはある程度狙って取ることができるので、マークを揃える列を決めてもいいでしょう。

GAME 22

赤と黒が交互になったK～Aの列を作る!

クロンダイク

カードを赤と黒が交互になった数下がりに並べるゲームです。テクニックだけでなく、運も重要となってくるので成功率は低いゲームですが、何度もプレイして成功したときの達成感を味わってください。

プレイ人数 1人

使うカード 1セット 52枚 ジョーカーは除く

ゲームの性格 運 ★★★★★ 戦術 ★★★☆☆

「クロンダイク」の遊び方

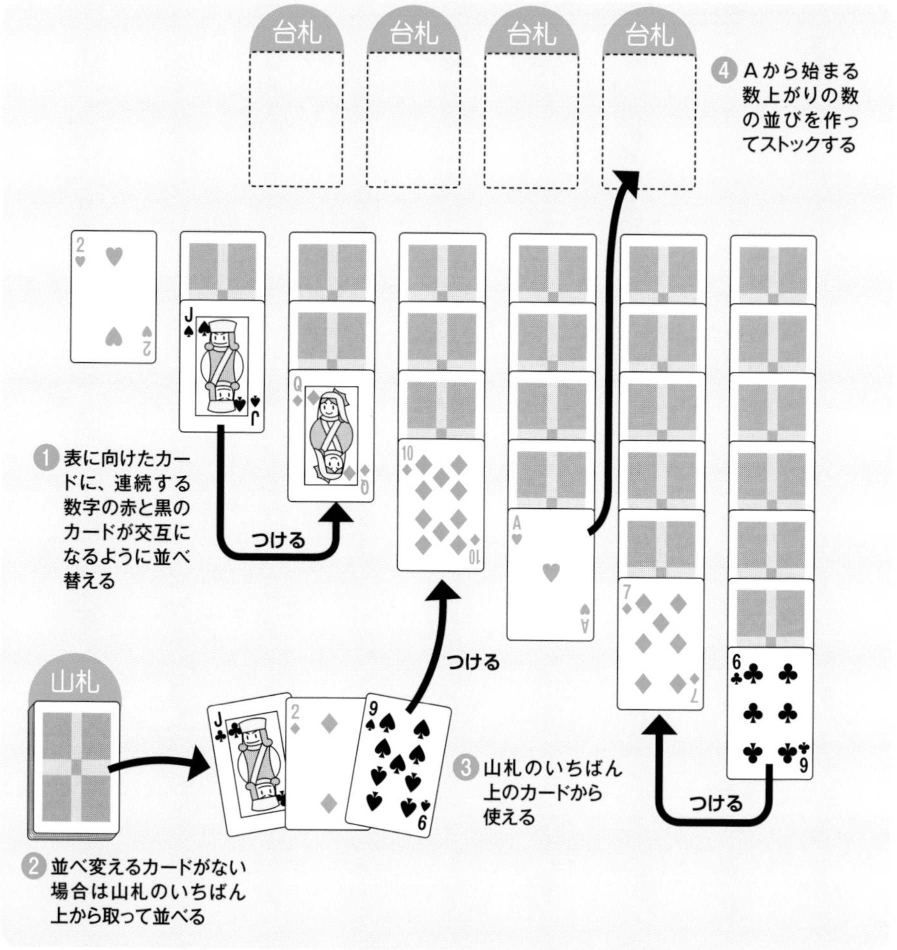

台札
台札
台札
台札
④ Aから始まる数上がりの数の並びを作ってストックする
① 表に向けたカードに、連続する数字の赤と黒のカードが交互になるように並べ替える
つける
つける
つける
山札
② 並べ変えるカードがない場合は山札のいちばん上から取って並べる
③ 山札のいちばん上のカードから使える

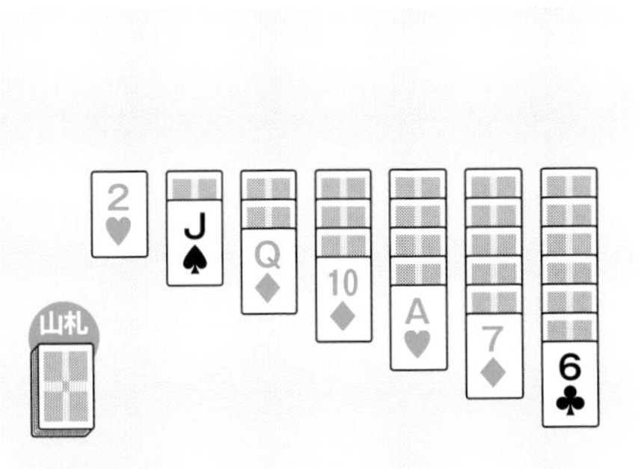
山札

1 準備 右に7枚、いちばん左は1枚となるように、図のように28枚のカードを並べます。いちばん上に重なったカードは常に開いておきましょう。

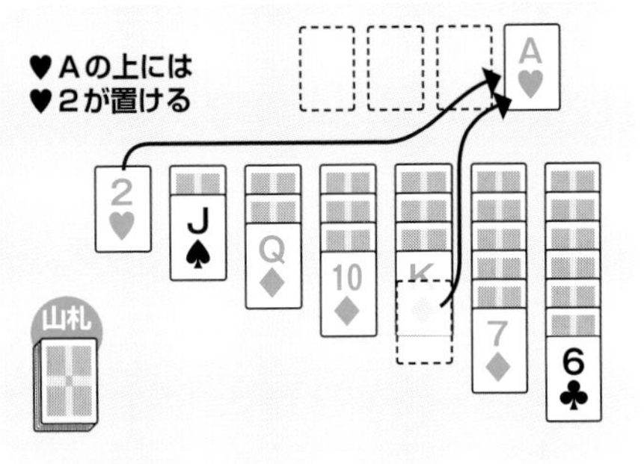
♥Aの上には
♥2が置ける
山札

2 台札には、マーク別にAから始まる数上がりの数の並びを作ることができます（♥Aの上には♥2を、♥2の上には♥3を置ける）。Aが出た場合は台札置き場に置いて、カードをストックしておきましょう。

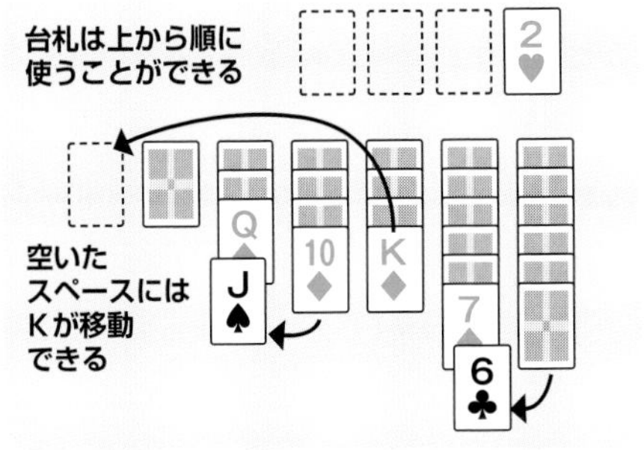
台札は上から順に
使うことができる
空いた
スペースには
Kが移動
できる

3 赤と黒が交互になる、数下がりの並びを作っていきます。移動できるカードがあれば、少しずらして重ねましょう（図では赤い◆Qの下に黒い♠Jを重ねた）。カードを移動させて空いたスペースにはKだけが移動できます。

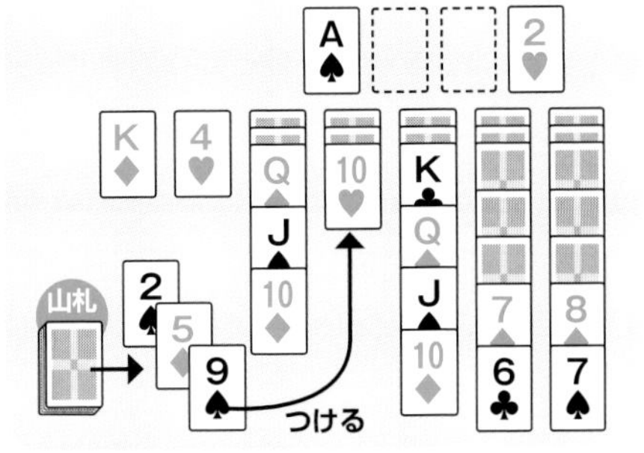
山札
つける

4 重ねるカードがなくなったら、山札のいちばん上から3枚を表に向けます。いちばん上のカード（山札の上から3枚目にあったカード）から使えます。重ねられなければ引いたカードを山札のいちばん下に戻し、引き直します。

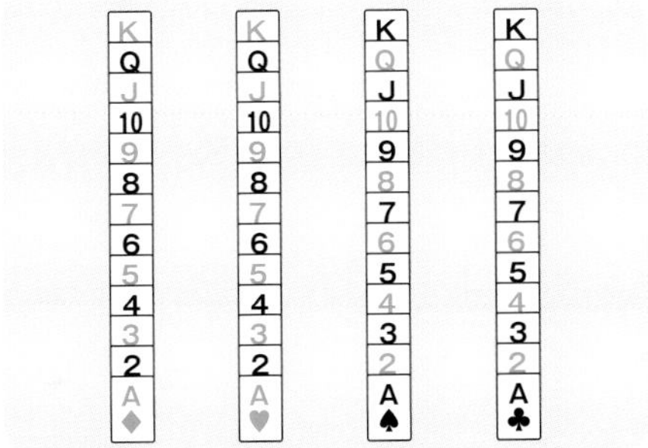

5 勝敗 台札と山札を効果的に使ってゲームを進めます。台札も山札もなくなり、赤と黒が交互になった、数下がりの並びができると成功です。

「クロンダイク」成功のコツ

カードを移動させて空いたスペースには、Kのカード（と、それに連なる数列のカード）しか移せないため、安易に空席を作らないように進めましょう。また、山札が3の倍数の場合は、カードが一巡しても同じ組み合わせのカードしか出てこず、新規のカードが使えなくなるため、山札が3の倍数にならないように計算して使うことがポイントです。

GAME
23

13になる組み合わせを見つけてピラミッドを崩す!

ピラミッド

足すと13になる組み合わせを見つけて、ピラミッドのタワーを下から崩していくシンプルなゲーム。簡単にプレイできますが、実は成功率の低いゲームです。

プレイ人数 1人

使うカード 1セット 52枚 ジョーカーは除く

ゲームの性格 運 ★★★★★ 戦術 ★★☆☆☆

「ピラミッド」の遊び方

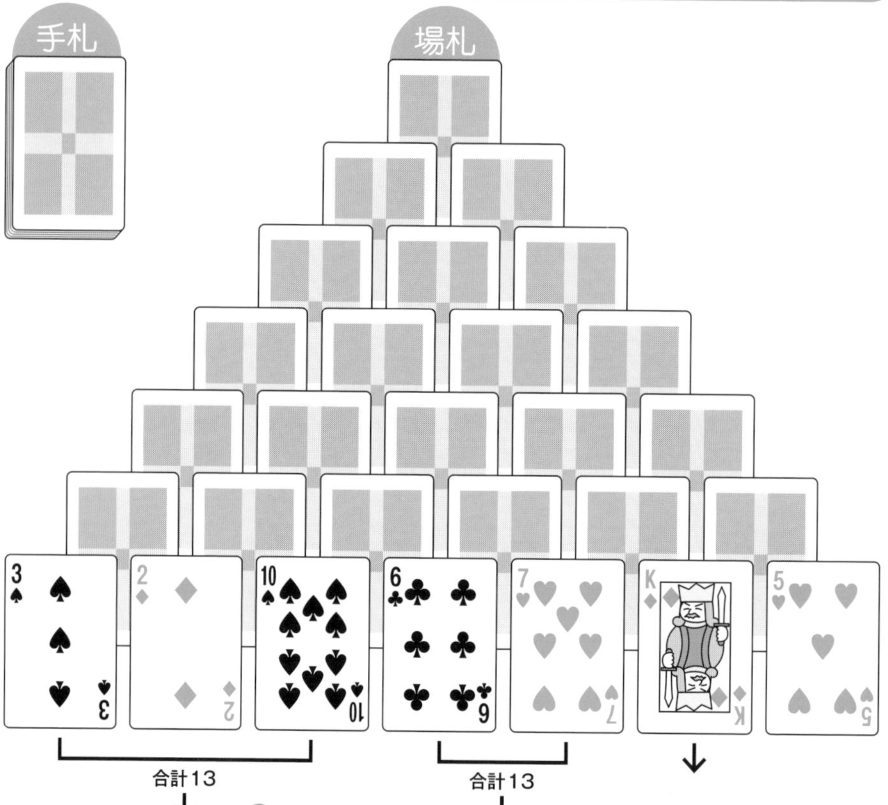

手札
場札
合計13
合計13

1 足して13になる組み合わせのカードを取る

2 Kは1枚で13なので取る

カードの数え方 2～10は数字のまま、A=1、J=11、Q=12、K=13と数える。

手札

1 準備 52枚のカードをよく切り、頂点が１枚、底辺が７枚となる7段の三角形を作ります。7段目のカードは開きましょう。

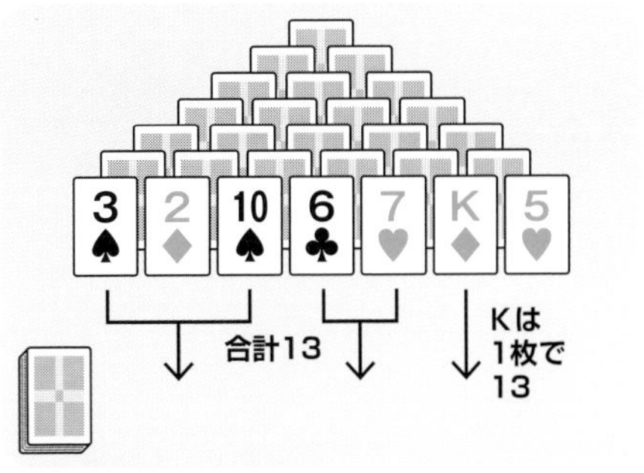
合計13
Kは
1枚で
13

2 カードの合計が13になる2枚の組み合わせを見つけてカードを取ります。Kは1枚で13になるので、1枚で取ることができます。

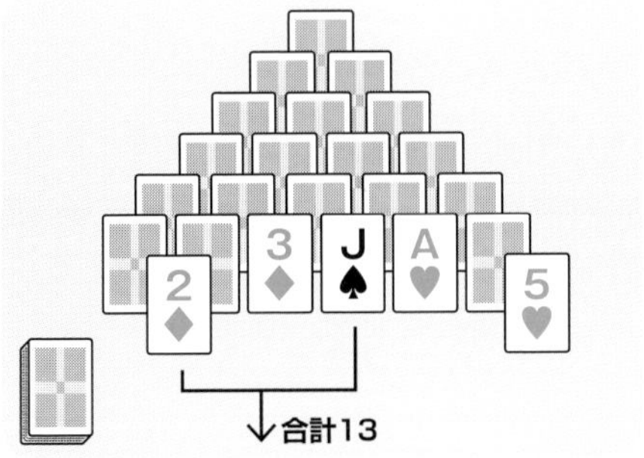
合計13

3 上に重なるカードがないカードは開くことができます。新しく開いたカードで合計13になる組み合わせを見つけたら、段が違っても場札から取れます。

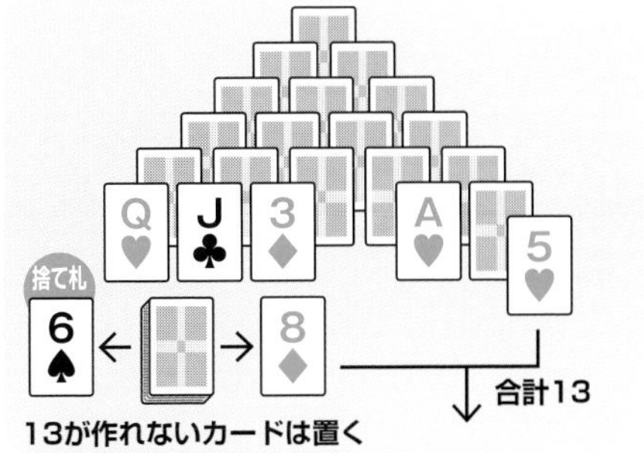
捨て札
合計13
13が作れないカードは置く

4 場札が取れなくなったら、手札のいちばん上を開きます。13の組み合わせが作れたら取り、作れない時は捨て札としましょう。捨て札は重ねて置きましょう。

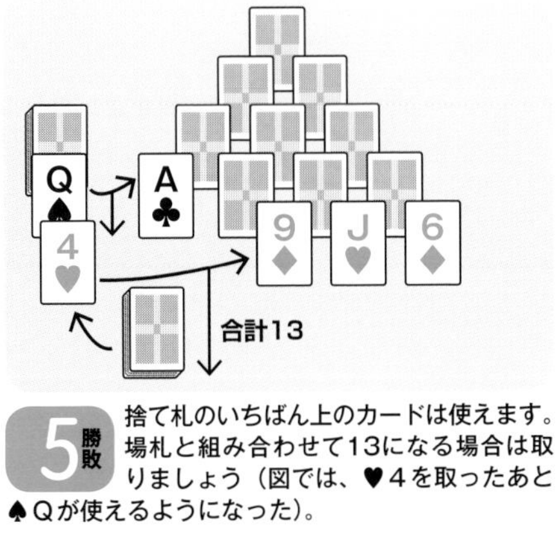
合計13

5 勝敗 捨て札のいちばん上のカードは使えます。場札と組み合わせて13になる場合は取りましょう（図では、♥４を取ったあと♠Ｑが使えるようになった）。

「ピラミッド」成功のコツ

運にも大きく左右されるので、成功は難しいゲームです。成功の確率を上げるには、新しいカードを開けられるようにすることです。
端に位置するカードや、隣接する２枚のカードを優先的に取りましょう。新しいカードが開くと、13になる組み合わせを作れる可能性がアップします。

GAME
24
オススメ！

決まった数字の並びで4つの列を作る！

カルキュレーション

テクニックの必要な1人遊びです。４種類の数列を覚える必要があるため最初はなかなか成功しませんが、慣れると成功率がぐんとアップします。じっくり極めていく、1人遊びの真骨頂といえるでしょう。

プレイ人数 1人

使うカード 1セット 52枚 ジョーカーは除く

ゲームの性格 運 ★★★☆☆ 戦術 ★★★★★

「カルキュレーション」の遊び方

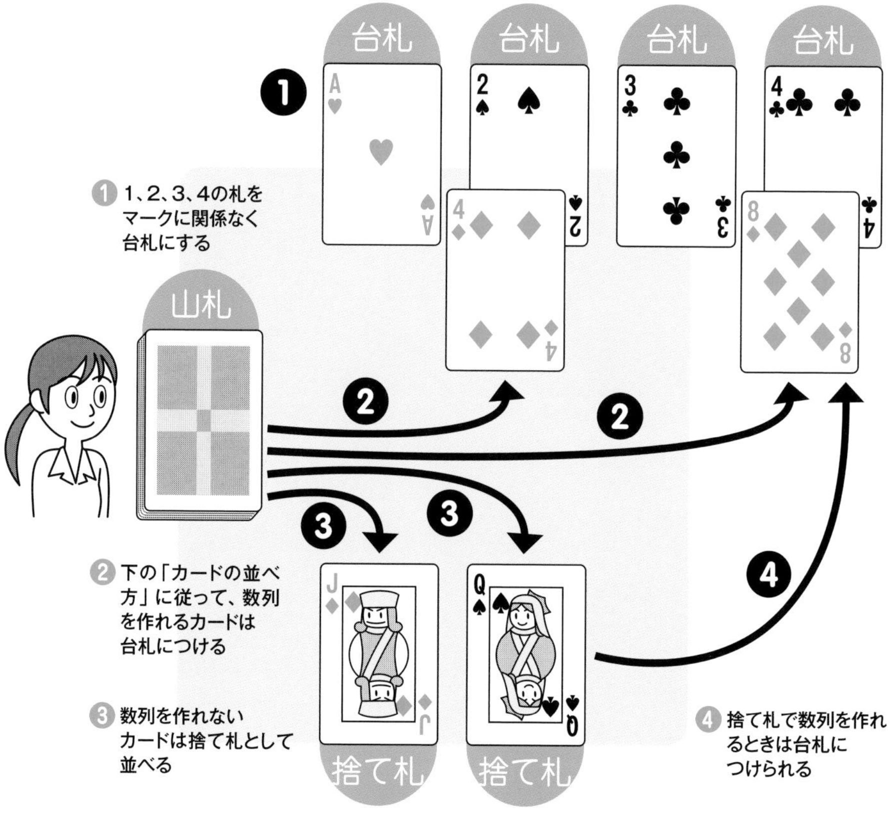

台札
台札
台札
台札
1
① 1、2、3、4の札をマークに関係なく台札にする
山札
2
2
3
3
4
② 下の「カードの並べ方」に従って、数列を作れるカードは台札につける
③ 数列を作れないカードは捨て札として並べる
④ 捨て札で数列を作れるときは台札につけられる
捨て札
捨て札

カルキュレーションのカードの並べ方	
①	A、2、3、4、5、6、7、8、9、10、J、Q、K
②	2、4、6、8、10、Q、A、3、5、7、9、J、K
③	3、6、9、Q、2、5、8、J、A、4、7、10、K
④	4、8、Q、3、7、J、2、6、10、A、5、9、K

台札
山札

1 準備 52枚のカードから1、2、3、4のカードをマークに関係なく抜いて、台札として並べます。残りの48枚はよく切って山札として置きます。

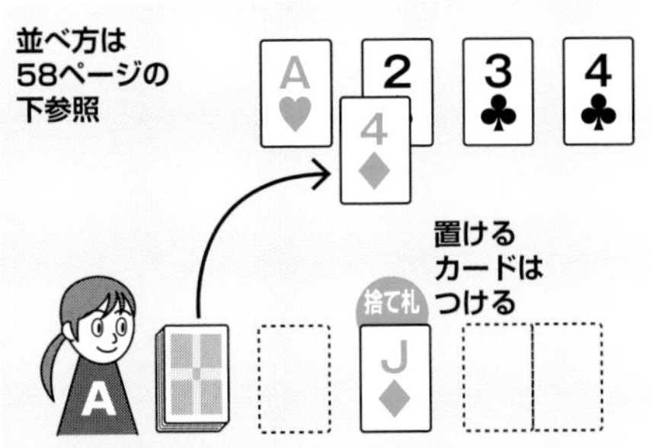
並べ方は
58ページの
下参照
置ける
カードは
つける
捨て札

2 山札のいちばん上のカードを開き、数列を作れるカードは台札につけます。数列を作れないカードは捨て札として並べます。捨て札は4つの山まで作れます。

3 捨て札の山のいちばん上のカードで数列が作れる場合、いつでも使うことができます（図では、♦3を数列に使ったので、その下にあった♠8が使えるようになった）。

4 52枚すべてのカードで4つの数列が作れたら、ゲームは成功です。

「カルキュレーション」成功のコツ

4つの捨て札の山の有効活用が成功のポイント。早めに出る札と後ろにくる札の見当をつけながら並べます。たとえばKは最後のカードなので、別のカードに重ねると、他のカードが使えなくなってしまいます。数列の進み具合を見ながら、あとで必要となってくるカードを分析しましょう。なかなかきれいに重ねられませんが、慣れると予想がつくようになってきます。

GAME 25

5枚のカードで高い役を作る！

ポーカー

5枚の手札で役を作ってチップを賭け、勝った人がチップをひとり占めするという、ベーシックなカジノゲーム。いちばん強い役を作るか、自分以外のプレイヤーをゲームから降ろしてしまえば勝ちとなります。

プレイ人数 2〜6人　使うカード 1セット 52枚 ジョーカーは除く　ゲームの性格 運 ★★★★★ 戦術 ★★★★★

「ポーカー」の遊び方

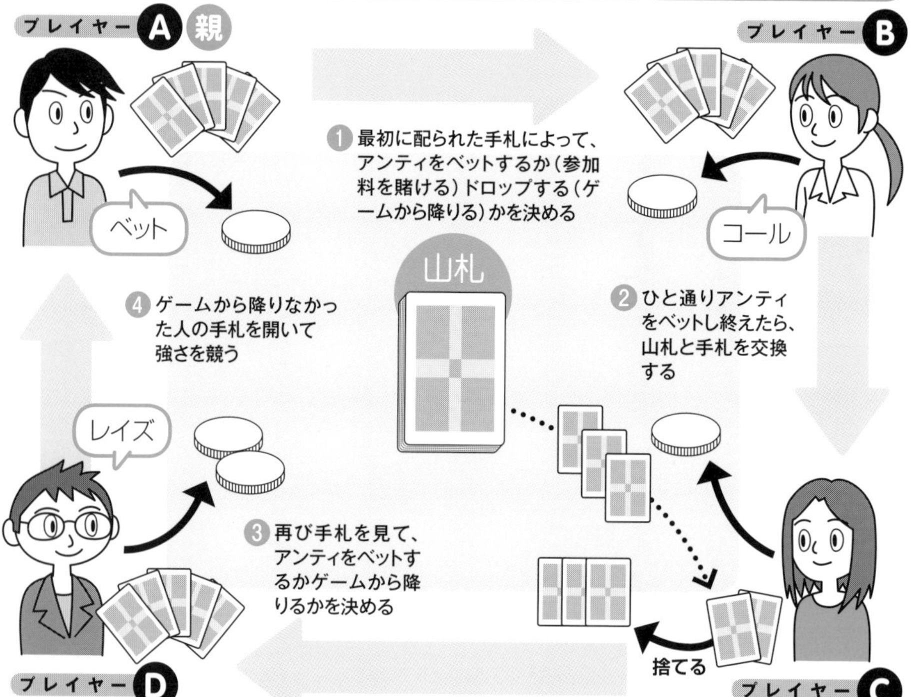

プレイヤーA 親
ベット
プレイヤーB
コール
❶ 最初に配られた手札によって、アンティをベットするか（参加料を賭ける）ドロップする（ゲームから降りる）かを決める
山札
❷ ひと通りアンティをベットし終えたら、山札と手札を交換する
レイズ
❸ 再び手札を見て、アンティをベットするかゲームから降りるかを決める
❹ ゲームから降りなかった人の手札を開いて強さを競う
捨てる
プレイヤーD
プレイヤーC

ポーカーの用語

アンティ	参加料（チップ）
ベット	アンティを賭けること
コール	前の人と同じだけベットすること
レイズ	前の人より多くアンティをベットすること
ドロップ	ゲームを途中で降りること
ドロー	いらないカードを捨てて、山札から新しいカードをもらうこと

[役(ポーカーハンド)の順位]

５枚の手札で役（ポーカーハンド）を作り、その強弱で勝敗を競うゲーム。役は、揃えるのが難しくなるほど強くなります。同じ役だった場合、マークの強さは♠＞♥＞♦＞♣の順となります。強い順に紹介するので、覚えて勝負に挑みましょう。

1位 ロイヤル・ストレート・フラッシュ

同じマークで、10、J、Q、K、Aの数の並びになっている組み合わせを、特別にこのように呼びます。

10
J
Q
K
A

2位 ストレート・フラッシュ

同じマークの数の並び。同じ役同士なら最も強いカードで競います。ただし5、4、3、2、Aの時、Aは最弱。K、A、2の数の並びは認められていません。

2
3
4
5
6

3位 フォー・カード

同じ数字が4枚すべて揃った役です。残りの1枚は何のカードでもかまいません。フォーカード同士の場合は、4枚を構成するカードの数字の強さで競いましょう。

7
7
7
7
5

4位 フル・ハウス

同じ数字のカード3枚、別の同じ数字のカード2枚の組み合わせ。フルハウス同士の場合は、3枚のカードの強弱を比べます。

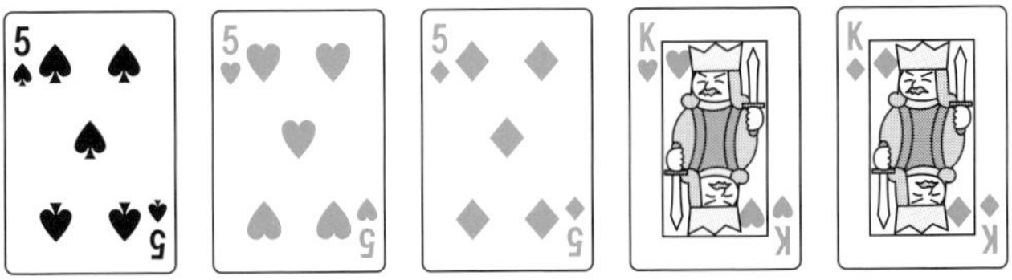
5
5
5
K
K

5位

フラッシュ

すべて同じマークの組み合わせ。フラッシュ同士の場合は、いちばん大きいカードの数字の強弱を競います。カードの数字が同じだった場合はマークの強弱で決めます。

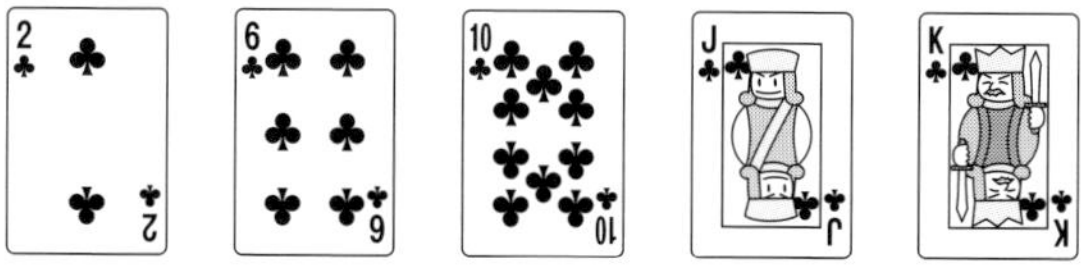

6位

ストレート

マークに関係なく数の並びになった組み合わせ。ストレート同士の場合はいちばん大きい数字のカード競います。カードの数字が同じだった場合はマークの順位で決めます。

7位

スリー・カード

同じ数字のカード3枚の組み合わせ。残りの2枚は何のカードでもかまいません。スリー・カード同士の場合は、3枚を構成するカードの数字の強さで競いましょう。

8位

ツー・ペア

同じ数字の2枚のカードが2組ある役。ツー・ペア同士は、弱い方のペアの数字を競います。弱い方のペアの数字が同じ場合は、残った1枚を比べましょう。

9位

ワン・ペア

同じ数字が1組あるポーカーハンド。ワン・ペア同士は、ペアの数字を競います。ペアの数字が同じ場合は、役にならなかった3枚のカードの数字を上から順に比べます。

10位

ノー・ペア

役を作らない場合です。ノーペア同士は、より強いカードの数字を順に競います。すべて同じなら引き分けです。

親
A
B
山札
D
C

1 準備 親はカードをよく切り、1人5枚ずつ配ります。残りは山札として場の中央に置きます。各プレイヤーはアンティ（参加料）を1枚、自分の前に出します。アンティは1ゲームにつき1枚必ず出しましょう。

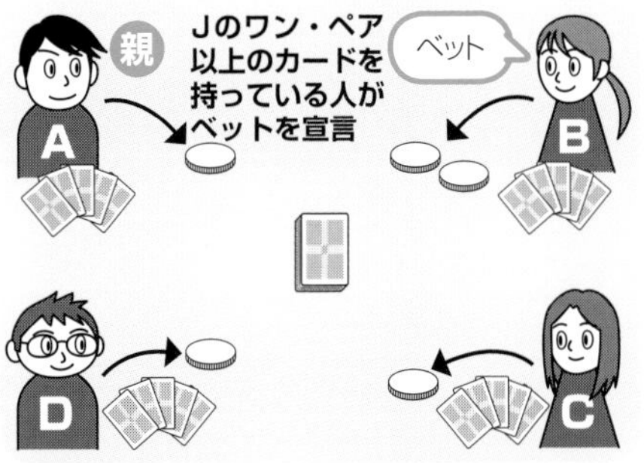
親
Jのワン・ペア以上のカードを持っている人がベットを宣言
ベット
A
B
D
C

2 手札を見て、親の左隣から時計回りにベットを開始します。Jのワン・ペア以上の役ができている人がベットを宣言します。誰もベットできない場合は、カードを回収し、もう1枚ずつアンティを出してカードを配り直します。

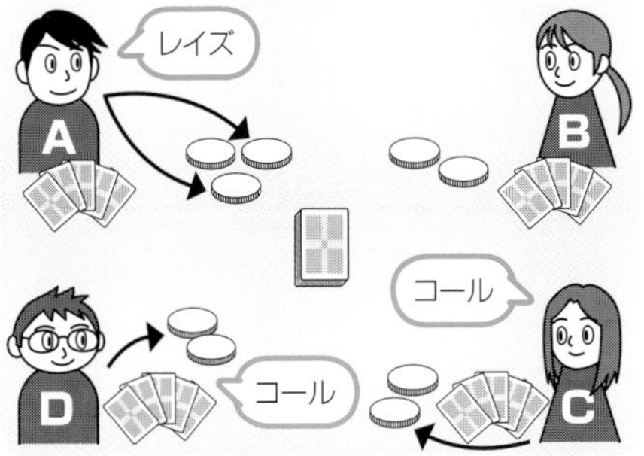
レイズ
A
B
コール
D
コール
C

3 誰かがベットを宣言したら、次の人からは「コール（前の人と同じだけベットする）」か「レイズ（賭け数を引き上げる）」を宣言してアンティを出します。そのゲームを棄権する場合は「ドロップ」を宣言します。

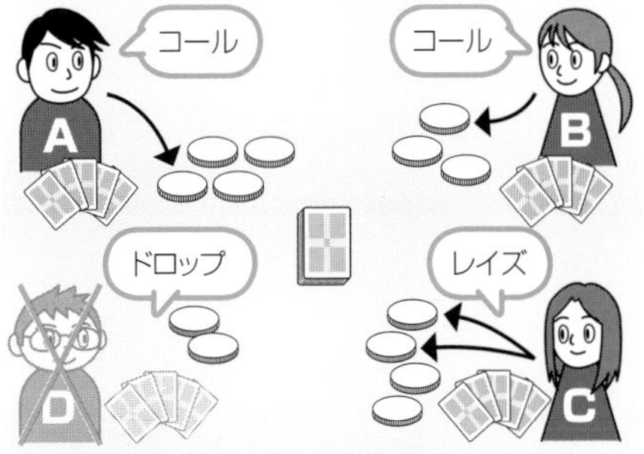
コール
コール
A
B
ドロップ
レイズ
D
C

4 「レイズ」する人がいなくなるまで、時計回りに「コール」と「レイズ」を繰り返し、自分の前にアンティを出します。

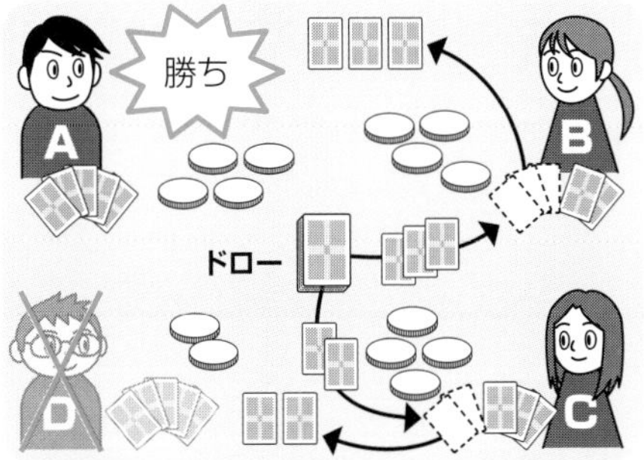
勝ち
A
B
ドロー
D
C

5 「レイズ」する人がいなくなれば、最初のベットは終了。ドロップしなかったプレイヤーは親の左隣から「ドロー（いらないカードを捨てて山札から取る）」します。ドローは親が配ります。手札に自信があればドローしなくてもかまいません。

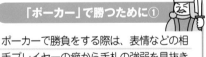

「ポーカー」で勝つために①

ポーカーで勝負をする際は、表情などの相手プレイヤーの癖から手札の強弱を見抜きましょう。コールやベットまでの時間も重要な癖。考え込んでからアクションをすると手札が弱いとアピールしているようなものですが、逆に素早くアクションをするのも弱い手札の癖といわれています。また、強い手札の時に極端に大きくサイズすると、手札の強さがバレてしまい、他プレイヤーがドロップしてしまいます。自分の手札をうまく隠すことも重要です。

コール
ベット
ドロップ
A
B
C
D

6 ドローの後、再び親の左隣から2回目のベットを開始します。2回目のベットをパスする場合は「チェック」を宣言しますが、誰かがベットした場合、次の人からチェックはできません。コールかレイズで勝負するか、ドロップしかありません。

A
B
C
D

7 最も多くベットした人と、それにコールした人の役を競います（図では、C、Dがドロップしたため A、Bが勝負する）。1人を除いて全員がドロップした場合は、勝負なしで残った1人がすべてのアンティをもらいます。

勝ち
VS
A
B
C
D
6 7 8 9 10
7 7 Q Q Q
ストレート・フラッシュ
フルハウス

8 残ったプレイヤーは、手札を開いて役を公開します。

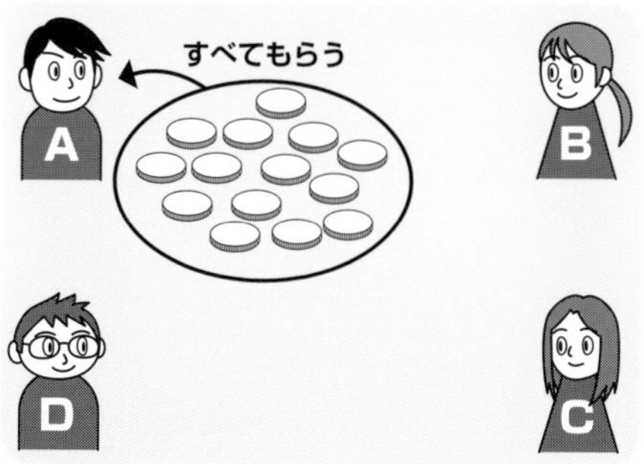

すべてもらう
A
B
C
D

9 勝敗 より強い役を作った人が前に出ているアンティをすべて取り、次回の親となります。

いろいろなポーカー

日本で一般的なのが、5枚のカードをすべて裏にして行う「ドローポーカー」。この他にも、ポーカーには色々なスタイルやルールがあります。たとえば、2枚の手札と5枚の場札を組み合わせてポーカーの役を作る「テキサス・ホールデム」は世界中のカジノでプレイできますし、合計7枚のカードでポーカーを行う「セブンスタッド」は役を作りやすいことから入門編として人気です。

「ポーカー」で勝つために②

弱い手札がきた場合は、早めにドロップしてゲームから抜けたほうがいいでしょう。強い手札がきた時だけ、レイズをして勝負しましょう。しかし、弱い手札がきても、表情を変えない「ポーカー・フェイス」でアンティを多くし、他のプレイヤーをドロップさせてしまえば勝てることから、弱い手札でも勝負できないわけではありません。ただし、弱い手札で勝負する場合は駆け引きも重要となってきます。

ウケる!

マジック編

MAGIC

大ウケ間違いなしのカードマジック徹底解説！　紹介するのは、AやKなどのカードを揃えるマジック、カードがいつのまにか移動するマジック、相手が選んだカードを当てるマジック、カードが変身するマジックです。簡単な初心者向けなので、初めての人におすすめ。

マジック編の見方

仕込み系	カードに事前の準備が必要なマジックです。
手順系	正しい手順をふめば成功するマジックです。
テクニック系	特殊なテクニックを要する、練習が必要なマジックです。

難易度 ★☆☆☆☆

そのマジックの難しさを★の数で示しています。★が多いほど難易度が高いです。

カードマジックの心得

J
Q
JOKER
K

マジックを行う前に、まず156ページ「カードの基礎知識」を読んでおきましょう。157〜159ページの「カードの扱い方」ができるようになると、スムーズにマジックができます。そのうえで、練習するマジックに合わせて次のページからの「カードマジックのテクニック」を習得しましょう。

マジックで使うカードの選び方

カードマジックで使うトランプは、プラスチックコーティングされた紙製のものがおすすめです。また、「裏面が上下対称になっている」「裏面のフチが白い」ことも重要です。

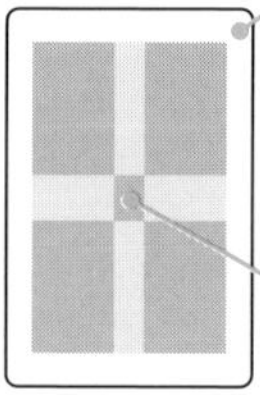

白いフチがあること
白いフチがあれば、表向きのカードの中に裏向きのカードを仕込む場合などで、多少カードがずれても相手にはわかりません。

裏面の模様が上下対称であること
裏面がイラストなどのカードだと、上下の不揃いが相手にわかってしまいます。

♣ マスターできるまでじっくりと練習しよう

まず最初に、本書を参考に手順をしっかりと確認しながら、練習しましょう。練習を重ねて、本を見なくてもできるようになったら、人に見てもらいましょう。

① 鏡の前で練習

鏡に自分の姿を写すことで、相手の目線でチェックすることができます。タネが相手から見えていないか、不自然な動きがないかどうかを確認しましょう。また、自分の目線が手元ばかりに行かない練習にもなります。また、動画を録って見直すのもおすすめです。

② しゃべりながら練習

手順やテクニックを覚えてある程度スムーズにできるようになったら、しゃべりながら練習してみましょう。しゃべることでわかりやすくなることに加えて、マジックにテンポが生まれます。なお、自分のキャラクターにあったセリフを作ることが大切です。

③ 親しい人にアドバイスをもらう

最初に見せる相手は、家族など身近な人がおすすめです。実際に自分のマジックを見てもらい、正直な意見を聞いてみてください。多少厳しいことを言われたとしても、そうした意見を大事にして、その人にお礼を言いましょう。

♠ あまりたくさんマジックを見せすぎない

あまり多くのマジックを連続で見せると、マジックの印象が薄れてしまいます。2～3種類を組み合わせて披露するのがいいでしょう。マジックの組み合わせ例は、90ページ、104ページ、120ページに掲載しています。

♥ マジックは適切な環境で行う

マジックを行うのに適した環境は、自分も相手もリラックスできる状況です。もし騒がしい場所ではセリフが聞こえず、お互いマジックに集中できません。また、大きな声や音を出せない環境も、相手がリアクションをとりにくいので避けましょう。思いきり驚いたり喜んだりできる場所を選びましょう。

♦ 感謝の気持ちを忘れずに

マジックは練習でも実演でも、見せる相手に感謝の気持ちを持ちながら行いましょう。また、本書で掲載しているマジックの中には、誰が考案したのかわからないほど古いものもあります。ときにはマジックを考え、洗練してきた先人たちに思いを馳せてみてください。よりマジックに親しみがわくでしょう。

カードマジックのテクニック❶

ブレイク〜ダブルカット

カードを1つにまとめる時、任意の場所で分けておくテクニック。カードの山に指でわずかなすき間を作り、そこのカードを見失わないために使います。なお、ブレイクからは、2つに分けた山を入れ替える「ダブルカット」につなげられます。

使用するマジック：マジック3（78ページ、「ブレイク」のみ）、マジック14（106ページ）など

手順1 ブレイクしたいところに小指の腹を挟む

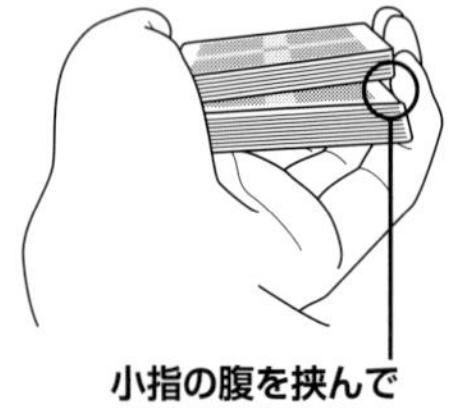

小指の腹を挟んで
数ミリすき間をつくる

小指の腹を挟んで、山にすき間を作ります。すき間は山の自分側だけが浮いているようにすれば、相手からはブレイクしていることがわかりません。

2 ダブルカットをするためにカードを右手に持ち替える

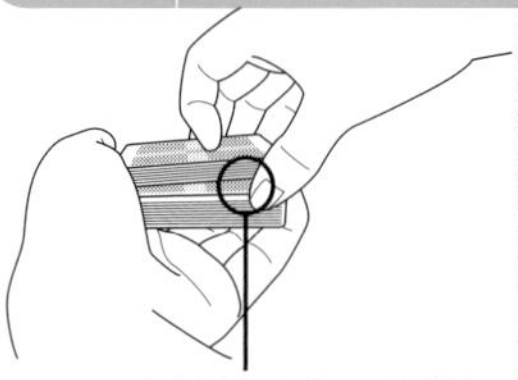

すき間に右手の親指を
押しつけるのがコツ

ブレイクからダブルカットを行うには、すき間を閉じないようカードを持ち替えます。

3 すき間より下のカードを半分くらい左手で取り出す

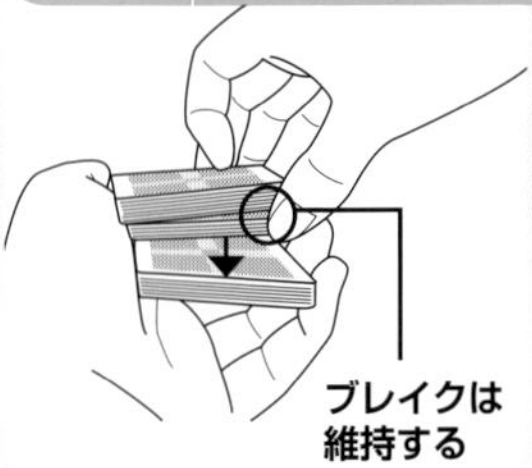

ブレイクは
維持する

右手でブレイクを維持したままカードを支えておき、左手ですき間より下のカードを半分程度取り出します。ここから先、右手は動かしません。

4 左手で取り出したカードをいちばん上に移動させる

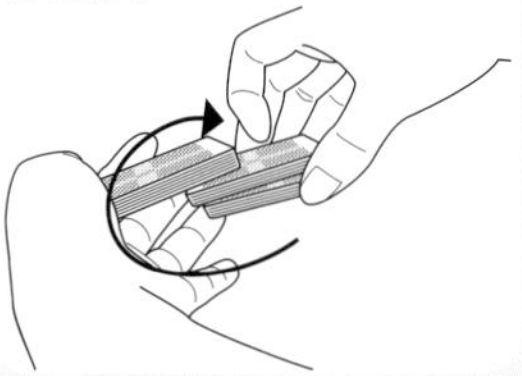

左手で持ったカードを
上に移す

右手でブレイクしているカードをしっかり支えたまま、左手で取り出したカードをいちばん上に移し替えます。

5 すき間の下にあるカードを左手で取り出す

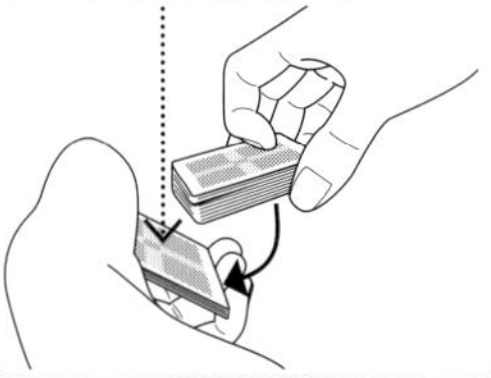

ブレイクしたすき間の
ところにあったカード

もう一度同じ動きで、ブレイクしたところの下にあるカードを、左手で下から上に移します。

6 左手で取り出したカードをいちばん上に重ねる

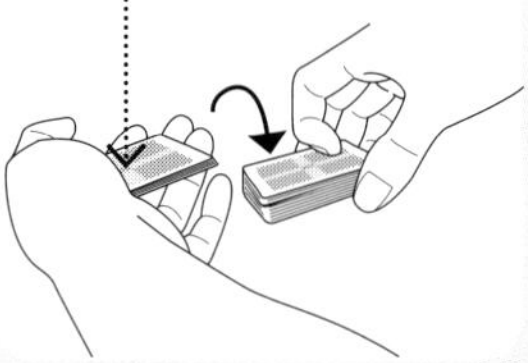

ブレイクしたすき間の
ところにあったカード

手順5で取り出したカードを、右手で持っているカードの上に重ねます。これで、ブレイクしたところのカードが、山のいちばん上に移動しました。

カードマジックのテクニック❷

グライド

♠◆♣♥♠◆♣♥♠◆♣♥♠◆♣♥♠◆♣♥♠◆♣♥♠◆♣♥♠◆♣♥♠◆♣♥

相手に見えないようにカードを少しずらすテクニックです。ここでは、山のいちばん下にあるカードをグライドする方法を解説します。コツはカードが固定されないように、カードを握る手の力を抜くこと。

使用するマジック：マジック13（102ページ）

手順1 カードの山を表向きにして深く握る

下から見た図

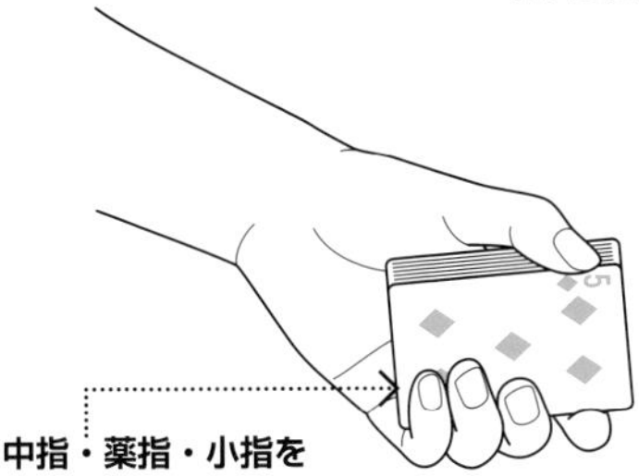

中指・薬指・小指を
カードにかける

カードの山を握ります。中指・薬指・小指がずらすカードにしっかりかかるよう、カードの裏面が手のひらに触れるくらい深く握ってください。

2 下のカードに触れている中指・薬指・小指で軽くずらす

下から見た図

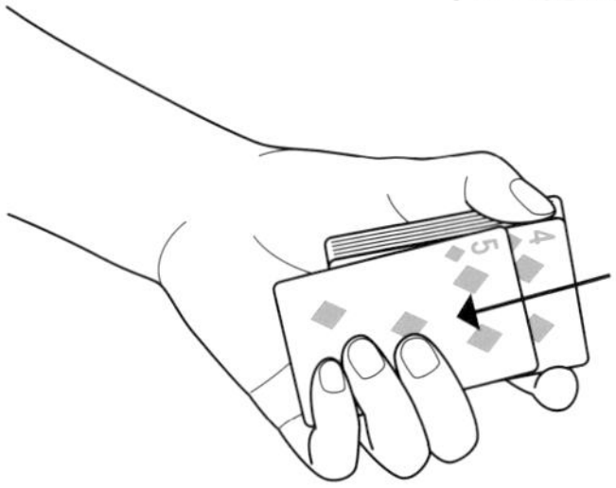

中指・薬指・小指を少し動かして、カードを1センチほどずらします。このとき、軽く手首をひねると、指の動きがカムフラージュされて自然な動きに見えます。

3 下から2枚目のカードに指をかける

相手から見た図

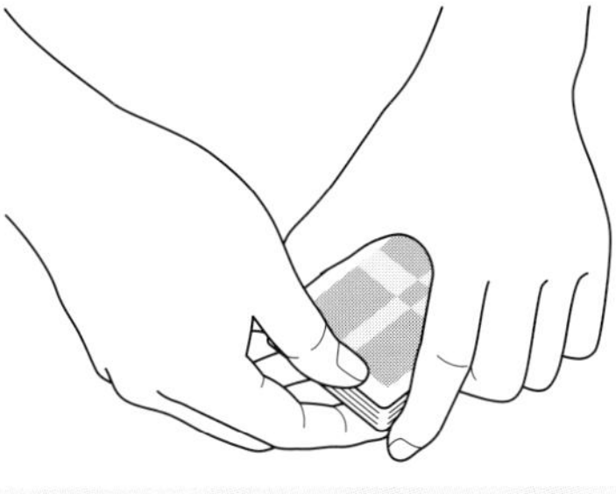

相手から見ると、グライドでいちばん下のカードをずらしているのが見えません。これで、自然に下から2枚目のカードに指をかけることができます。

4 下から2枚目のカードを引き出す

相手から見た図

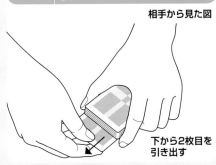

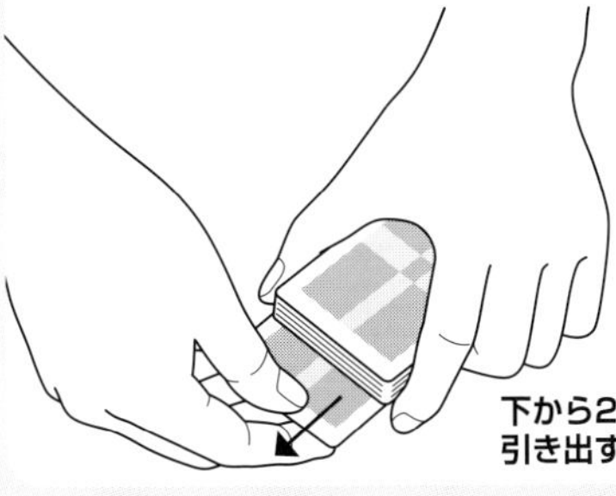

下から2枚目を
引き出す

下から2枚目のカードを引き出しても、まるで下から1枚目を引き出したように見えます。

カードマジックのテクニック③

ダブルリフト

♠♦♣♥♠♦♣♥♠♦♣♥♠♦♣♥♠♦♣♥♠♦♣♥♠♦♣♥♠♦♣♥♠♦♣♥

ぴったりと重ねた2枚のカードを、まるで1枚のように扱うテクニックです。カードがずれると相手にわかってしまうので、いかにずらさず動かすかがポイント。カードを2枚同時に持ち上げる動きを自然にできるかが、成功の秘訣です。

使用するマジック：マジック4（80ページ）

手順1 カードを2枚同時に持ち上げる

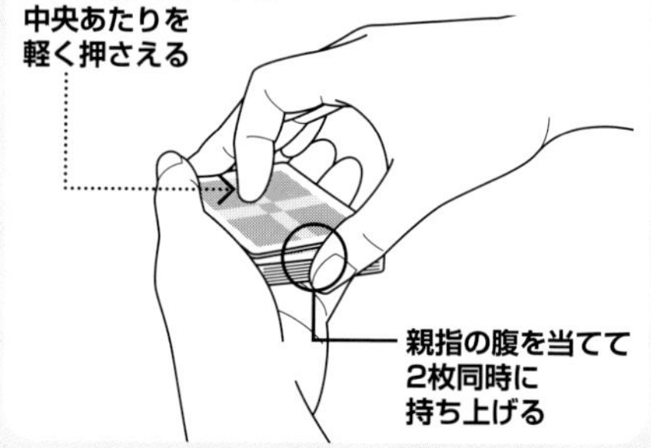
人差し指でカードの
中央あたりを
軽く押さえる
親指の腹を当てて
2枚同時に
持ち上げる

最初の「2枚同時に持ち上げる」動きが、「ダブルリフト」のいちばん重要なポイント。カードの手前側に親指の腹を弾くようにして持ち上げましょう。

2 2枚のカードがずれないよう周囲を指で押さえる

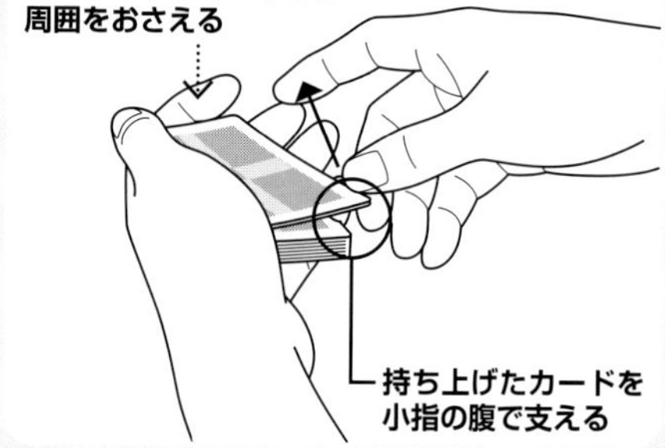
カードがずれないように
周囲をおさえる
持ち上げたカードを
小指の腹で支える

持ち上げた2枚のカードは、ずれないように周囲を左手の指で押さえます。奥は人差し指、左右は親指と中指・薬指・小指で押さえましょう。

3 2枚のカードを裏返して相手に見せる

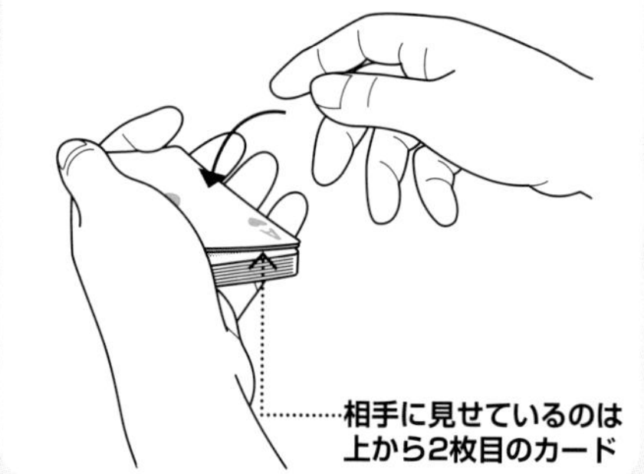
相手に見せているのは
上から2枚目のカード

持ち上げた2枚のカードを裏返して相手に見せます（ここではハートのA）。相手にはいちばん上のカードをめくったように見えますが、実際は上から2枚目を見せています。

4 カードを元に戻していちばん上のカードだけを配る

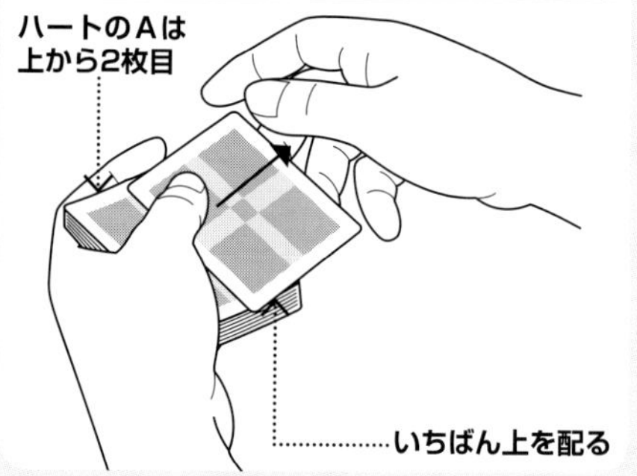
ハートのAは
上から2枚目
いちばん上を配る

再びカードを2枚同時に裏返して、いちばん上のカードを1枚配れば、相手には手順3で見たハートのAが配られたように見えます。もちろん、実際にはハートのAは配られていません。

カードマジックのテクニック❹

ヒンズー・シャッフル

♠◆♣♥♠◆♣♥♠◆♣♥♠◆♣♥♠◆♣♥♠◆♣♥♠◆♣♥♠◆♣♥♠◆♣♥

カードを混ぜる「シャッフル」のうち、ポピュラーなのが「ヒンズー・シャッフル」。カードを下から持つ左手を動かすのがスムーズに行うコツです。カードの並びを崩さない「フォールス・ヒンズー・シャッフル」は、山の上（下）にあるカードを動かさずにシャッフルするテクニック。山の上（下）にカードを仕込むマジックで役立ちます。

手順1 カードの上下左右をきれいに揃える

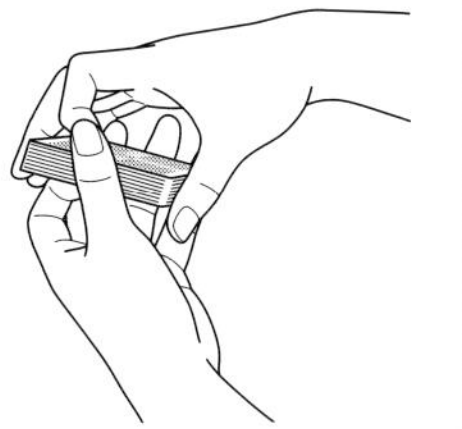

まず、カードの山をぴったりときれいに揃えます。そして左手で山を下から持ち、右手は山の真ん中あたりを親指と人差し指で横からつまみます。

2 左手を奥にスライドさせてカードの下半分を引き抜く

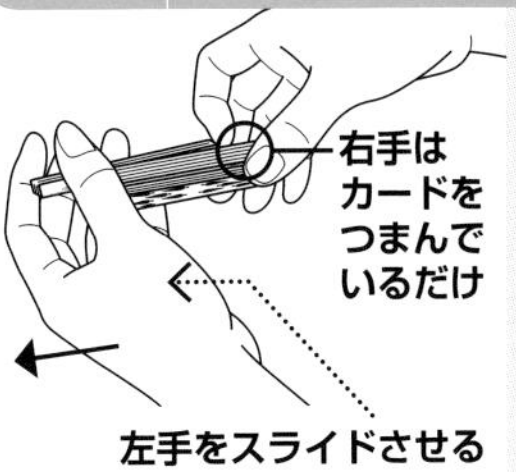
右手はカードをつまんでいるだけ
左手をスライドさせる

左手で山の上半分を持ち、奥にスライドさせて引き抜きます。右手には、山の下半分が残ります。

3 左手の指を開いて手のひらにカードを落とす

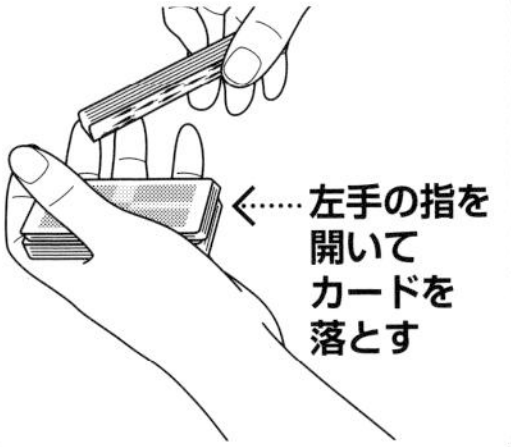
左手の指を開いてカードを落とす

左手は一瞬指を開いて、指先で持っているカードを手のひらに落としましょう。

4 右手で持っているカードを繰り返し左手で引き抜く

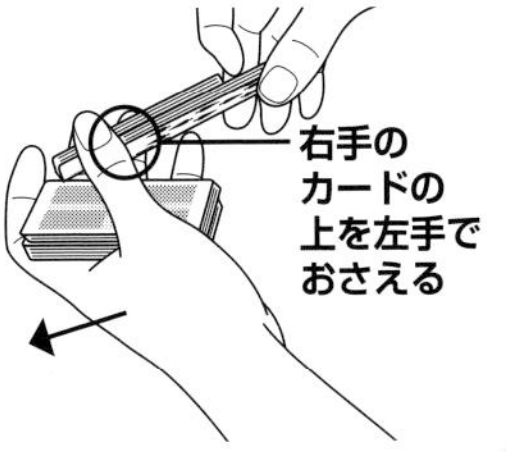
右手のカードの上を左手でおさえる

右手に持っているカードを、上から数枚ずつ左手で引き抜きます。最終的にはすべてのカードを左手で引き抜きます。手順2～4を繰り返して、カードを続けてシャッフルします。

いちばん下のカードを変えないフォールス・ヒンズー・シャッフル

右手でカードの山の真ん中あたりをつかみ、左手で山の上と下のカードを抜いてシャッフルすれば、下のカードは変わりません。

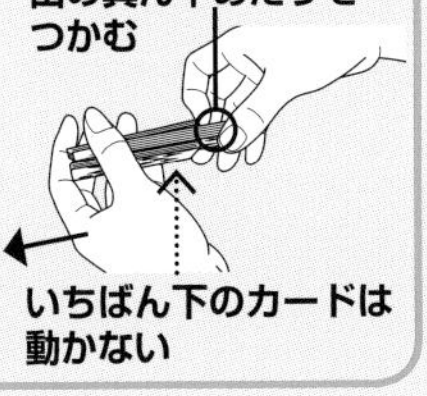
山の真ん中あたりをつかむ
いちばん下のカードは動かない

いちばん上のカードを変えないフォールス・ヒンズー・シャッフル

カードの表面を上にすれば上のカードが下になります。そのまま下のカードを動かさずに山の真ん中をつかんでシャッフルすれば、下のカードは動きません。

ここのカードは動かない

カードマジックのテクニック⑤

フォールス・リフル・シャッフル

♠♦♣♥♠♦♣♥♠♦♣♥♠♦♣♥♠♦♣♥♠♦♣♥♠♦♣♥♠♦♣♥♠♦♣♥♠♦♣♥

「リフル・シャッフル」（158ページ）で、山の上（下）にあるカードを動かさない方法です。カードを混ぜる時、位置を変えたくないカードが下なら最初に、上なら最後に降ろします。カードをコントロールしているのが相手に伝わらないよう、自然に行うのがポイント。これも山の上（下）にトリックのカードを仕込むマジックで役立ちます。

手順1 いちばん下のカードを変えない方法①

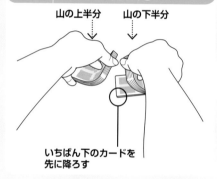

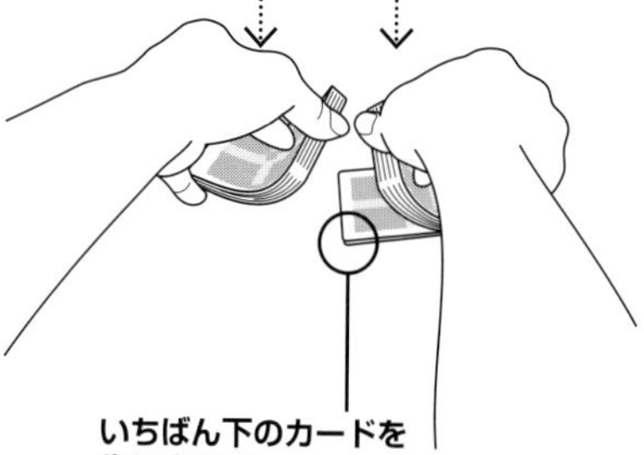
山の上半分
山の下半分
いちばん下のカードを
先に降ろす

2つに分けたカードを混ぜ合わせるとき、下の山から先に降ろします。

2 いちばん下のカードを変えない方法②

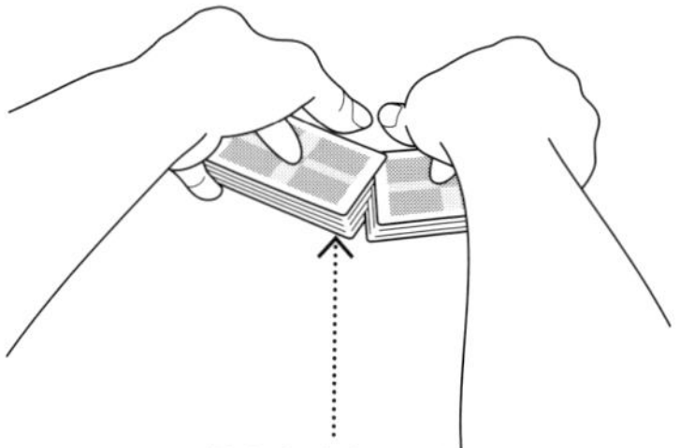
そのままカードを
重ねる

そのままカードを重ねたら、後は通常のリフル・シャッフルと同じようにカードをまとめます。

3 いちばん上のカードを変えない方法①

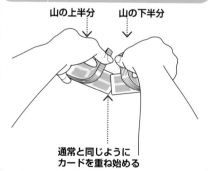

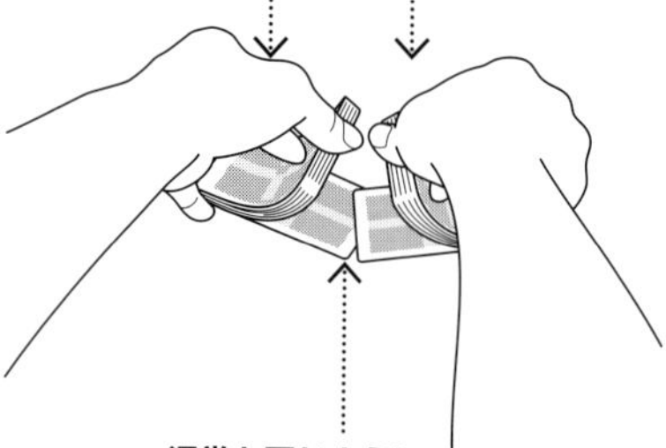
山の上半分
山の下半分
通常と同じように
カードを重ね始める

カードを2つに分けて、まずは通常のリフル・シャッフルと同じように混ぜ合わせていきます。

4 いちばん上のカードを変えない方法②

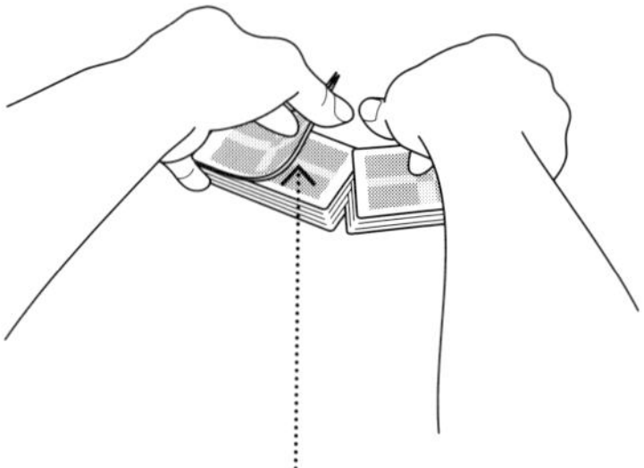
いちばん上のカードを
最後に重ねる

上半分の山を最後に残して、それを最後に重ねます。これでシャッフルする前と同じカードがいちばん上に来ます。

カードマジックのテクニック❻

フォールス・トリプル・カット

カードの並びを崩さないテクニック「フォールス」に、カードの山を3つに分ける「トリプル・カット」を組み合わせる方法を紹介します。カードの並びはまったく変わっていないのに、相手にはカードの並びが変わったように思わせることができます。山にカードを仕込むタイプのマジック全般で使えるテクニックです。

手順 1 カードの山を手に持って1/3くらいをテーブルに置く

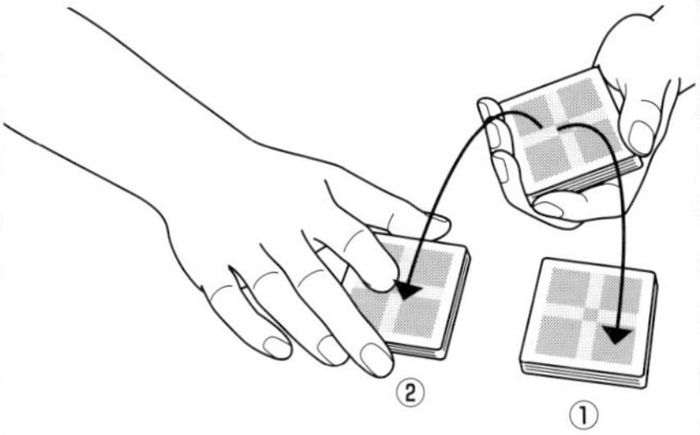

②
①

カードの山を手に持って、上から1／3くらいを持ってテーブルに置きます。続いて、残ったカードの上半分くらいを持ってテーブルに置いてください。

2 残りのカードはそのままテーブルに置く

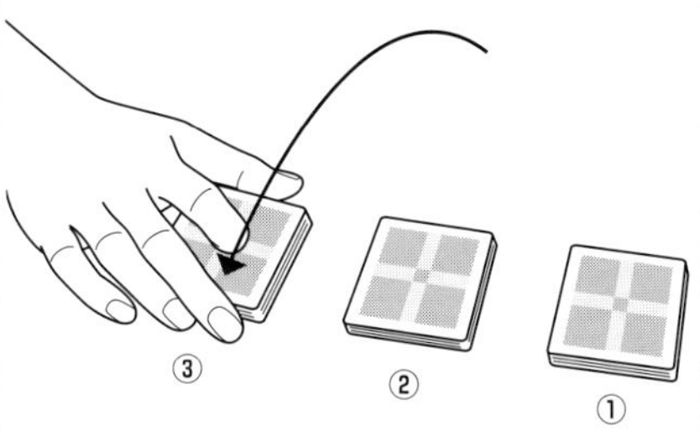

③
②
①

残ったカードは、そのまま3つめの分割したカードとして、2番目に置いたカードの隣に置きます。これでカードの山が3つに分かれました。

3 いちばん上にあったカードを中間にあったカードに乗せる

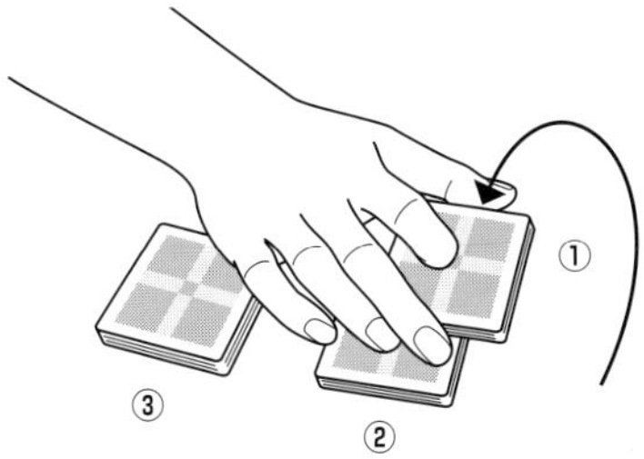

①
③
②

最初に置いた①のカードを手に取り、隣の②のカードに重ねます。

4 手順3で重ねたカードを残りのカードに重ねてまとめる

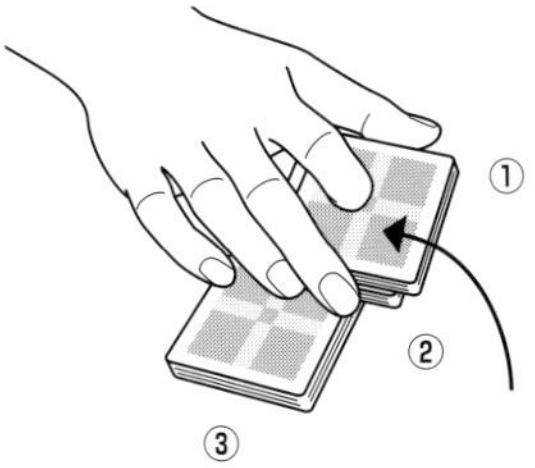

①
②
③

①と②を重ねたカードを、③の上に重ねます。これによって、相手にはカードの並びが変わったように見えますが、実はカットする前と変わっていません。

MAGIC 1

4つの山すべてにA(エース)が集合!!

相手に分けてもらった山を4つに分けます。するとそれぞれの山の上にAが表れる、というマジック。仕込んだAが入った山を手順通りに配って、Aが揃ったように見せているのです。

使うカード　1セット52枚　ジョーカーは除く

仕込み系　手順系　テクニック系

難易度 ★☆☆☆☆

カードを4つの山に分けてください
1
「3」という数字には不思議な力があります。まずその山があった場所に3枚配ってください
2
3
4つの山をそれぞれ配り終えました
4
なんと、それぞれの山のいちばん上にAが揃いました!

準備

山の上に4枚のAを、山と同じ向きにして仕込んでおく

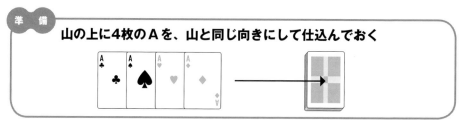

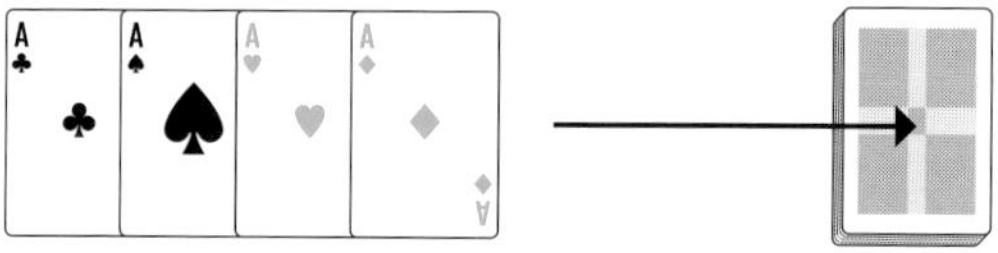

1 相手に山を2等分してもらう

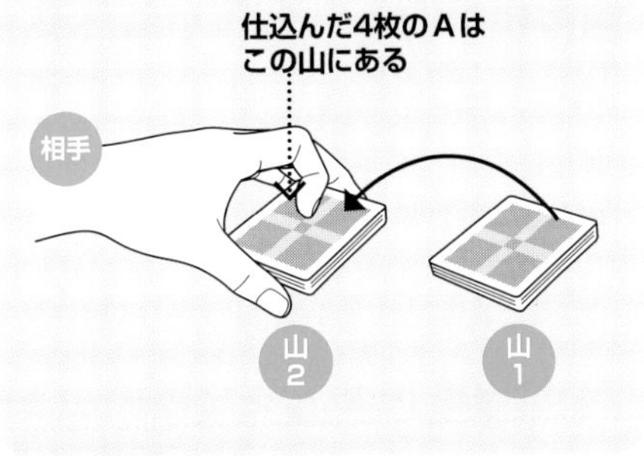
仕込んだ4枚のAは
この山にある
相手
山2
山1

相手に山をまず半分に分けてもらいます。

2 2つの山をそれぞれさらに半分に分けてもらう

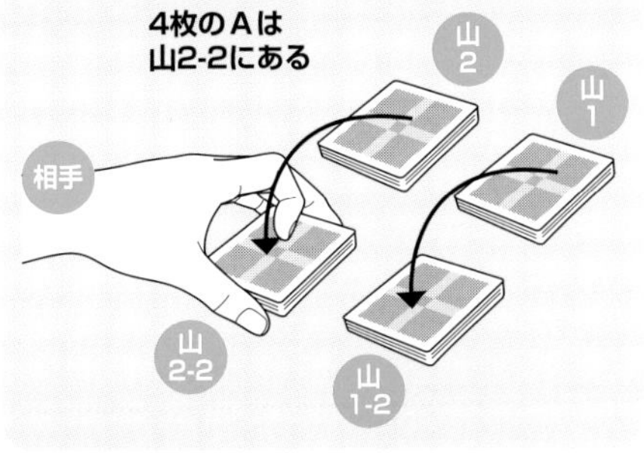
4枚のAは
山2-2にある
相手
山2
山1
山2-2
山1-2

手順1で2つに分けてもらった山を、それぞれさらに2つに分けてもらいます。このとき、準備で仕込んだ4枚のAがどの山にあるかを確認しておきましょう。

3 Aのある山以外を指示通りに配ってもらう

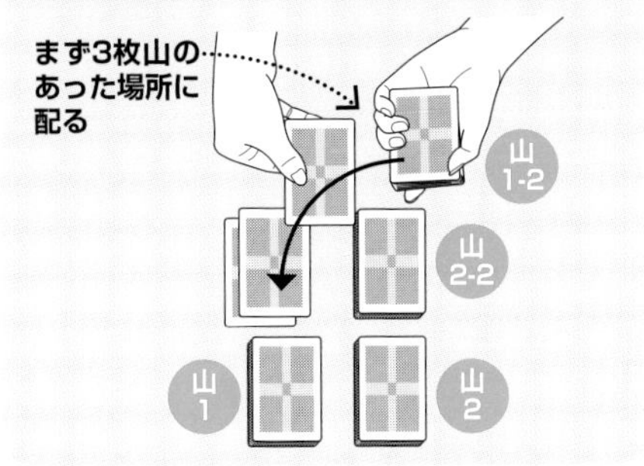
まず3枚山の
あった場所に
配る
山1-2
山2-2
山1
山2

Aのない山以外の山をどれか1つ選んで、相手に持ってもらいます。そしてその山があった場所に、持った山の上から3枚を配ってもらいます。

4 残りのカードを4カ所に1枚ずつ配ってもらう

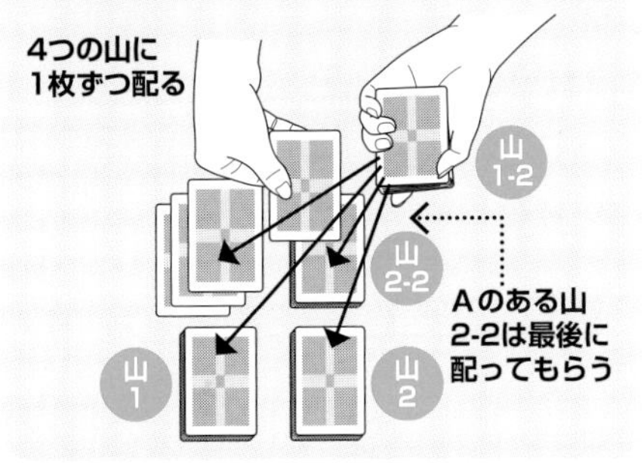
4つの山に
1枚ずつ配る
山1-2
山2-2
Aのある山
2-2は最後に
配ってもらう
山1
山2

手順3で3枚配ってもらったら、残りのカードを1枚ずつ、順番に4つの山の上に配ってもらいます。配る順番は時計回り、反時計回りどちらでもOKです。

5 手順3･4を残り3つの山で繰り返す

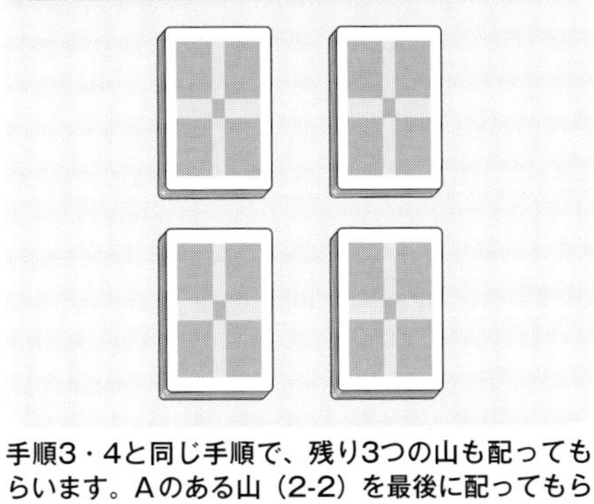

手順3・4と同じ手順で、残り3つの山も配ってもらいます。Aのある山（2-2）を最後に配ってもらい、4つの山ができあがりました。

6 それぞれの山の1枚目がすべてAになっている

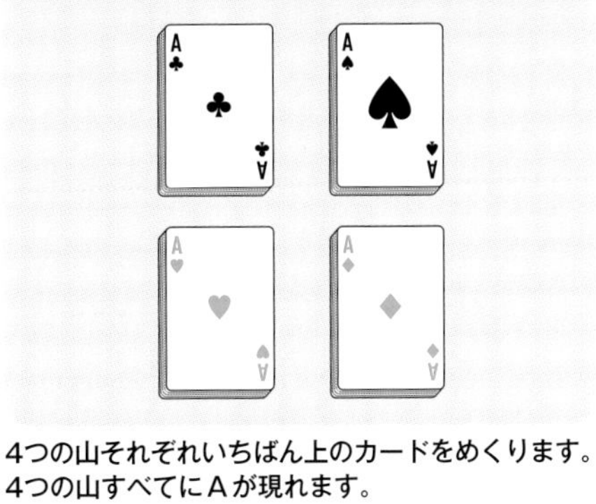

4つの山それぞれいちばん上のカードをめくります。4つの山すべてにAが現れます。

MAGIC 2

山の中でA(エース)がペアになる!!

2枚のAを適当な位置に入れたにもかかわらず、カードを広げてみると4枚のAが仲良くペアになっているマジックです。相手の入れたAに、あらかじめ山に仕込んでおいたAを重ねているのです。

使うカード　**1セット52枚**　ジョーカーは除く

仕込み系　手順系　テクニック系

難易度 ★★☆☆☆

1枚ずつ配るので好きなタイミングで止めてください
ストップ!
1
ではここにAを1枚表向きに重ねてください
2
3
もう一度、同じ手順でAを入れてください
ストップ!
4
あなたが重ねたAのすぐ隣をめくるとAがありました!

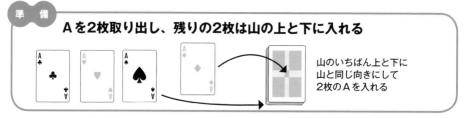

準備

Aを2枚取り出し、残りの2枚は山の上と下に入れる

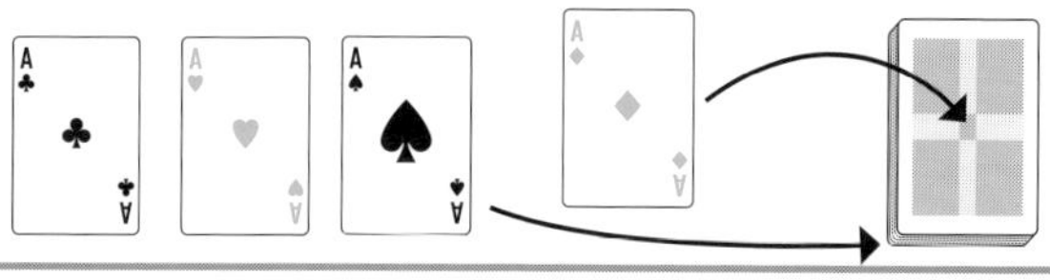

山のいちばん上と下に山と同じ向きにして2枚のAを入れる

1　1枚ずつカードを配り好きなところにAを入れてもらう

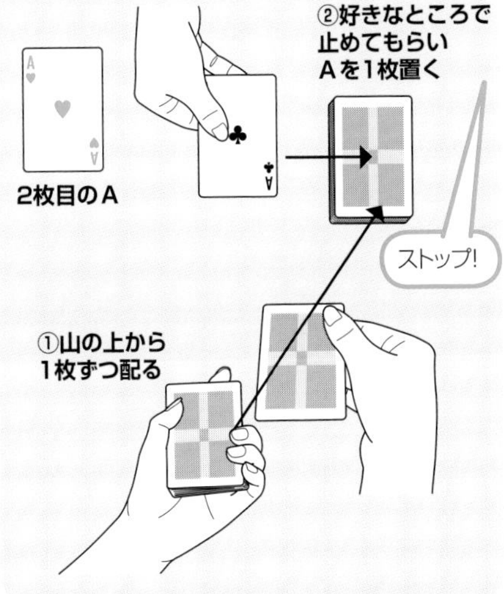

2枚目のA
②好きなところで
止めてもらい
Aを1枚置く
ストップ!
①山の上から
1枚ずつ配る

山を上から1枚ずつ配って、相手に好きなタイミングで止めてもらいます。そしてAを1枚、配ったカードの上に乗せてもらいます。

2　残りのカードをAの上に重ねる

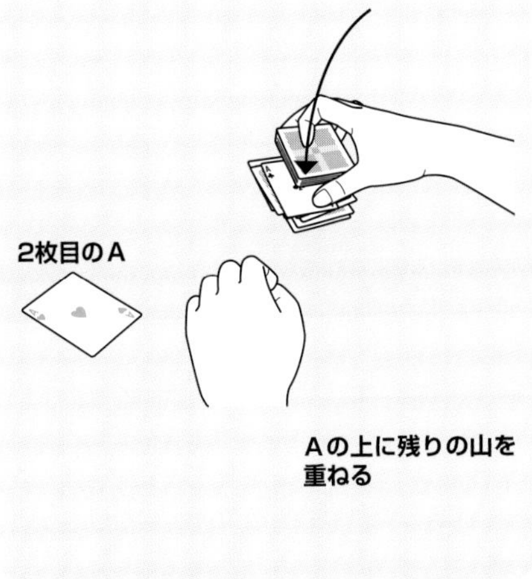

2枚目のA
Aの上に残りの山を
重ねる

手順1でAを重ねた山の上に、残りの山を重ねます。ここで、クラブのAに仕込んだAが重なります。

3　もう一度手順1～2を繰り返す

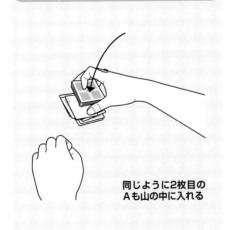

同じように2枚目の
Aも山の中に入れる

手順2でまとめた山で手順1～2をもう一度繰り返し、2枚目のAを山の中に入れます。ここで、ハートのAに仕込んだAが重なります。

4　カードを広げると2枚のAがペアになっている

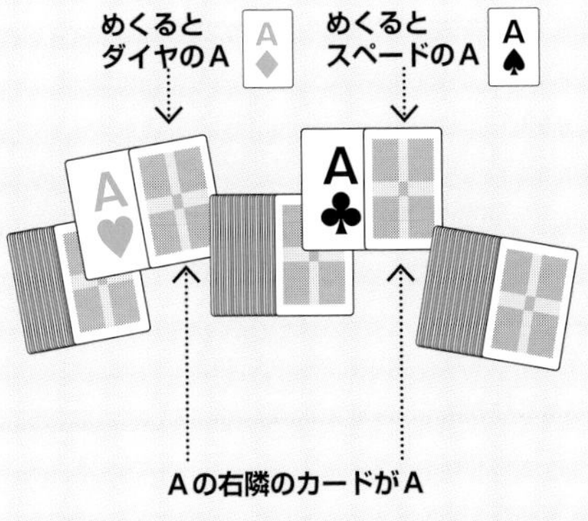

めくると
ダイヤのA
めくると
スペードのA
Aの右隣のカードがA

山を表向きにして横に広げて、Aの右隣にあるカードをめくってみましょう。そこに仕込んだAが現れます。

MAGIC 3

ランダムに選んだ4枚がすべてA（エース）に!!

山の中から自分が1枚、相手が3枚選んだ4枚のカードが、すべてAになります。カードをひざの上に落とすのがトリックですが、このテクニックは自分と相手がテーブルを挟んでイスに座っている場合のみ使えます。

使うカード **1セット52枚** ジョーカーは除く

仕込み系 / 手順系 / テクニック系

難易度 ★★★☆☆

1
このように好きなカードを3枚引き出してください
2
私とあなたで4枚のカードを選びました
3
そのカードは何ですか?
スペードのAです
4
なんと残りの3枚もAでした!

準備

山の上にAを4枚、山と同じ向きにして仕込んでおく

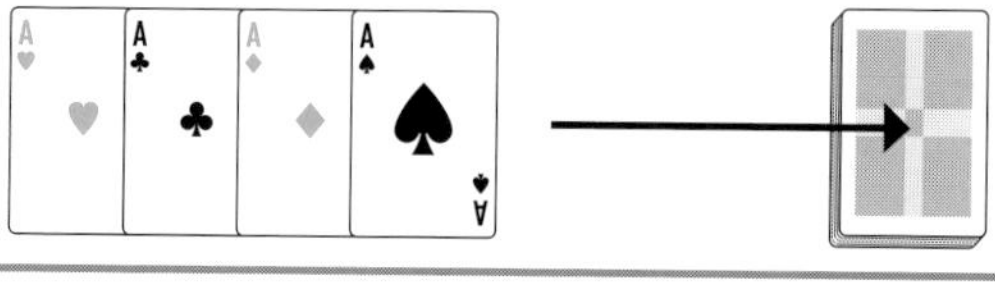

1 カードを横一列に広げて自分で1枚、相手が3枚選ぶ

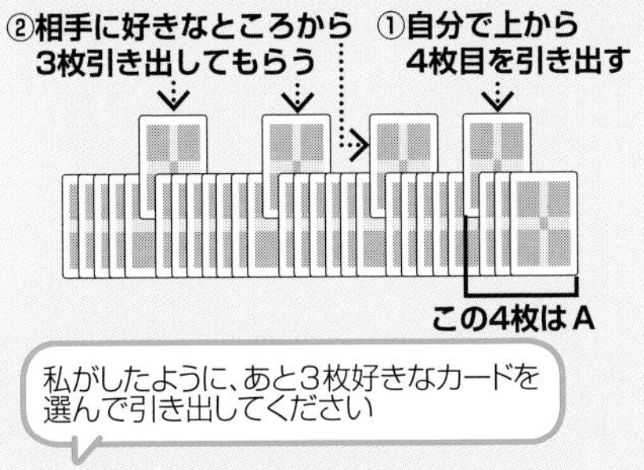
②相手に好きなところから
3枚引き出してもらう
①自分で上から
4枚目を引き出す
この4枚はA
私がしたように、あと3枚好きなカードを
選んで引き出してください

カードをテーブルの上に裏向きで横一列に広げます。そして右から4枚目を引き出して、相手にも同じように3枚選んで引き出してもらいます。

2 引き出したカードはそのままで山をまとめる

手順1で引き出したカードはそのままで、広げたカードを揃えます。引き出した4枚のカードが落ちないように注意しましょう。

3 4枚のカードを引き抜いて山のいちばん上に移す

カードを抜いて
山の上に移す

4枚のカードをまとめて引き抜いて、山の上に重ねます。

4 4枚のカードをブレイクする

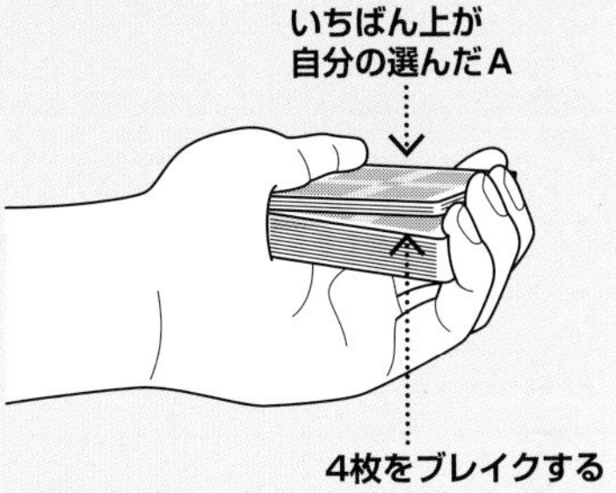
いちばん上が
自分の選んだA
4枚をブレイクする

手順3で重ねた4枚のカードをブレイク（68ページ参照）します。

5 いちばん上の1枚を確認してもらいそのスキに残りの3枚を落とす

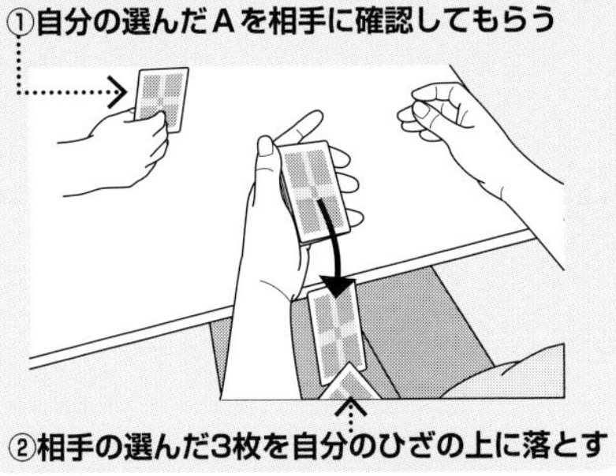
①自分の選んだAを相手に確認してもらう
②相手の選んだ3枚を自分のひざの上に落とす

いちばん上のA（手順1で自分が選んだA）を相手に渡して、確認してもらいます。そのスキに残りの3枚を自分のひざの上に落とします。

6 山の上から3枚配って4枚のエースを見せる

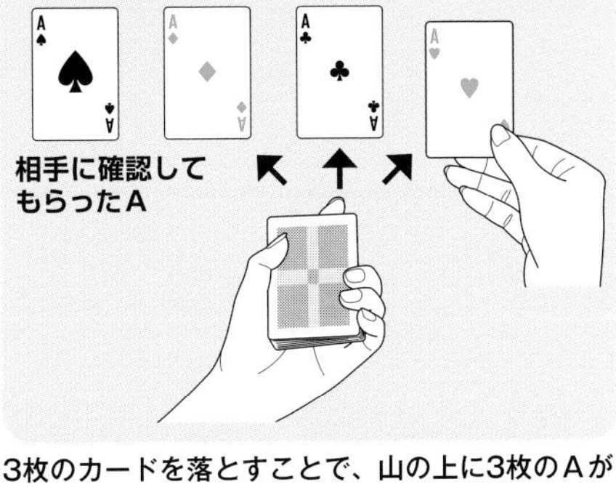
相手に確認して
もらったA

3枚のカードを落とすことで、山の上に3枚のAがきます。あとはそれを相手が選んだカードとして見せれば、4枚のAが揃います。

MAGIC 4

A(エース)が4枚揃って さらにK(キング)に変身!!

相手に分けてもらった4つの山の、いちばん上にAが勢揃いします。さらにそのAが、なんとKに変身！　AをKにすり替える「ダブルリフト」というテクニックがポイントとなります。

使うカード　1セット52枚　ジョーカーは除く

仕込み系　手順系　テクニック系

難易度　★★★★★

1
4つの山をそれぞれ配り終えました
2
すごいですね! 4つの山すべてにAが揃いました!
3
実は私もあるカードを4枚揃えたのですがあなたのAにはかないませんでした
4
あなたの揃えたAがKに変わりました!
あれ? Aだったはずなのに……

準備

山の上からKを4枚、Aを4枚、山と同じ向きに仕込んでおく

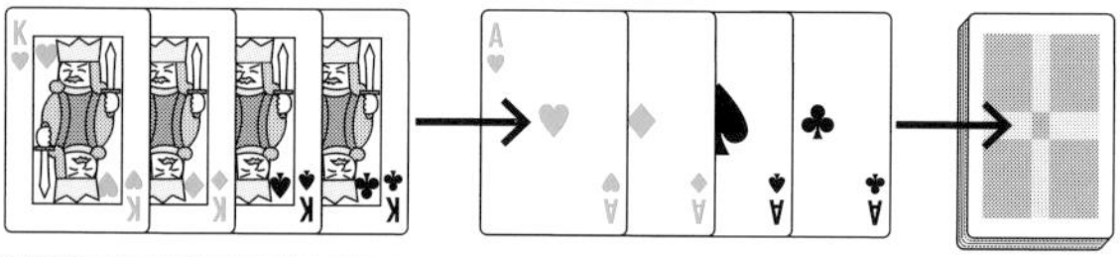

山の上から順番にキングを4枚、エースを4枚、山と同じ向きに仕込んでおく

1 相手に山を半分に分けてもらう

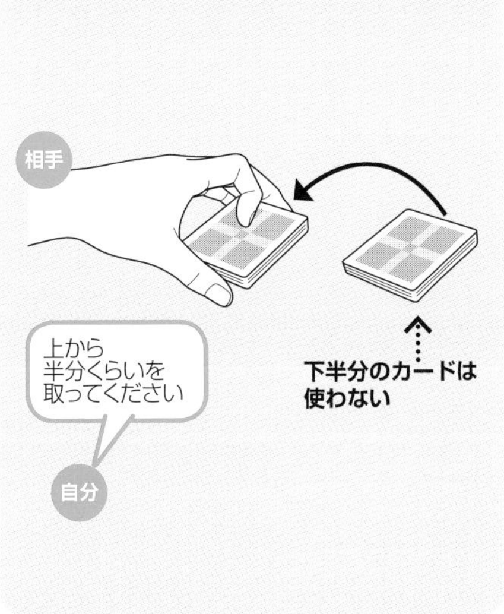
相手
上から
半分くらいを
取ってください
自分
下半分のカードは
使わない

相手にカードの山を上から好きな分だけ取って、半分に分けてもらいます。このとき、準備で仕込んだエースとキングの8枚を取ってもらえるよう、「半分くらいに分けてください」と言いましょう。

2 上半分の山を1枚ずつ配ってさらに2つに分けてもらう

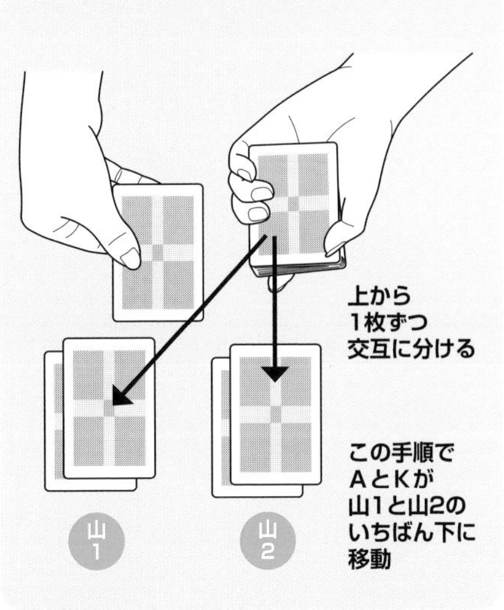
上から
1枚ずつ
交互に分ける
この手順で
AとKが
山1と山2の
いちばん下に
移動
山1
山2

相手に取ってもらった山を、上から1枚ずつ交互に配って分けてもらいます。これで山1と山2、2つの山ができあがります。

3 2つに分けた山を再び同じ手順でさらに2つに分けてもらう

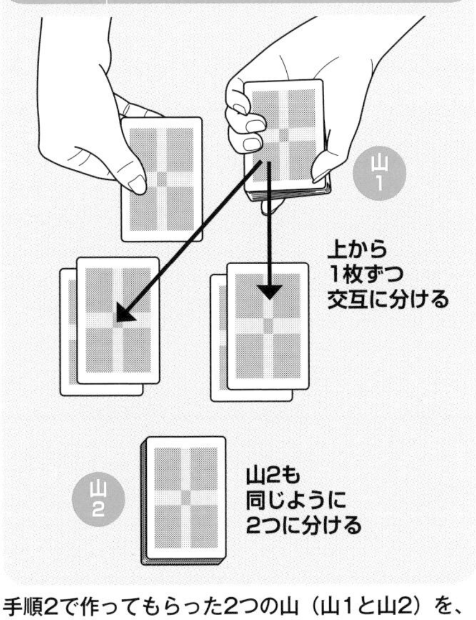
山1
上から
1枚ずつ
交互に分ける
山2
山2も
同じように
2つに分ける

手順2で作ってもらった2つの山（山1と山2）を、さらにそれぞれ同じ手順で1枚ずつ交互に分けます。これでいちばん上にK、2枚目にAのある山が4つできあがりました。

4 4つに分けた山のひとつを持ってKとAを一緒に持ち上げる

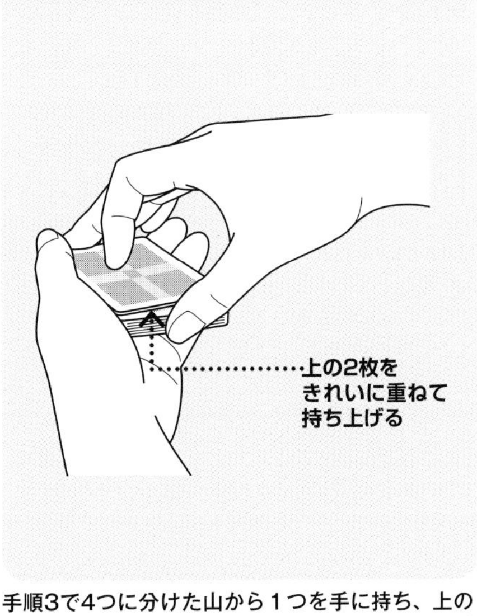
上の2枚を
きれいに重ねて
持ち上げる

手順3で4つに分けた山から1つを手に持ち、上の2枚（KとA）をきれいに重ねて持ち上げます（ダブルリフト、70ページ参照）。

5 きれいに重ねたKとAを裏返してAを相手に見せる

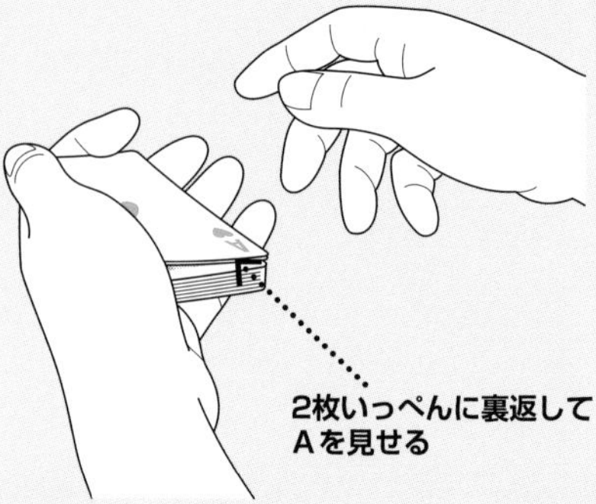
2枚いっぺんに裏返して
Aを見せる

ダブルリフトは、2枚のカードを1枚のように扱うテクニックです。KとAを裏返して、いちばん上のカードがAであるかのように相手に見せます。

6 KとAを裏向きに戻してKだけをテーブルの上に置く

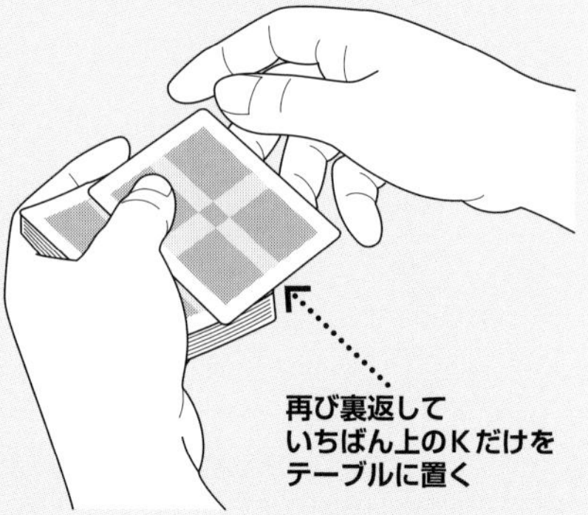
再び裏返して
いちばん上のKだけを
テーブルに置く

KとAをきれいに重ねたまま再び裏向きに戻します。そしていちばん上のKだけを裏向きでテーブルの上に置きます。相手はAが置かれたと思っています。

7 手順4〜6を繰り返して4つの山からKを集める

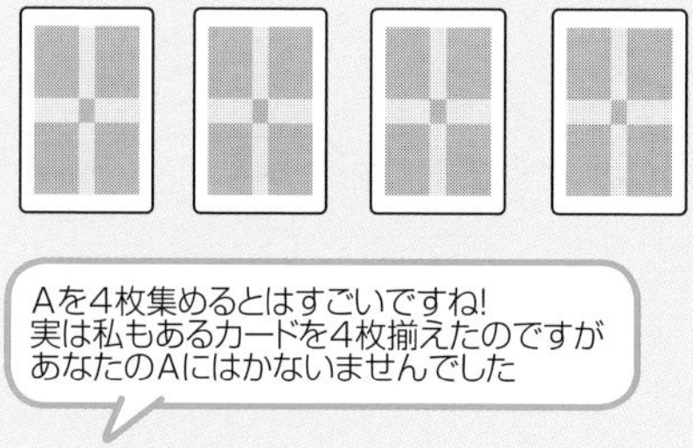
Aを4枚集めるとはすごいですね!
実は私もあるカードを4枚揃えたのですが
あなたのAにはかないませんでした

残り3つの山からも、手順4〜6でKを集めます。相手が配ったカードからAが揃ったことを強調しましょう。そして、実は自分も他のカードを集めていたことを伝えます。

8 4枚のKを裏返して相手に見せる

私が集めたのは
4枚のKでした

カードを裏返して4枚のキングを見せます。相手にはAがKに変身したように見えるのです。

MAGIC 5

バラバラに入れたはずのダイヤのA・2・3が勢揃い!!

ダイヤのA、2、3を相手に見せたのち、山の中にバラバラに混ぜたのに、広げると仲良く揃っているというマジックです。ポイントは相手にカードを見せるところ。ハートをダイヤに見せかけているのです。

使うカード **1セット52枚** ジョーカーは除く

仕込み系 / 手順系 / テクニック系

難易度 ★★☆☆☆

ここにダイヤのA・2・3があります
1
3をいちばん下、2をいちばん上、Aを真ん中あたりに入れます
2
3
バラバラに入れたはずのA・2・3ですが……
4
広げてみると3枚一緒になっています!

準備

山からハートのAとダイヤの2、3を抜き出し、山の上にダイヤのAを仕込む

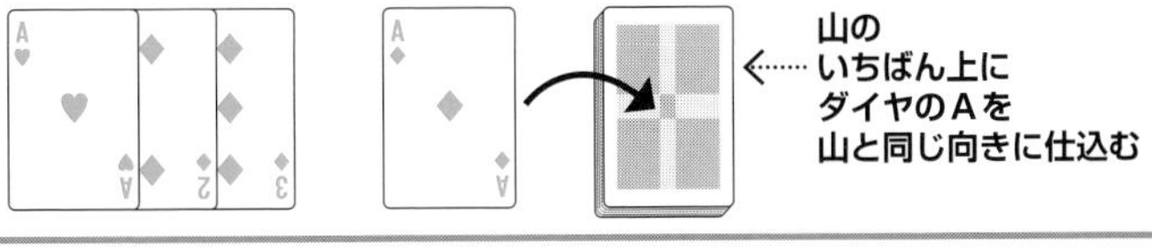
山のいちばん上にダイヤのAを山と同じ向きに仕込む

1 3枚のカードを図のように重ねてから相手に見せる

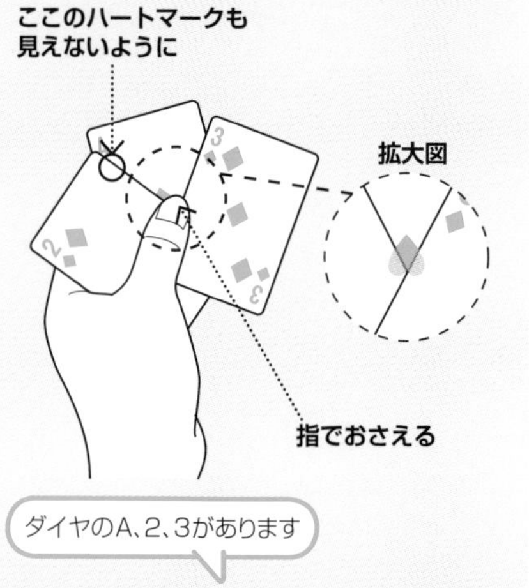

ここのハートマークも
見えないように
拡大図
指でおさえる
ダイヤのA、2、3があります

ダイヤの2と3の間から、ハートのAが見えるように重ねます。このとき、中央のハートを逆さまにして、尖った部分だけを見せます。なお、「A」の近くにあるハートのマークは隠しておきます。

2 ダイヤの2を上、ダイヤの3を下 ハートのAを真ん中あたりに入れる

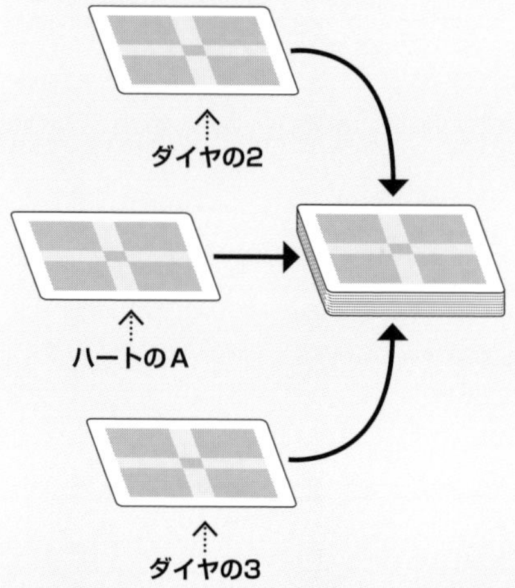

ダイヤの2
ハートのA
ダイヤの3

3枚を裏向きにして、ダイヤの2を山の上、ダイヤの3を山の下、ハートのAを山の真ん中あたりに、それぞれ入れます。

3 相手に山を2つに分けて上下を入れ替えてもらう

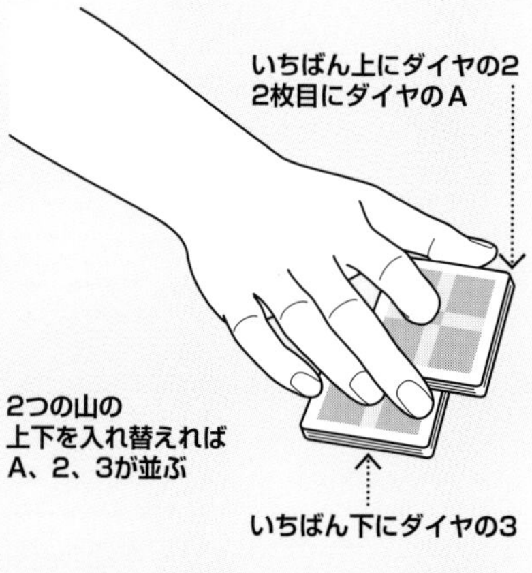

いちばん上にダイヤの2
2枚目にダイヤのA
2つの山の
上下を入れ替えれば
A、2、3が並ぶ
いちばん下にダイヤの3

山の上にAと2が、下に3がある状態になりました。相手に山を適当な量で2つに分けてもらい、上下を入れ替えて重ねてもらえば、ダイヤのA、2、3が並びます。

4 山を表向きにして広げるとダイヤのA、2、3が揃う

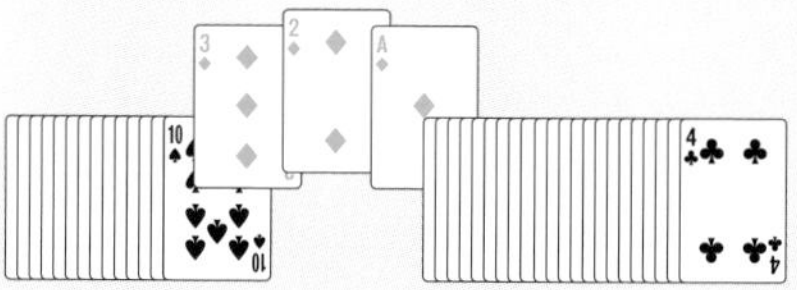

山を表向きにして横一列に広げれば、真ん中あたりにダイヤのA、2、3が並んでいます。

MAGIC 6

ダイヤのQがなぜか当たらない!?

ダイヤのQが入った3枚のカードの置く場所を入れ替えて、ダイヤのQがどれか当ててもらいます。しかし、相手はなぜか当たりません。カードを入れ替えるときに、相手を錯覚させるテクニックを使うのです。

使うカード **3枚** (ダイヤのQと他2枚)

仕込み系 / 手順系 / **テクニック系**

難易度 ★★★★☆

1
ダイヤのQがどこにあるか見つけてください
2
この3枚の位置を入れ替えます
3
さあ、ダイヤのQはどこにありますか?
カンタン!真ん中です!
4
残念!正解は右でした!

準備

ダイヤのQを含む3枚のカードを曲げておく

スペードとクラブの8、ダイヤのQの3枚を山なりに曲げる。折り目がつかないよう注意。
（ダイヤのQ以外のカードは、6・7・8など目立たないカードを使うこと）

裏から見た状態

1　3枚のカードを表向きにして Qの位置を確認してもらう

3枚の曲げたカードを表向きにテーブルに置いて、ダイヤのQの位置を相手に確認してもらいます。

2　カードを持って投げる動きで 3枚のカードを入れ替える

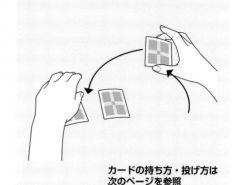

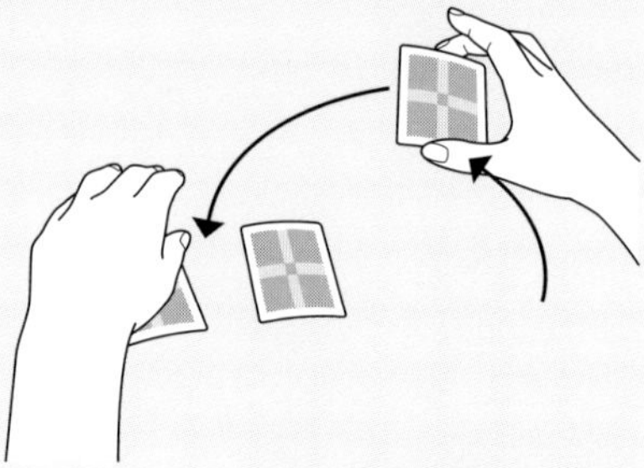

カードの持ち方・投げ方は次のページを参照

87ページで解説する持ち方と投げ方で、カードの位置を入れ替えていきます（1枚持ちと2枚持ちをうまく混じえましょう）。この時、ダイヤのQがどこにあるか相手に確認してもらいましょう。

3　何度か入れ替えたら Qを下に持って上のカードを投げる

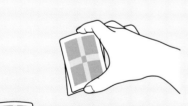

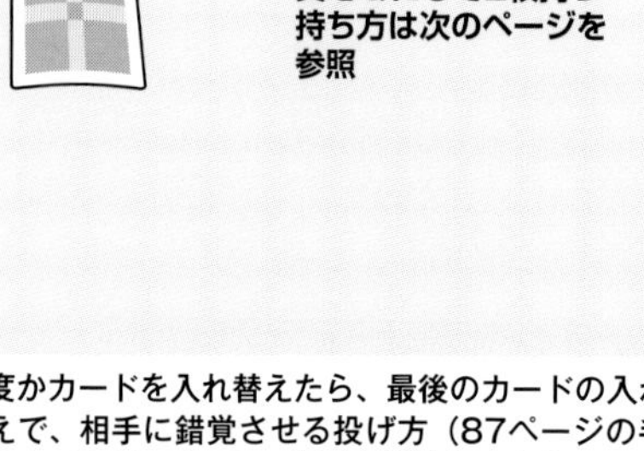

奥をQにして2枚持つ持ち方は次のページを参照

何度かカードを入れ替えたら、最後のカードの入れ替えで、相手に錯覚させる投げ方（87ページの手順7-1、7-2）で、Qの位置を錯覚させます。

4　相手にQの位置を当ててもらう

Qは……真ん中です!
残念! 右でした!

相手にダイヤのQの場所を当ててもらいます。相手はQの場所を錯覚し、違うカードを選んでしまいます。「2枚持ち」の投げ方と「錯覚させる投げ方」を同じ動きでやることがポイントです。

5-1 カードの持ち方（1枚持ち）

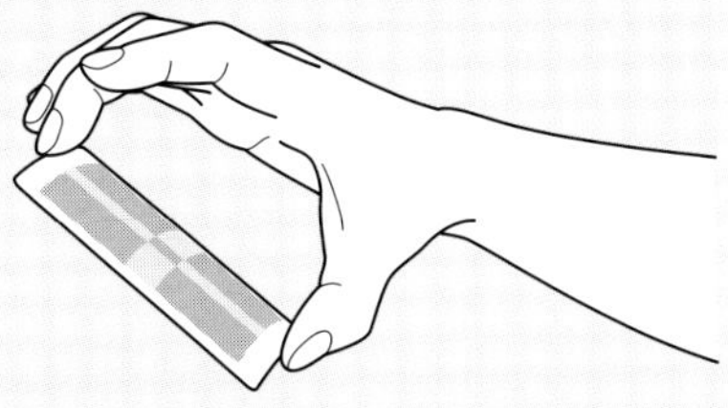

親指と中指で、カードの上下を支えます。

5-2 カードの投げ方（1枚持ち）

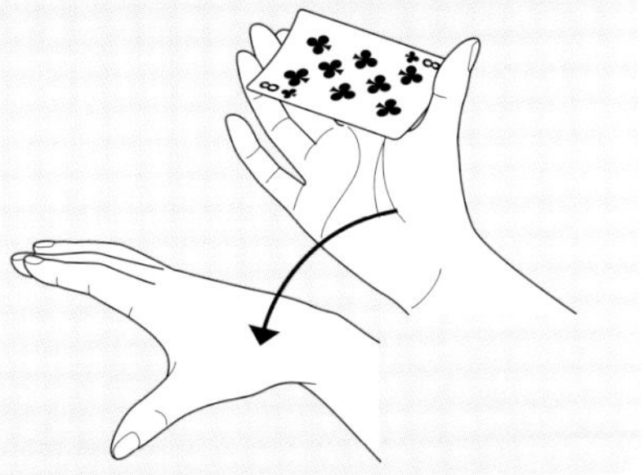

手首を回転させてカードの表面を相手に見せてから、カードを軽く投げます。

6-1 カードの持ち方（2枚持ち）

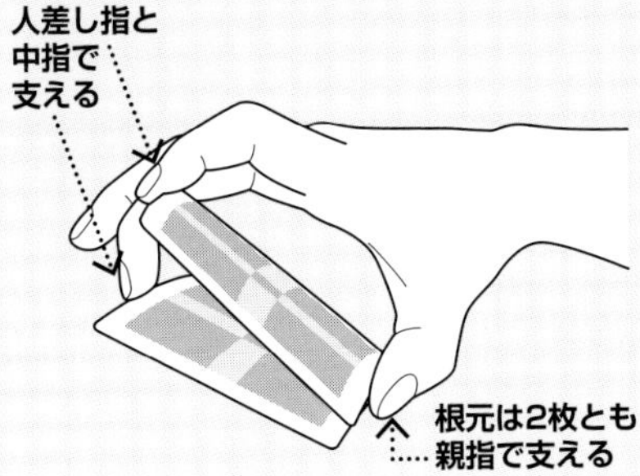
人差し指と
中指で
支える
根元は2枚とも
親指で支える

親指と人差し指、親指と中指でそれぞれ支えます。1枚目を1枚持ちと同じ方法で持ち、そのまま2枚目を人差し指で持ちます。

6-2 カードの投げ方（2枚持ち）

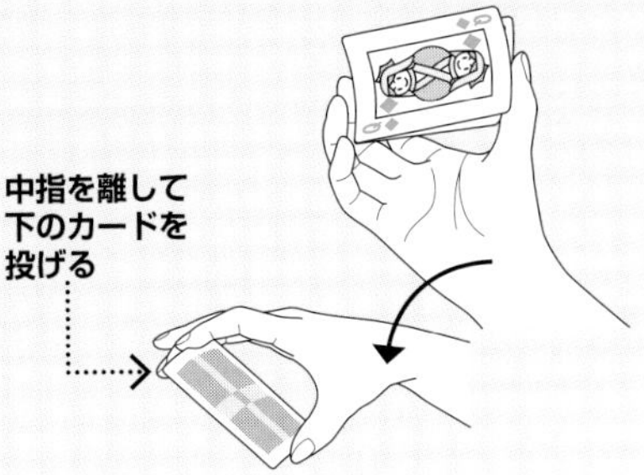
中指を離して
下のカードを
投げる

1枚の時と同様、手首を回転させてカードの表面を相手に見せてから、中指を離して投げます。

7-1 相手を錯覚させるカードの投げ方①

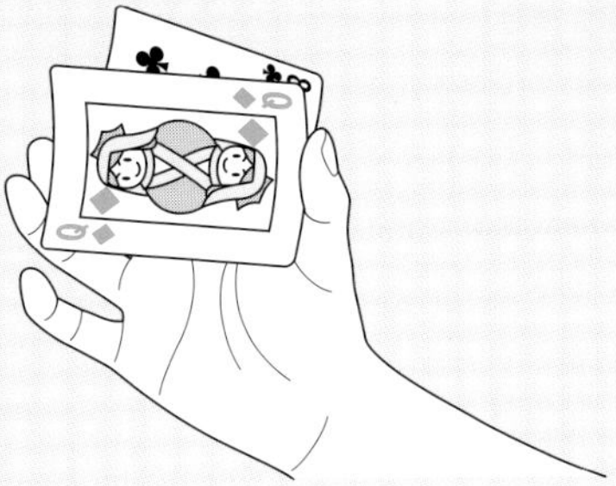

この投げ方が、このマジックのポイントです。まず、手順6-1と同じように2枚持ちます。この時、Qを下に持ちましょう。

7-2 相手を錯覚させるカードの投げ方②

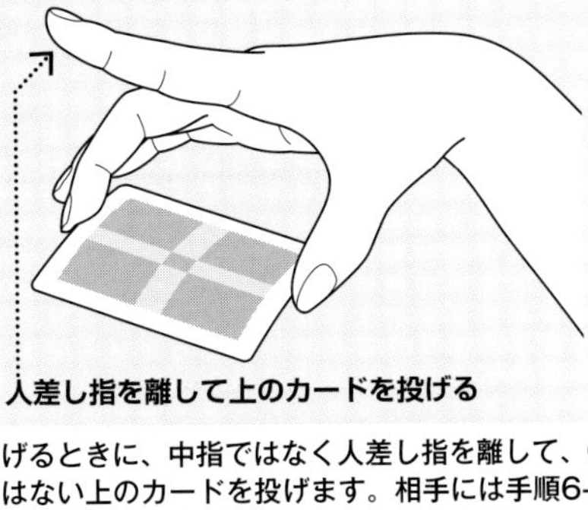
人差し指を離して上のカードを投げる

投げるときに、中指ではなく人差し指を離して、Qではない上のカードを投げます。相手には手順6-2と同じく、下のQを投げたように見えます。

MAGIC 7

山の真ん中に入れたはずのAが上にある?

山の中に入れたはずのAが、まるで移動したように上に現れます。トリックは山の中に入れたカードで、実はAではなく3なのです。どちらもカードの中央にマークがあることを利用して、3をAに見せかけます。

使うカード **1セット52枚** ジョーカーは除く

仕込み系
手順系
テクニック系

難易度 ★★★☆☆

いちばん上に
ダイヤのAが
あります
1
このAを
山の中に
入れます
2
こうして
真ん中あたりに
入れたはずが……
3
4
なんと!
いちばん上に
移動しました!

準備

Aと3をきれいに重ねておく

Aの後ろに3が重なっている

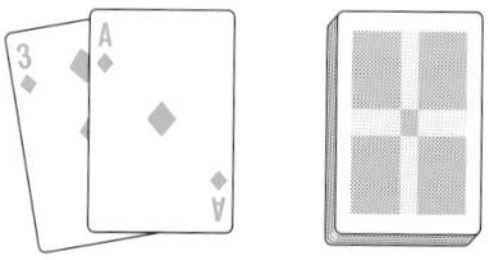

1 相手に3を後ろに重ねたAを見せる

Aと3をきれいに重ねて
3が相手に見えないように
ダイヤのAが
あります

相手にダイヤのAを見せます。このとき、Aの後ろには3が重なっています。きれいにぴったり揃えて、2枚重なっていることに気づかれないように。また、ダブルリフト（70ページ）で見せる方法もあります。

2 Aと3を裏向きにして山の上に重ねる

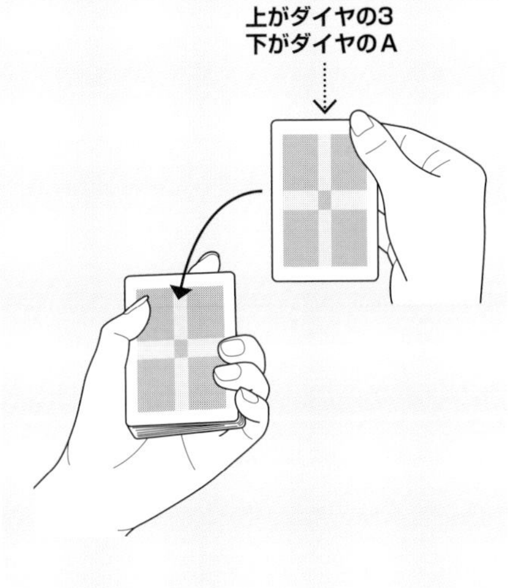
上がダイヤの3
下がダイヤのA

相手に見せたAと3を裏向きにして、山の上に重ねます。いちばん上に3、その下にAがある状態になります。

3 山の上にある3をAに見せかけて山の中に入れる

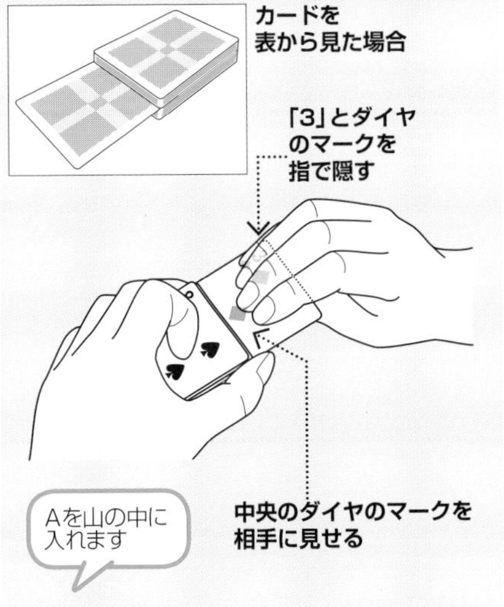
カードを
表から見た場合
「3」とダイヤ
のマークを
指で隠す
Aを山の中に
入れます
中央のダイヤのマークを
相手に見せる

山の上から3を取り出して、山の中の真ん中あたりに差し込みます。1／3程度差し込んだら、カードの上部分にある「3」とダイヤのマークを指で隠して、カード中央のダイヤのマークだけを相手に見せます。

4 山の上にあるAをめくって相手に見せる

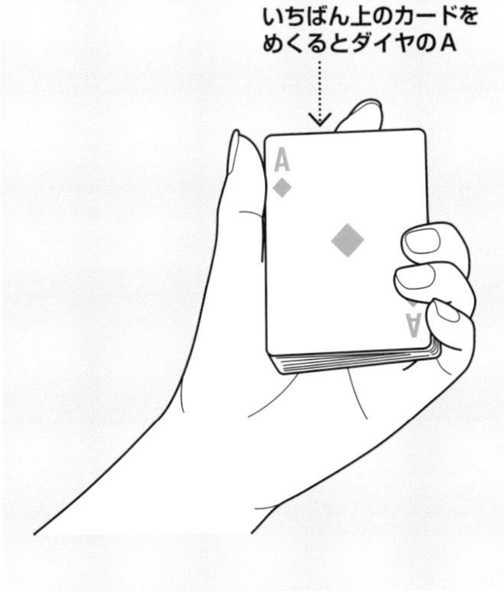
いちばん上のカードを
めくるとダイヤのA

3を山の中に入れてきれいに揃えたら、山の上にあるAをめくって相手に見せます。

マジックを組み合わせて披露 01

ギャンブラー風に決める!

トランプはギャンブルでもおなじみのアイテム。ポーカーの大きな役のように同じカードを揃えたり、何枚かのカードから、1枚のカードの場所を当てるゲームをしたりすることで、ギャンブル特有のスリルを演出することができます。

準　備

カードを以下のように仕込んでおく

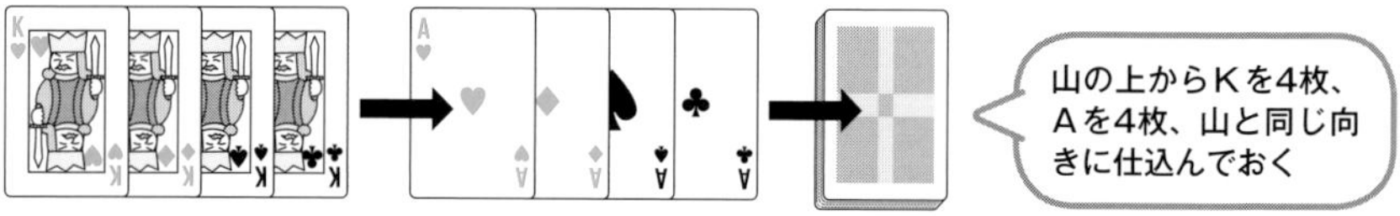
山の上からKを4枚、
Aを4枚、山と同じ向きに仕込んでおく

披　露

1 マジック4「Aが4枚揃ってさらにKに変身!!」を披露 ➡やり方は80ページ参照

4つの山をそれぞれ配り終えました
1
すごいですね! 4つの山すべてにAが揃いました!
2
3
実は私もあるカードを4枚揃えたのですがあなたのAにはかないませんでした
4
あなたの揃えたAがKに変わりました!
あれ? Aだったはずなのに……

2 ギャンブラーについて語り、雰囲気を作る

セリフ例01

ギャンブルの本場・ラスベガスには、マジシャンが出入り禁止になったカジノがあります。その理由は……

セリフ例02

ポーカーやブラックジャックなどを遊んだことはありますか？　もしそうしたギャンブルで、使ってはいけないとされている行為があるのです

セリフ例03

20世紀の初頭は、ギャンブラーと呼ばれる人たちが活躍していました。そうした人たちはトランプ一組だけで大金を稼いでいたのです。
そのテクニックを少しだけお見せしましょう

3 「スリーカードモンテ」というギャンブルの話をして、マジック6「ダイヤのQがなぜか当たらない？」を披露

➡やり方は85ページ参照

「スリーカードモンテ」とは、3枚のカードから1枚を当てるゲームです。
シンプルなゲームですが、チャレンジしてみますか？

ダイヤのQがどこにあるか見つけてください
1
この3枚の位置を入れ替えます
2
さあ、ダイヤのQはどこにありますか？
カンタン！真ん中です！
3
残念！正解は右でした！
4

MAGIC 8

相手が取ったカードの枚数でカードを予言!

「?」の形にカードを並べて、相手が山から適当に取ったカードの枚数だけ順番に数えていくと、そこには予言したカードが！　準備さえしておけば、あとは正しい手順をふめば誰でもできるマジックです。

使うカード　1セット52枚　ジョーカーは除く

仕込み系
手順系
テクニック系

難易度 ★★☆☆☆

1
カードを上から10枚くらい取ってください
はい
2
残りのカードを「?」の形に並べます
3
あなたが先ほど取ったカードは何枚ありますか?
9枚です
4
9枚目のカードはあらかじめ予言されていたのです!
K

準備

山の上から21枚目のカードをメモしておく

上から21枚目にあるカードのマークと数字をメモ用紙に書いておく

K

山の上から21枚目にあるカード

1 相手に山の上から10枚くらい取ってもらう

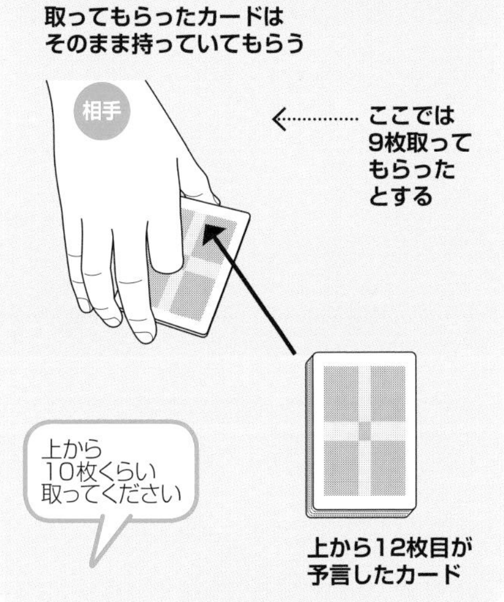
取ってもらったカードは
そのまま持っていてもらう
相手
ここでは
9枚取って
もらった
とする
上から
10枚くらい
取ってください
上から12枚目が
予言したカード

裏向きにしたカードの山を置き、相手に山の上からカードを取ってもらいます。21枚目のカードまで取られないよう、「10枚くらい」と指示しましょう。

2 残った山を上から20枚配る

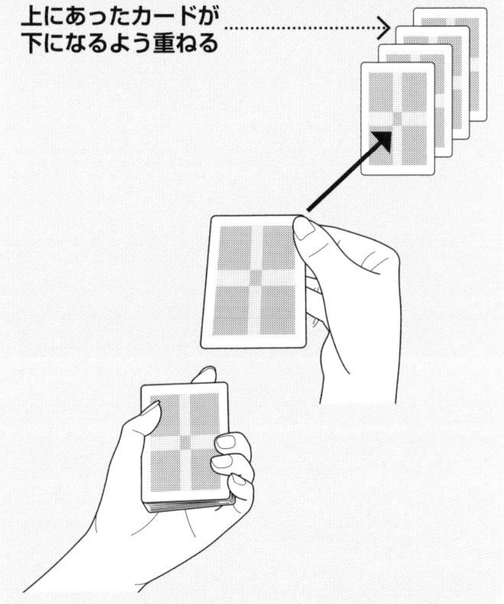
上にあったカードが
下になるよう重ねる

残りの山から20枚配ります。このとき上から1枚ずつ配ることで、上から12枚目にあった予言したカードが上から9枚目に入れ替わります。

3 20枚のカードを「?」状に並べる

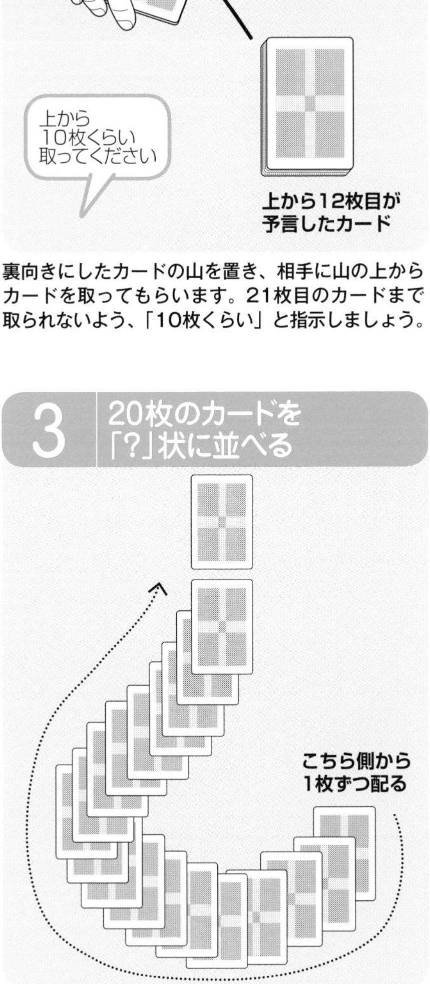
こちら側から
1枚ずつ配る

手順2で配った20枚のカードを、相手から見て「?」状になるように並べます。

4 手順1で相手が取った枚数の場所にあるカードをめくる

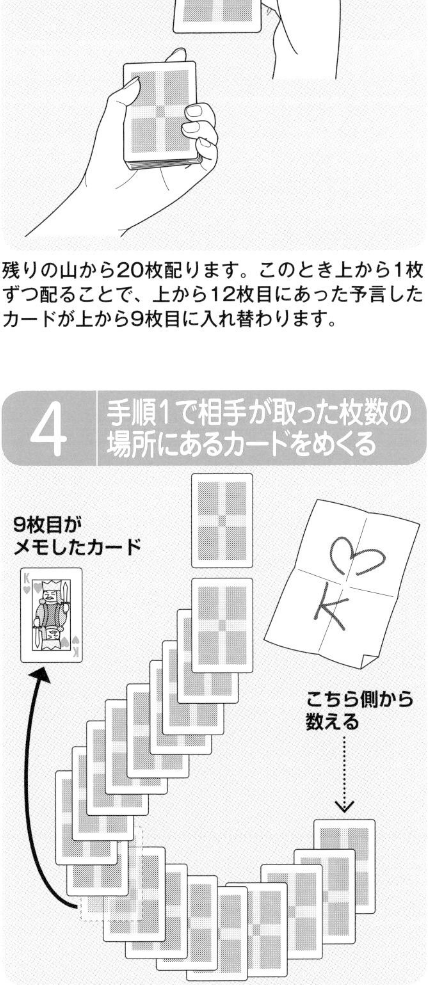
9枚目が
メモしたカード
こちら側から
数える

手順1で相手が取ったカードの枚数だけ、手順3で配った1枚目のカードから数えていきます。この場合相手は9枚のカードを取ったので、9枚目が予言したカードです。

MAGIC 9

相手は必ず「5」の山を選ぶ!

2つの山から、相手に片方を選んでもらいます。その山は「5」が4枚。そしてメモには「あなたは『5』の山を選ぶ」という予言が……。2つの山どちらを選んでも、予言に合うようになっています。

使うカード
「5」を4枚
「4」を4枚
適当なカード1枚

仕込み系
手順系
テクニック系

難易度 ★☆☆☆☆

ここにあなたが
どちらの山を選ぶかを
予言したメモが
あります
1

あなたが選んだ山には
「5」のカードが
4枚ありましたね
はい
2

では、予言のメモを
開いてみてください
予言通り
だわっ!
『5』の山を
選ぶ
3

準備

「5」が4枚と、「4」が4枚と適当なカード1枚を合わせた5枚、2つの山をつくる

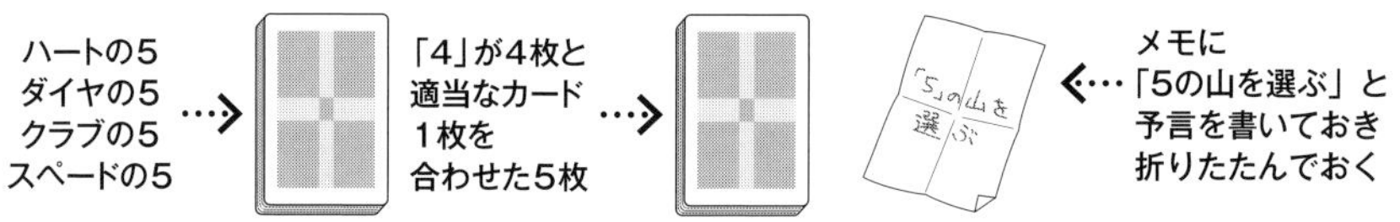
ハートの5
ダイヤの5
クラブの5
スペードの5
「4」が4枚と
適当なカード
1枚を
合わせた5枚
「5」の山を
選ぶ
メモに
「5の山を選ぶ」と
予言を書いておき
折りたたんでおく

1 相手に2つの山のうち、どちらかを選んでもらう

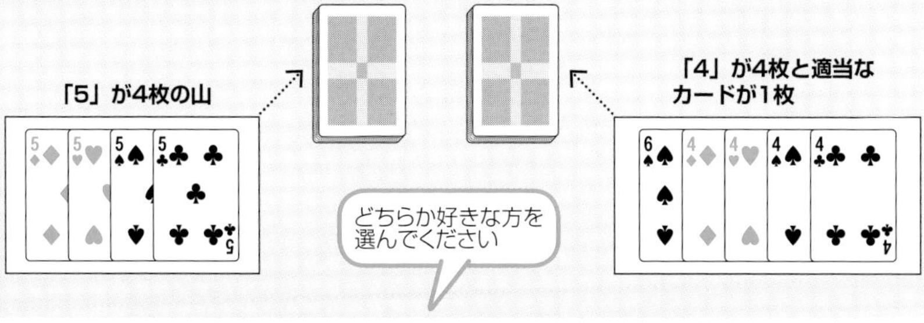
「5」が4枚の山
「4」が4枚と適当な
カードが1枚
どちらか好きな方を
選んでください

2つの山をきれいに揃えて裏向きに置きます。そして、相手にどちらかを選んでもらいましょう。相手にどちらを選ばせても、「5」の山（「5」のカードの山、あるいは5枚のカードの山）と言うことができます。

2 相手が「5」が4枚の山を選んだ場合①

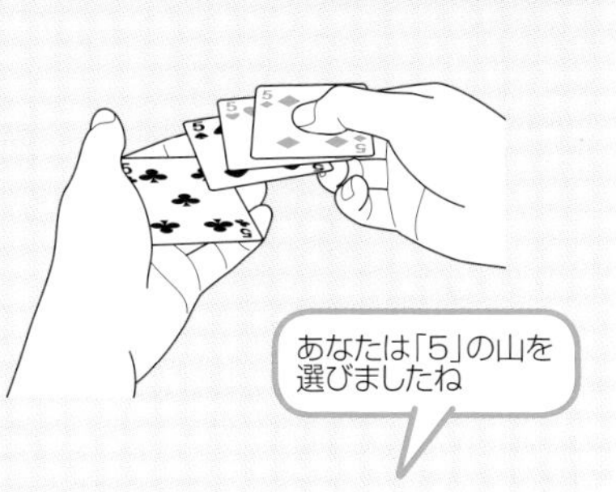
あなたは「5」の山を
選びましたね

相手が「5」が4枚の山を選んだら、カードを手に持って裏返して広げて、「5」が4枚あることを見せます。

3 相手が「5」が4枚の山を選んだ場合②

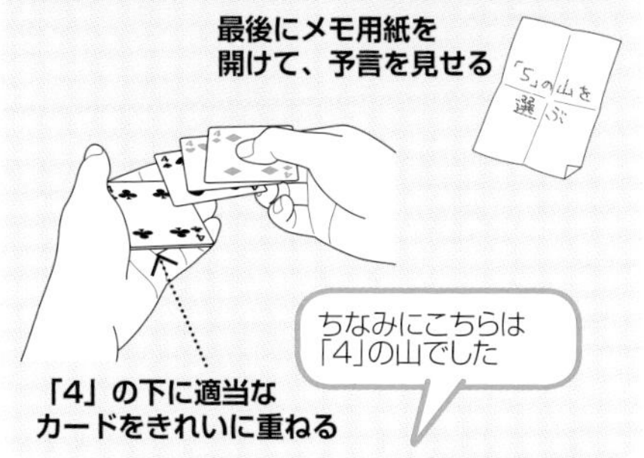
最後にメモ用紙を
開けて、予言を見せる
「5」の山を
選ぶ
ちなみにこちらは
「4」の山でした
「4」の下に適当な
カードをきれいに重ねる

もう1つの山を手にとって、「4」のカードを見せます。5枚目の適当なカードは、いちばん下の「4」のカードに重ねて、2枚を1枚に見せかけましょう。

4 相手が「4」が4枚と+1枚の山を選んだ場合①

あなたは5枚の山を
選びましたね

相手が「4」が4枚と適当なカード1枚の、5枚の山を選んだら、カードを裏向きのまま広げて、5枚あることを見せます。

5 相手が「4」が4枚と+1枚の山を選んだ場合②

最後にメモ用紙を
開けて、予言を見せる
「5」の山を
選ぶ
ちなみにこちらの山は
4枚でした

もう1つの山も裏向きのまま広げて、4枚であることを見せます。そして最後に予言の紙を広げます。

MAGIC 10

「4」のカードで相手のカードを当てる！

カードを広げると、1枚だけ表向きになった「4」のカードが。そこから4枚先に、相手の選んだカードが潜んでいます。仕込んだ「4」のカードから4枚先に、相手の選んだカードを移動させるのがトリックです。

使うカード　**1セット52枚**　ジョーカーは除く

仕込み系　手順系　テクニック系

難易度 ★★☆☆☆

1
これ？
違います！
2
いえ、これがあなたのカードだとは言ってません。
実はこのハートの4から、4枚数えたところに
あなたの選んだカードがあります
①
②
③
④
3
あなたが
引いたカードは
これですね？
わっ！
当たり！

準備

山の下から4枚目に「4」を表向きに入れる

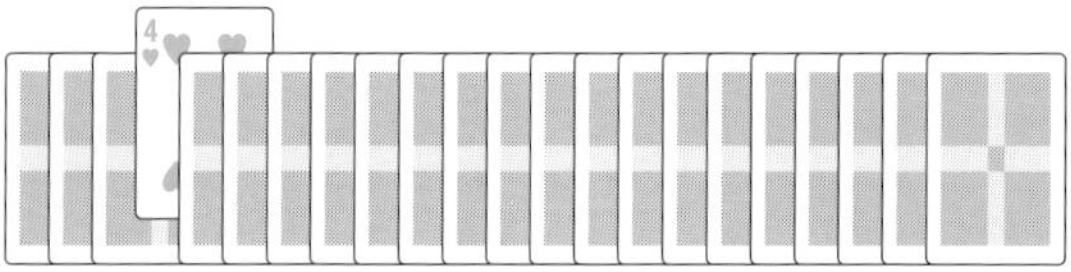

裏向きの山の中で、
下から4枚目の「4」だけが
表向きに入っている状態にする。
このカードが目印となる

1 相手に好きなカードを1枚選んでもらう

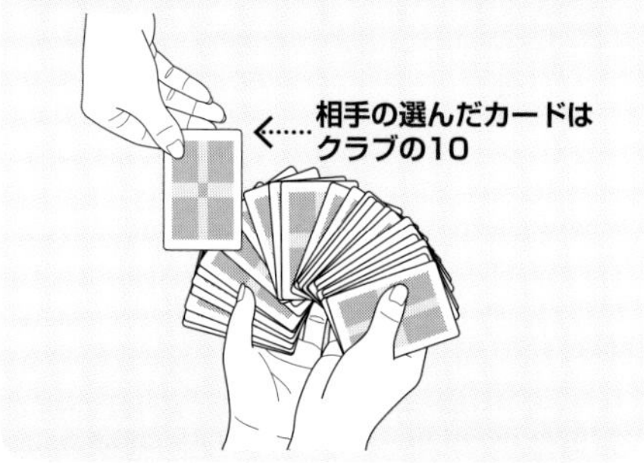
相手の選んだカードは
クラブの10

カードを扇形に広げて、相手に好きな1枚を取って覚えてもらいます。このとき、下から4枚目の「4」は見えないように。

2 ヒンズー・シャッフルをして相手に「ストップ!」と言ってもらう

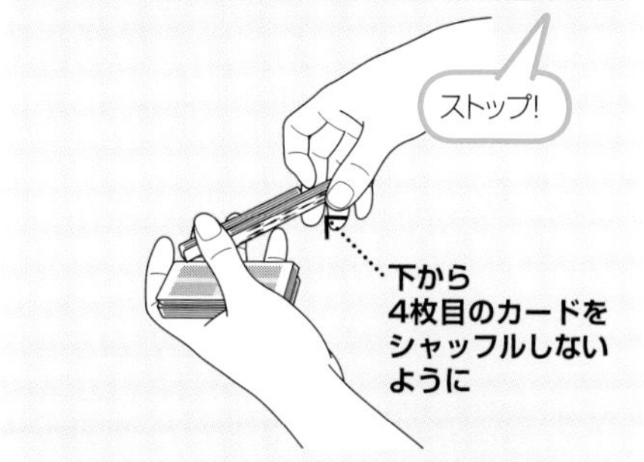
ストップ!
下から
4枚目のカードを
シャッフルしない
ように

「ヒンズー・シャッフル」（71ページ参照）をして、相手の好きなタイミングで止めてもらいます。

3 「4」のない山の上に選んだカードを乗せてもらう

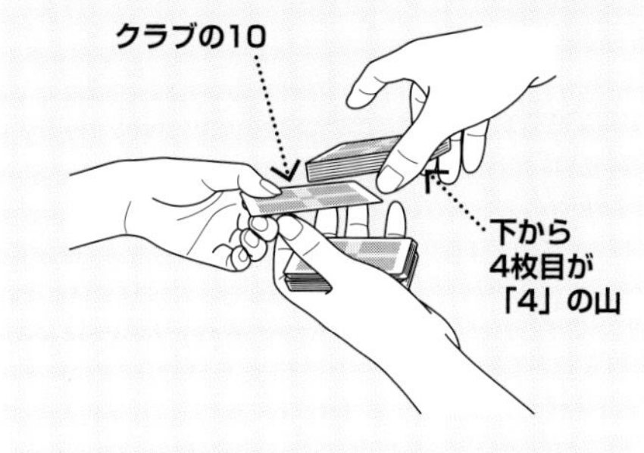
クラブの10
下から
4枚目が
「4」の山

「4」が入っていない、右手で持っている山の上に、選んだカードを重ねてもらいます。

4 相手が乗せたカードの上に「4」のある山を重ねる

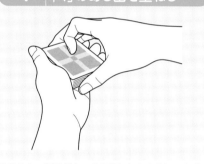

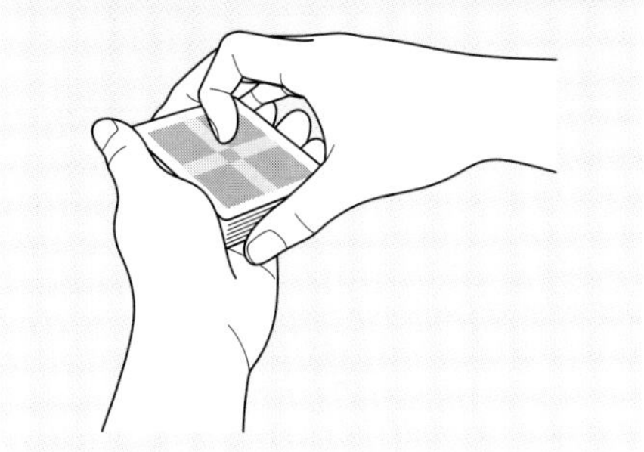

そのまま、相手がカードを重ねた山の上に、右手の「4」が入っている山を置いて、1つにまとめます。

5 山を横に広げて「4」を抜き出す

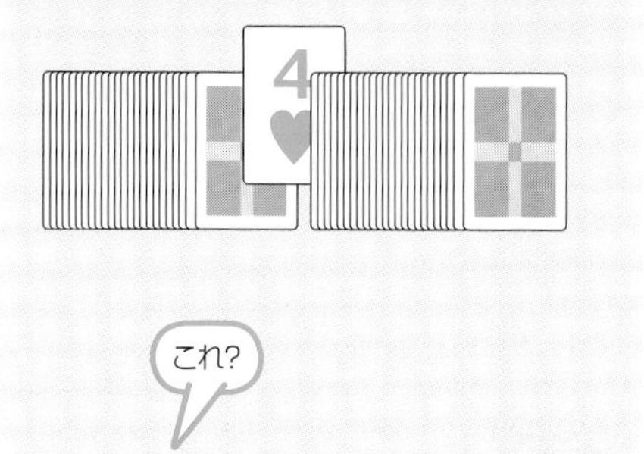
4
これ?

山を裏向きにテーブルに置き、横一列に広げます。1枚だけ表向きの「4」があるので、このカードを相手に確認してもらいます。

6 「4」から下に重なっている4枚目のカードをめくる

10
4

「4」のカードから、カードが下に重なっている方向へ数えて4枚目にあるカードをめくります。それが相手の選んだカードです。

MAGIC 11

相手の脈から選んだカードを見抜く!!

人間は真相を突かれると緊張して、それが脈拍に表れるもの。その反応でカードを見つける……のではなく、脈をみるのは演出。準備で覚えたカードを手がかりに、相手の選んだカードを見つけるのです。

使うカード **1セット52枚** ジョーカーは除く

仕込み系 / **手順系** / テクニック系

難易度 ★★☆☆☆

あなたの脈拍から
選んだカードがわかるのです
1
あなたの選んだカードは……
これですね?
あ、当たってるー!
2

準備

山のいちばん下にあるカードを覚えておく

カードをシャッフルするなどして、さりげなくチェックする

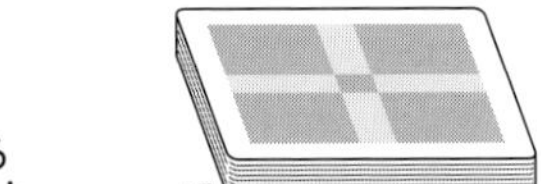

1 相手に好きなカードを1枚引いてもらう

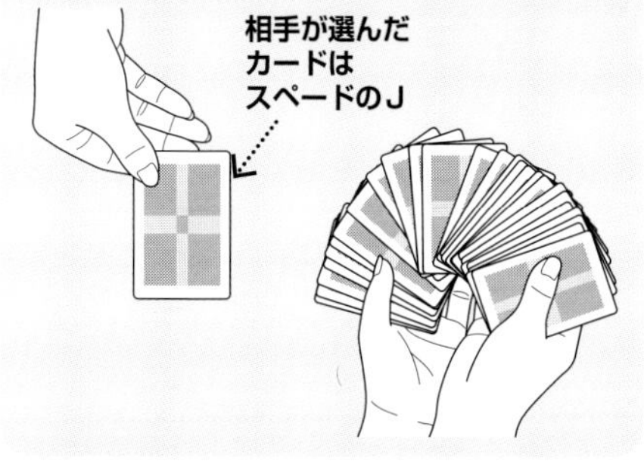
相手が選んだ
カードは
スペードのJ

カードを扇形に広げて、相手に好きな1枚を引いてもらいます。

2 相手に選んだカードを確認してもらう

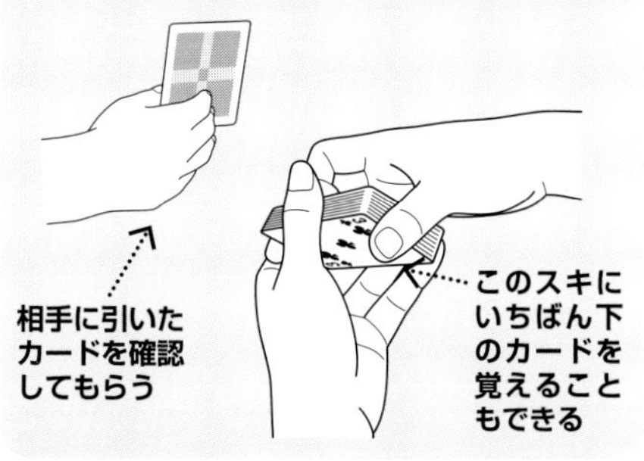
相手に引いた
カードを確認
してもらう
このスキに
いちばん下
のカードを
覚えること
もできる

相手に手順1で引いたカードを覚えてもらいます。もし事前に山のいちばん下にあるカードを確認できていない場合は、このスキに確認しましょう。

3 ヒンズー・シャッフルをして相手に「ストップ!」と言ってもらう

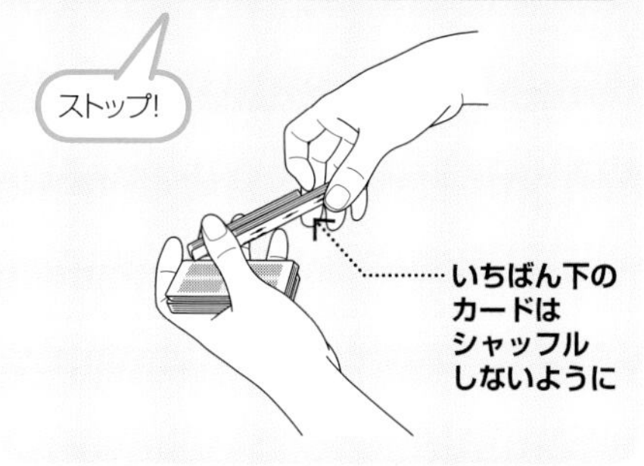
ストップ!
いちばん下の
カードは
シャッフル
しないように

「ヒンズー・シャッフル」（71ページ参照）をして、相手の好きなタイミングで止めてもらいます。

4 覚えたカードがない山に選んだカードを乗せてもらう

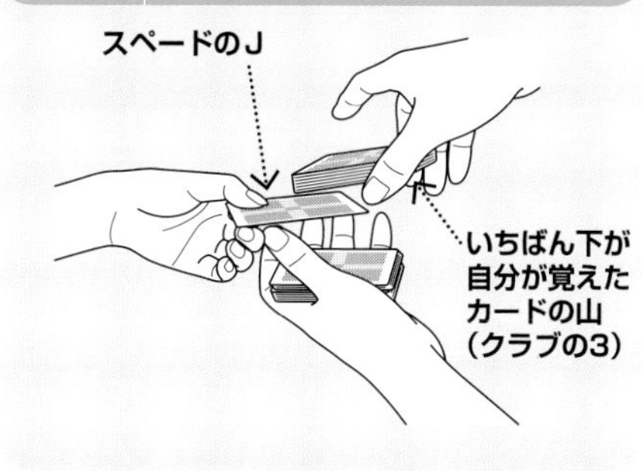
スペードのJ
いちばん下が
自分が覚えた
カードの山
（クラブの3）

山を2つに分けて、準備または手順2で覚えたカードのない方に、相手が手順1で引いたカードを重ねてもらいます。その上にもう片方の山を重ねます。

5 カードを表向きにしてテーブルの上に広げる

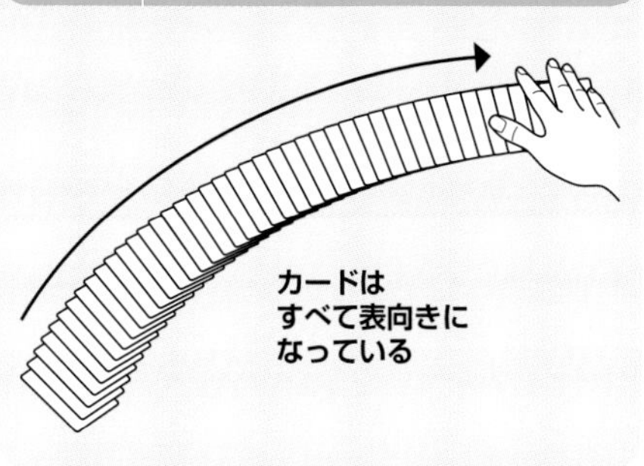
カードは
すべて表向きに
なっている

カードの山を表向きにしてテーブルの上に置き、左から右へ広げましょう。

6 覚えたカードを手がかりに相手の選んだカードを当てる

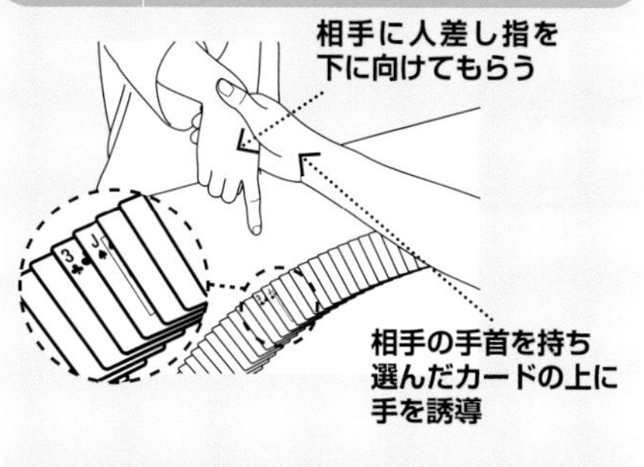
相手に人差し指を
下に向けてもらう
相手の手首を持ち
選んだカードの上に
手を誘導

相手の手をとり脈をみるふりをしながら、準備または手順2で覚えたカードを探しましょう。その右隣が相手の選んだカードです。

MAGIC 12

リング状に並べてカードを当てる!!

リング状に並べたカードをめくり、出た数字が相手の選んだカードに導いてくれるマジック。準備で仕込んだ13枚のカードが、次にめくるカードが正解だと教えてくれるようになっています。

使うカード **1セット52枚** ジョーカーは除く

仕込み系 / 手順系 / テクニック系

難易度 ★★☆☆☆

1
好きな
カードを1枚
引いてください
2
中央にペンを置いて
回してください
クルクル
えいっ
3
ペンが指し示したカードは
ハートの7ですね
あれ
違うぞ
4
そこから7枚先に
あるのが、あなたの
引いたカードです!
ホントだ!

準備

同じマークのカードを山の下からAからKの順に仕込む

下からA、2、3……と、数が大きくなるように。マークはどれでもOK

1 相手に好きなカードを1枚選んでもらう

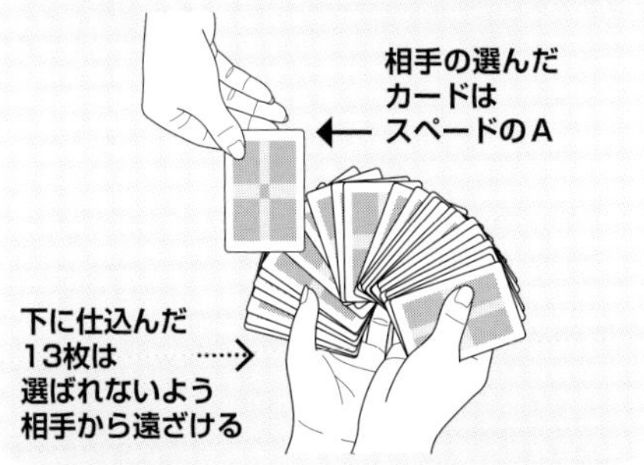
相手の選んだ
カードは
スペードのA
下に仕込んだ
13枚は
選ばれないよう
相手から遠ざける

カードを扇形に広げて、相手に好きな1枚を覚えてもらいます。

2 選んだカードの上に仕込んだ13枚が来るようまとめる

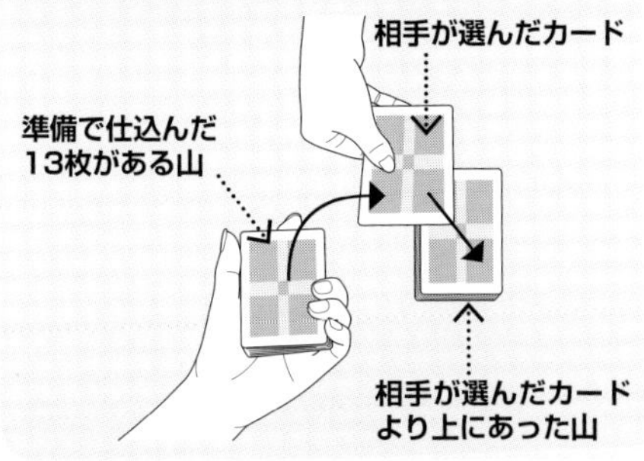
相手が選んだカード
準備で仕込んだ
13枚がある山
相手が選んだカード
より上にあった山

相手が選んだカードのところで山を分けて、上半分の山に相手の引いたカードを重ねてもらいます。その上に仕込みのカードがある山を重ねます。

3 まとめた山をリング状に広げる

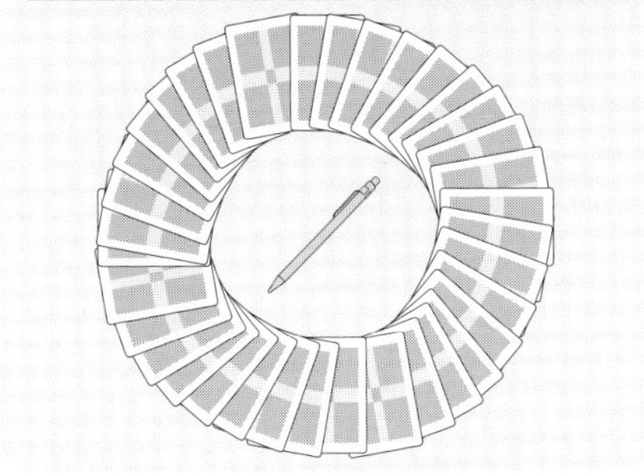

山を裏向きにして、テーブルの上にリング状に並べます。そしてリングの中にペンを置きます。

4 相手にペンを回してもらいペン先が指し示したカードをめくる

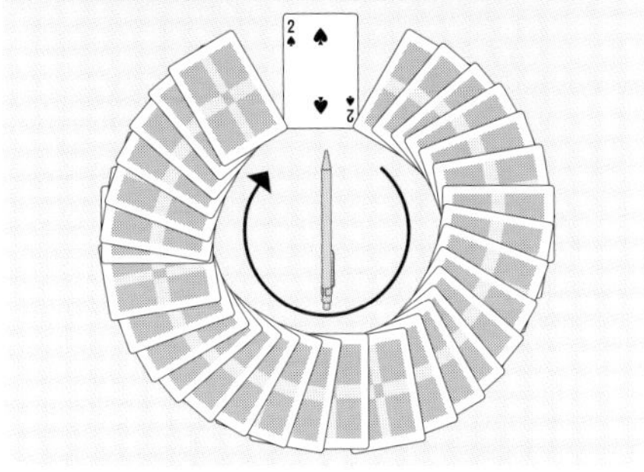

相手にペンを時計の針のように回してもらい、ペン先が指し示したところのカードをめくります。

5 めくったカードの数だけ下に重なったカードを数えてめくる

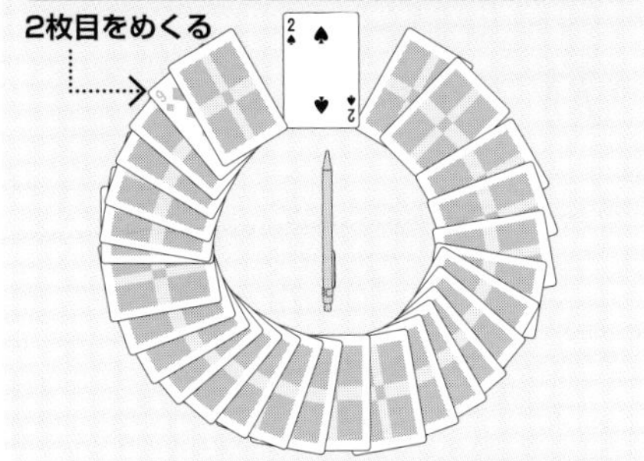
2枚目をめくる

めくったカードの数だけ下に重なっている方向へカードをカウントして、そこにあるカードをめくります。これを繰り返します。

6 準備で仕込んだカードの次にめくるカードが当たり

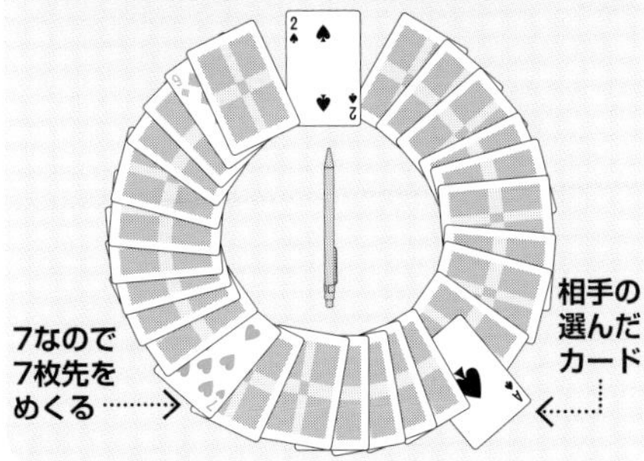
相手の
選んだ
カード
7なので
7枚先を
めくる

準備で仕込んだハートのカードが出たら、次にめくるカードが、手順1で相手が覚えたカードです。

MAGIC 13

相手がストップと言ったところが選んだカード

山の下から1枚ずつカードを配り、適当なところで止めてもらうと、次に配られるのはちょうど相手の選んだカードだった、というマジック。「グライド」というカードさばきの技術を要する、テクニカルなマジックです。

使うカード **1セット52枚** ジョーカーは除く

仕込み系 / 手順系 / **テクニック系**

難易度 ★★★★★

好きなカードを1枚引いて覚えてください
1
カードを下から1枚ずつ配るので、好きなタイミングでストップと言ってください
2
先ほどあなたが覚えたカードは何ですか?
ダイヤのKです
3
すごいですね! ちょうどダイヤのKのところで止めましたよ!
クルッ
どーしてー!?
4

準備

山のいちばん下にあるカードを覚えておく

カードをシャッフルするなどして、さりげなくチェックする

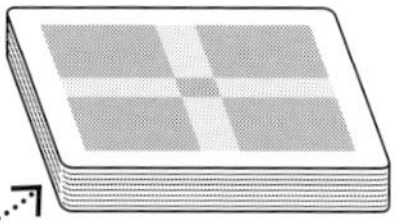

覚えたカードを手がかりに相手の選んだカードを当てる

1 相手に好きなカードを1枚選んでもらう

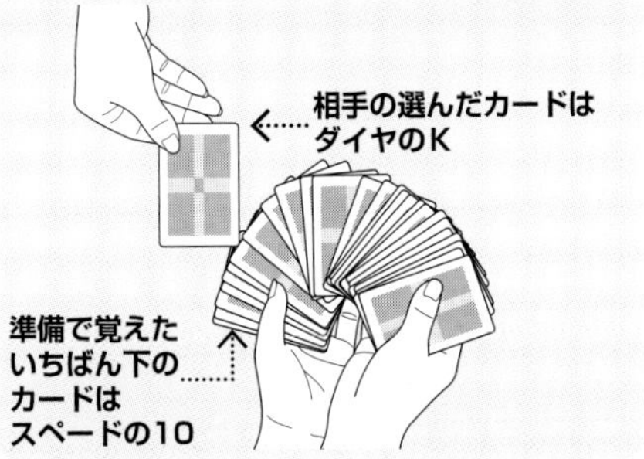

相手の選んだカードはダイヤのK
準備で覚えたいちばん下のカードはスペードの10

カードを扇形に広げて、相手に好きな1枚を覚えてもらいます。

2 選んだカードの上にいちばん下のカードを重ねる

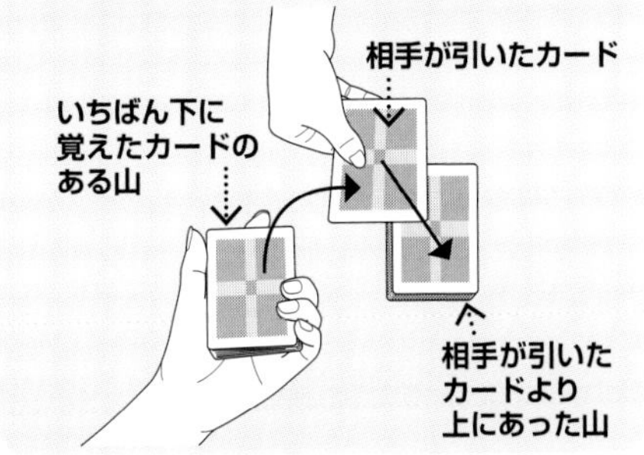

相手が引いたカード
いちばん下に覚えたカードのある山
相手が引いたカードより上にあった山

相手がカードを引いたところで山を2つに分けて、上半分の山に相手の引いたカードを重ねてもらいます。その上に、覚えたカードのある山を重ねます。

3 相手が引いたカードを見つけて山のいちばん上に移す

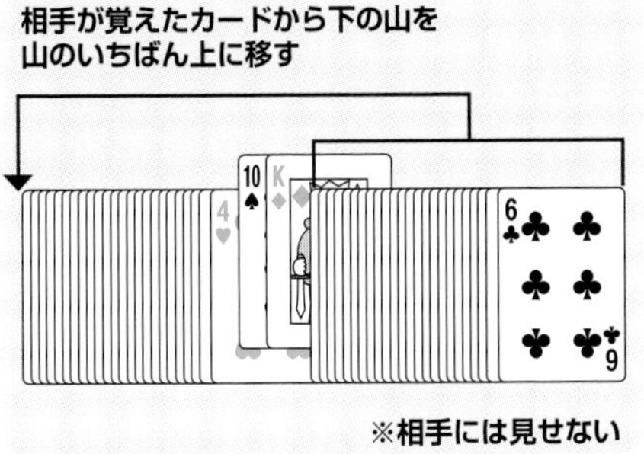

相手が覚えたカードから下の山を山のいちばん上に移す
※相手には見せない

ここでカードの表を見て、準備で覚えたカードを見つけます。右隣が相手の引いたカードです。相手の引いたカードを境に、山を入れ替えます。

4 「グライド」でいちばん下のカードを少しずらす

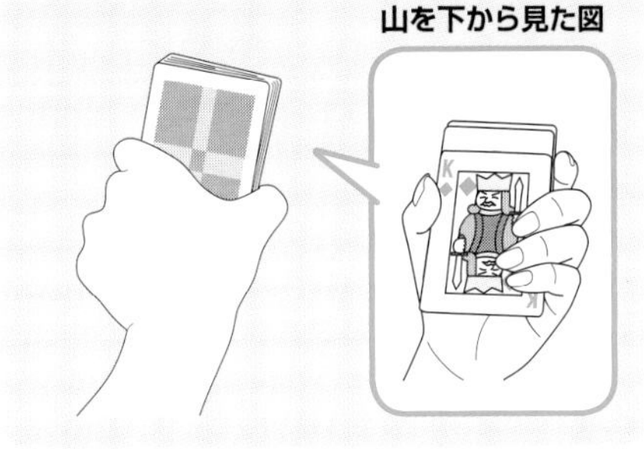

山を下から見た図

カードの山を持ち、「グライド」（69ページ参照）を使って、いちばん下のカードを少しずらします。ずらしたことを相手に見抜かれないように。

5 山の下の2枚目から1枚ずつ配っていく

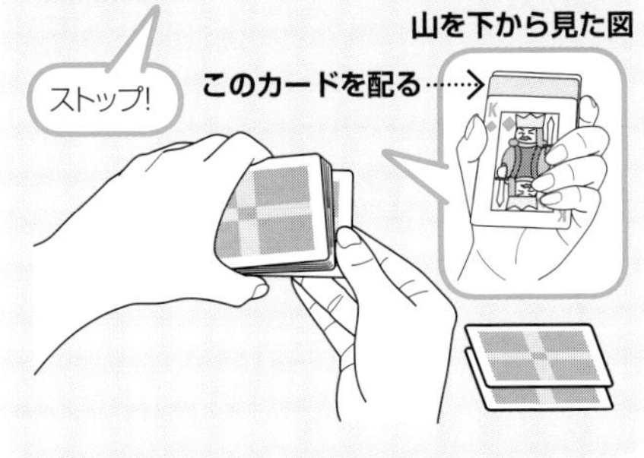

山を下から見た図
ストップ!
このカードを配る

グライドした山の、下から2枚目を引き出して配ります。相手にはいちばん下から配っているように見えます。適当なタイミングで止めてもらいましょう。

6 相手が「ストップ」と言ったら山を裏返してカードを見せる

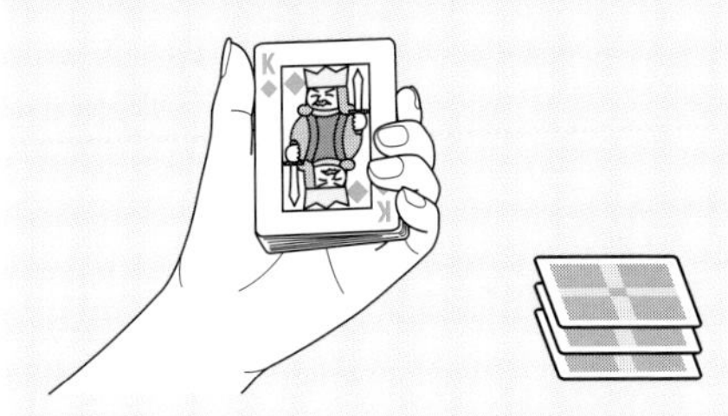

相手が「ストップ」と言ったらグライドでずらしたカードを山に揃えて、相手に見せます。

マジックを組み合わせて披露02

予知能力風に決める!

まるで予知能力のように、これから起こることをズバリ言い当てるマジックを連続で披露すれば、インパクト大。2つのマジックをスムーズに連続で行うための準備さえしておけばほぼ失敗しない、やさしい組み合わせです。

準備

1 メモ用紙を1枚用意する

2 カードを以下のようにセッティングしておく（披露する2つのマジックの仕込み）

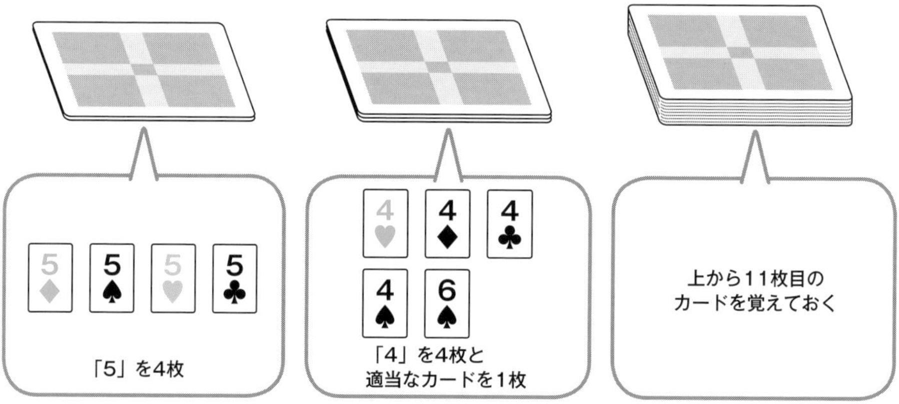

5 5 5 5
「5」を4枚
4 4 4
4 6
「4」を4枚と
適当なカードを1枚
上から11枚目の
カードを覚えておく

披露

1 予知能力について語り、雰囲気を作る

セリフ例01

これからの未来を予言できたら素敵だと思いませんか?
とはいってもわずか3分後しか予言できないのですが……

セリフ例02

人の心が読める、といったらあなたは信じますか?

セリフ例03

人の行動には一定のパターンがあります。とりたくないと思っている行動を無意識にとってしまう、そんな経験はありませんか?

2 マジック9「相手は必ず『5』の山を選ぶ!!」を披露

➡やり方は94ページ参照

ここにあなたが
どちらの山を選ぶかを
予言したメモが
あります
1
あなたが選んだ山には
「5」のカードが
4枚ありましたね
はい
2
では、予言のメモを
開いてみてください
予言通り
だわっ!
『5』の山を
選ぶ
3

3 2つの「5」の束を山の上に重ねて 準備2で覚えた11枚目のカードをメモ用紙に書く

「5」が4枚の束
「4」が4枚と
適当なカード1枚の束
覚えたカードが
上から21枚目になる

※これがマジック8の仕込みになる

4 マジック8「相手が取ったカードの枚数でカードを予言!」を披露

➡やり方は92ページ参照

カードを上から
10枚くらい
取ってください
はい
1
残りのカードを
「?」の形に並べます
2
あなたが先ほど
取ったカードは
何枚ありますか?
9枚です
3
9枚目のカードは
あらかじめ予言されて
いたのです!
4

MAGIC 14

相手の選んだカードが飛び出す！

カードの山を少し高いところから落とすと、相手の選んだカードだけがめくれるというマジック。あらかじめ正解のカードを取り出しておき、落とすときの風圧でめくれるのです。それがショーアップ効果となります。

使うカード　1セット52枚　ジョーカーは除く

仕込み系
手順系
テクニック系

難易度　★★★★☆

1
好きなカードを１枚
引いて覚えてください
ハートの
Kね
2
こうしてカードを
高いところから
落とすと……
3
あなたが覚えた
カードだけがめくれます！
わっ！　スゴイ！

準備　なし

1 相手に1枚選んでもらったら山に戻してもらう

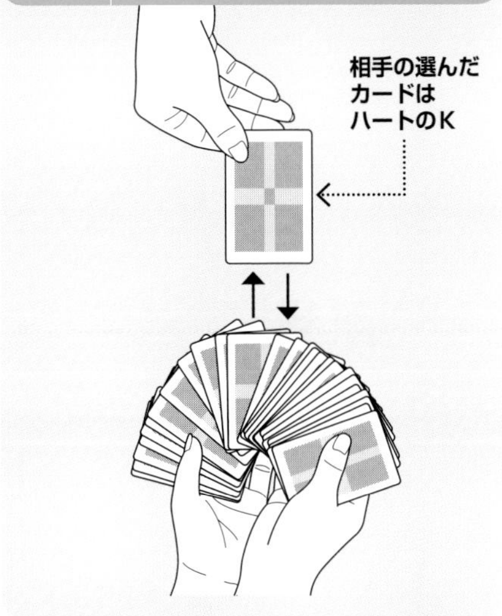
相手の選んだ
カードは
ハートのK

カードを扇形に広げて、相手に好きな1枚を取って覚えてもらいます。そのカードは山に戻してもらいましょう。

2 カードをまとめて山にするとき「ブレイク」をつくって分ける

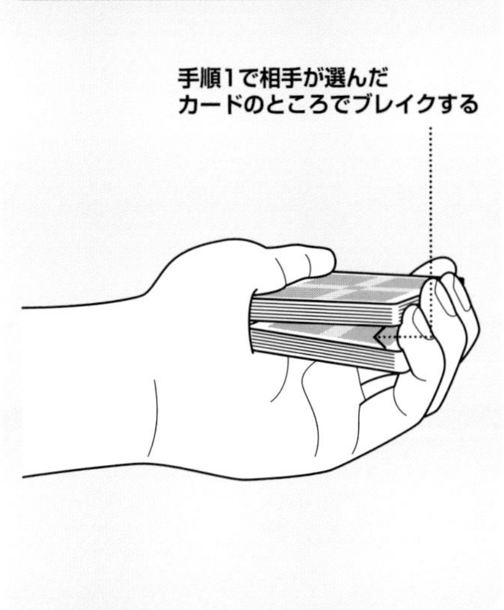
手順1で相手が選んだ
カードのところでブレイクする

カードを揃えたとき、「ブレイク」（68ページ参照）を使って手順1で相手が選んだカードのところで、山を分けておきます。

3 ブレイクした山の上下をダブルカットで入れ替える

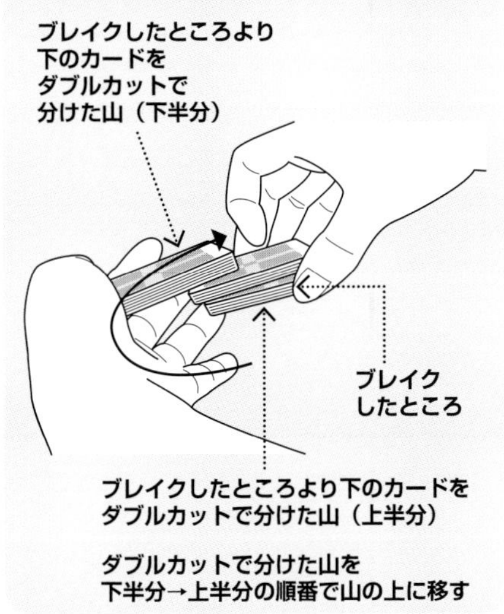
ブレイクしたところより
下のカードを
ダブルカットで
分けた山（下半分）
ブレイク
したところ
ブレイクしたところより下のカードを
ダブルカットで分けた山（上半分）
ダブルカットで分けた山を
下半分→上半分の順番で山の上に移す

ブレイクした2つの山を、「ダブルカット」（68ページ参照）で上下を入れ替えます。これで、相手の選んだカードが山のいちばん上に来ます。

4 いちばん上のカードを少しずらして高いところから落とす

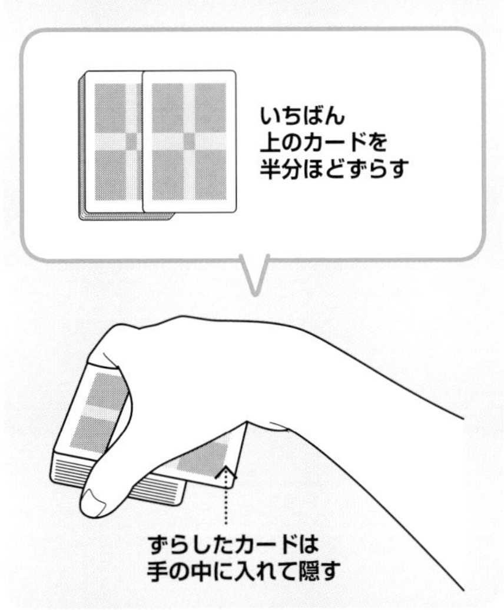
いちばん
上のカードを
半分ほどずらす
ずらしたカードは
手の中に入れて隠す

いちばん上のカードを少しずらしたら山を目線くらいの高さに持ち上げて、そのままテーブルの上に落とすと、いちばん上のカードがめくれます。

MAGIC 15

グラスの上に乗せて相手の選んだカードを見抜く!

グラスに乗せたカードから相手の選んだ1枚を見抜くこのマジックは、自分はカードに触らずに当てるのが特徴です。グラスを使うことを相手に伝えるときに、目印となるカードを確認します。

使うカード **1セット52枚** ジョーカーは除く

仕込み系 / 手順系 / テクニック系

難易度 ★★★★☆

1
私がカードに触らないようグラスを使いましょう
2
グラスの上のカードを上から好きな数だけ取って、いちばん下のカードを覚えてください
スペードの9だ!
3
取ったカードを残りのカードに混ぜてください。これであなたの覚えたカードがどこにあるかわからなくなりました
取ったカード
4
あなたが覚えたカードはスペードの9ではないですか?
当たった!

準備

なし

1 相手にカードをよくシャッフルしてもらい、山を受け取る

カードをよくシャッフルしたら
こちらに渡してください

まず最初に、相手にカードをよくシャッフルしてもらいます。シャッフルの方法はどんなものでもかまいません。

2 相手にグラスを見せてそのスキにいちばん上のカードを確かめる

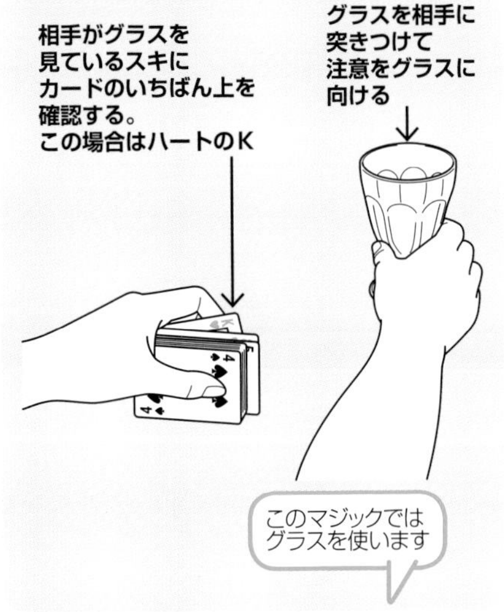
相手がグラスを
見ているスキに
カードのいちばん上を
確認する。
この場合はハートのK
グラスを相手に
突きつけて
注意をグラスに
向ける
このマジックでは
グラスを使います

「このグラスを使います」と言いながら相手にグラスを見せます。そのスキに山のいちばん上にあるカードを確認しましょう。

3 グラスの上にカードを置く

手順2で見せたグラスの上に、カードの山を置きます。

4 グラスの上にカードを乗せて上から半分くらい取ってもらう

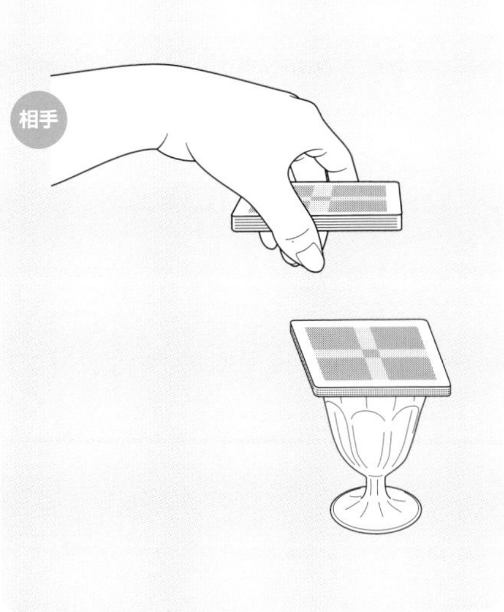
相手

相手にグラスに乗せたカードを、上から半分くらい取ってもらいます。

5 相手に取ったカードの山のいちばん下を確認してもらう

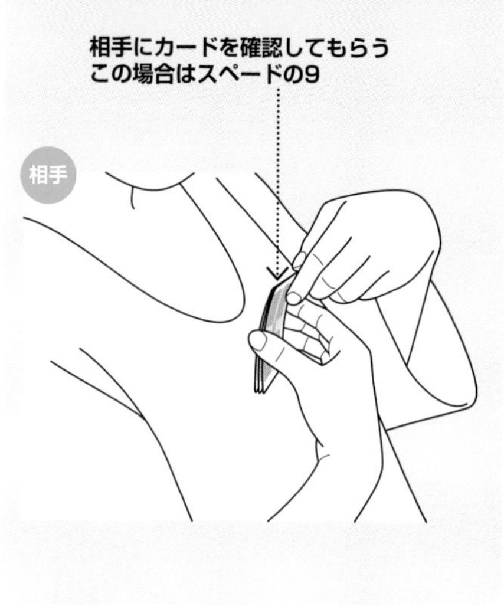
相手にカードを確認してもらう
この場合はスペードの9
相手

相手に手順4で取ってもらった山の、いちばん下のカードを覚えてもらいます。ここから先は自分はカードに触らず、相手に手順を進めてもらいます。

6 相手に取った山を半分にして上下を入れ替えてもらう

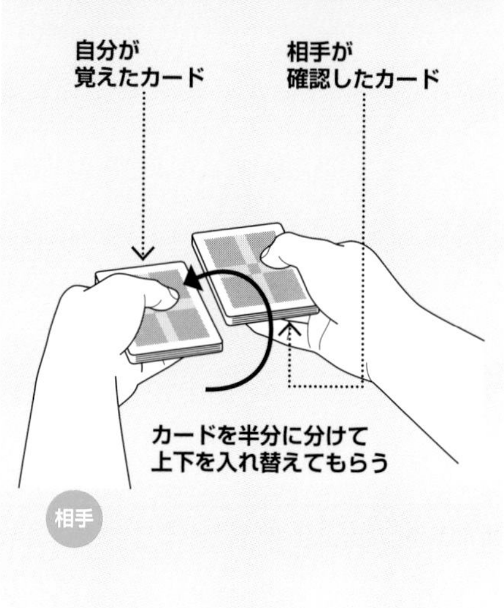
自分が
覚えたカード
相手が
確認したカード
カードを半分に分けて
上下を入れ替えてもらう
相手

相手に取った山を半分に分けて、上下を入れ替えてもらいます。これで相手が覚えたカードと自分が覚えたカードが重なります。

7 グラスの上の山を半分に分けて間に手順6の山を入れてもらう

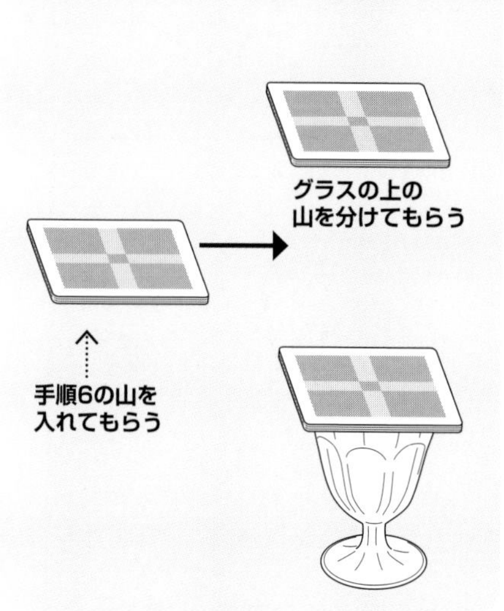
グラスの上の
山を分けてもらう
手順6の山を
入れてもらう

ボトルの上に残った山を半分に分けて、手順6の山を入れてもらいます。「これであなたの選んだカードはどこにあるかわからなくなりました」と言いましょう。

8 山を表向きにして横に広げて相手の覚えたカードを当てる

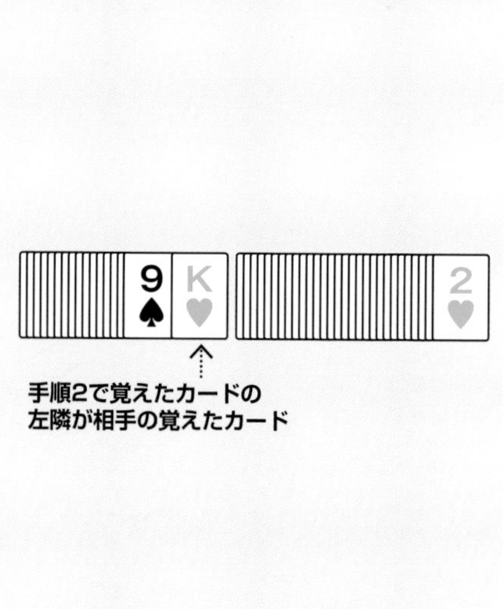
9
K
2
手順2で覚えたカードの
左隣が相手の覚えたカード

カードを表向きにしてテーブルに置き、横一列に広げます。手順2で覚えたカードを見つけたら、その左に重なっているのが相手の覚えたカードです。

MAGIC 16

タネなしで相手の選んだカードをズバリ言い当てる!

相手が選んだ1枚のカードを言い当てます。トリックがないため手順さえ覚えればOKなうえ、準備もないので初心者でもかんたんにマスターできる、覚えておいて損のないマジックといえます。

使うカード **27枚** (マーク・数は問わない)

仕込み系 / **手順系** / テクニック系

難易度 ★★☆☆☆

選んでもらったこの山の中から好きなカードを1枚覚えてください
1
3つの山を1つにまとめてください
2
上から1枚ずつ配ってください
3
ストップ! あなたが先ほど覚えたカードは何ですか?
ハートのAです
4
そのカードをめくってみてください
どうして!?
5

準備

なし

1　9枚の山を3つ作る

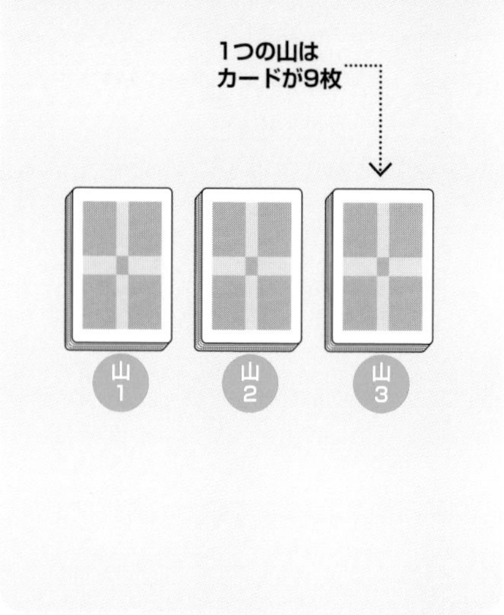

1つの山は
カードが9枚
山1
山2
山3

9枚ずつの山を3つ作ります。

2　山を1つずつ相手に見せて どれか1つから1枚覚えてもらう

覚えました
相手がハートのAを覚えた
好きなカードを
1枚思い浮かべてください

山を1つずつ扇形に広げて相手に見せます。相手には3つの山の中から、どれか1枚だけを思い浮かべてもらいます。

3　相手が覚えたカードのある 山を他の山を重ねてもらう

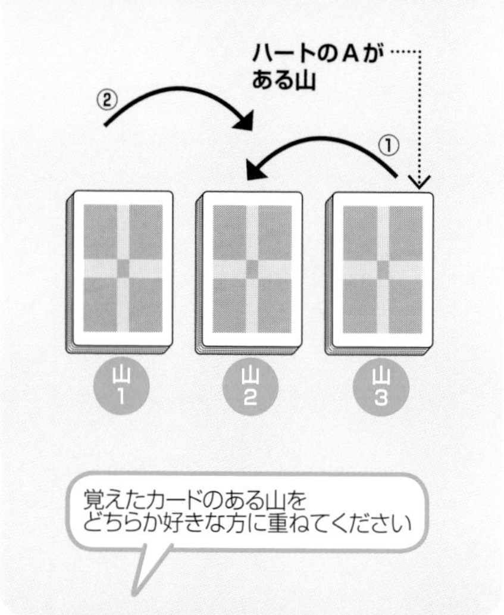

ハートのAが
ある山
②
①
山1
山2
山3
覚えたカードのある山を
どちらか好きな方に重ねてください

カードを1枚覚えてもらったらそのカードがある山を、他の2つのどちらかに重ねてもらい、続けてその上に残った山を重ねます。

4　まとめた山を上から1枚ずつ 配って、再び9枚の山を3つ作る

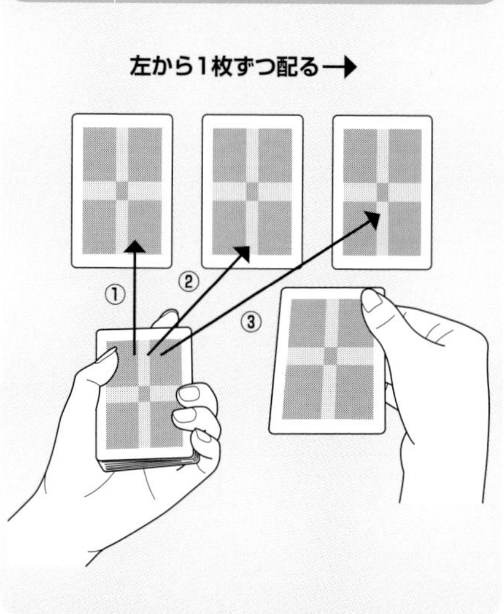

左から1枚ずつ配る→
①
②
③

9枚の山を1つにまとめたら3カ所に1枚ずつ配って、9枚の山を再び3つ作ります。

5 山を1つずつ相手に見せて思ったカードのある山を教えてもらう

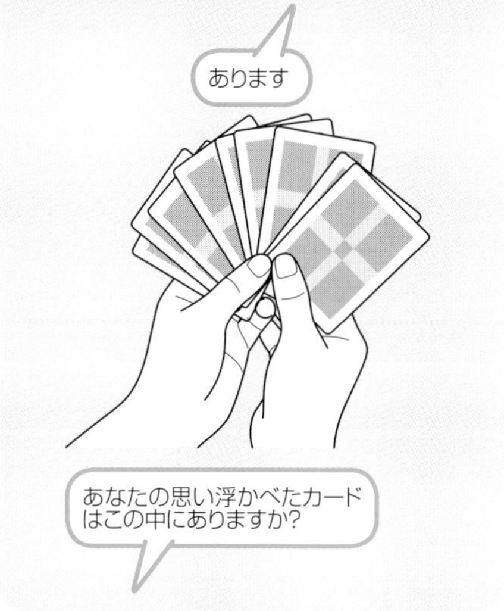

あります
あなたの思い浮かべたカード
はこの中にありますか?

3つの山を1つずつ相手に確認してもらい、覚えたカードがどの山にあるかを教えてもらいます。

6 手順3〜5を繰り返して相手に山を指定してもらう

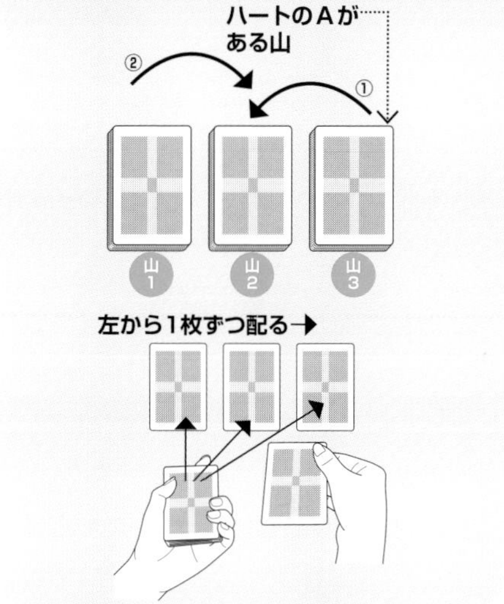

ハートのAがある山
②
①
山1
山2
山3
左から1枚ずつ配る→

3つの山を1つにまとめて（手順3と同じ）、3つの山を作り（手順4と同じ）、相手が思ったカードを探してもらう（手順5と同じ）手順を、もう一度行います。

7 1つにまとめた山を相手に1枚ずつ配ってもらう

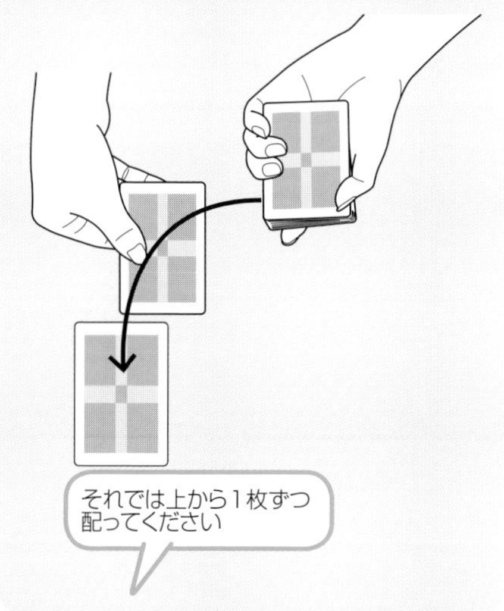

それでは上から1枚ずつ
配ってください

手順6のあと、もう一度手順3の方法でカードを重ねてもらいます。山を1つにまとめたら、相手に上から1枚ずつカードを配ってもらいます。

8 14枚目に配ったカードが相手の覚えたカード

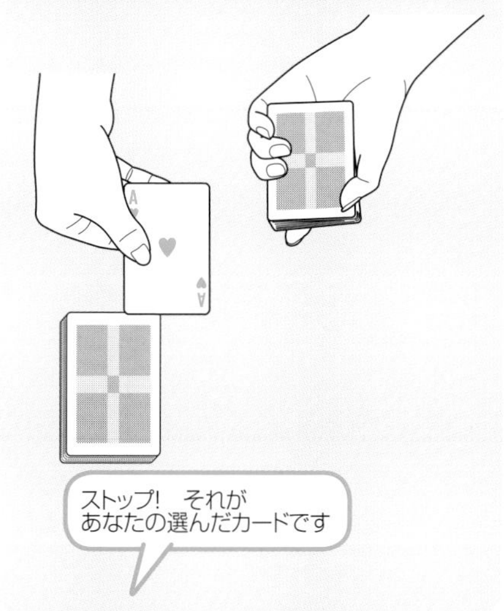

ストップ!　それが
あなたの選んだカードです

密かに相手の配るカードの枚数をカウントして、14枚目で止めます。14枚目が手順2で相手が覚えたカードになります。

MAGIC 17

相手の名前の文字数がカードを見つける!

相手の名前を聞き、その文字数だけカードを配ると相手の選んだカードが登場します。名前を知らない初対面の人を相手に、ぜひ披露したいマジックです。文字数によって少し手順が変わるのがポイント。

使うカード **1セット52枚** ジョーカーは除く

仕込み系 / 手順系 / テクニック系

難易度 ★★★★☆

好きなカードを1枚引いて
山に戻してください
ハートの4ね
1
ところであなたの
お名前は?
イケダハナコです
2
イ･ケ･ダ･ハ･ナ･コと
6枚のカードを配って……
3
次があなたの引いた
カードでした
ホントだー!
なんでー!?
4

準備

なし

1 相手にカードを1枚覚えてもらい その間に山の下から6枚をブレイク

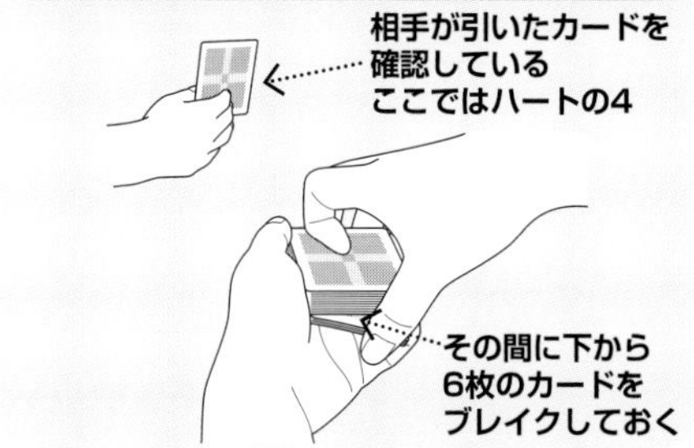
相手が引いたカードを
確認している
ここではハートの4
その間に下から
6枚のカードを
ブレイクしておく

相手に山の中からカードを1枚引いてもらい、それを覚えてもらいます。その間に山の下からカードを6枚分ブレイク（68ページ参照）します。

2 ブレイクより上のカードを半分に分ける

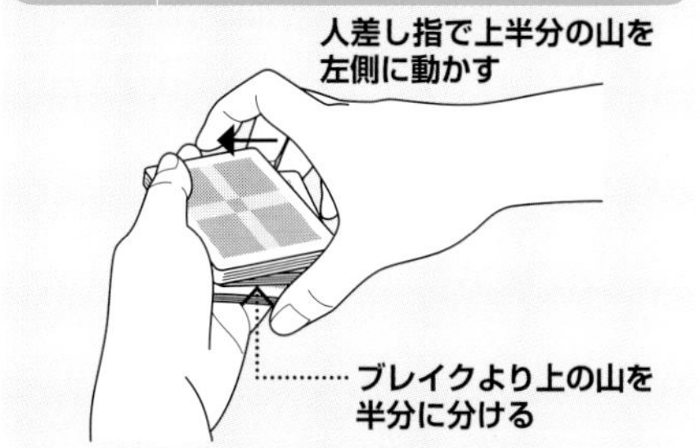
人差し指で上半分の山を
左側に動かす
ブレイクより上の山を
半分に分ける

ブレイクを維持しながら、山を右手で上から、左手で下から支えます。そしてブレイクより上のカードを半分くらいに分けます。

3 手順2で分けたカードを左手で抜き取る

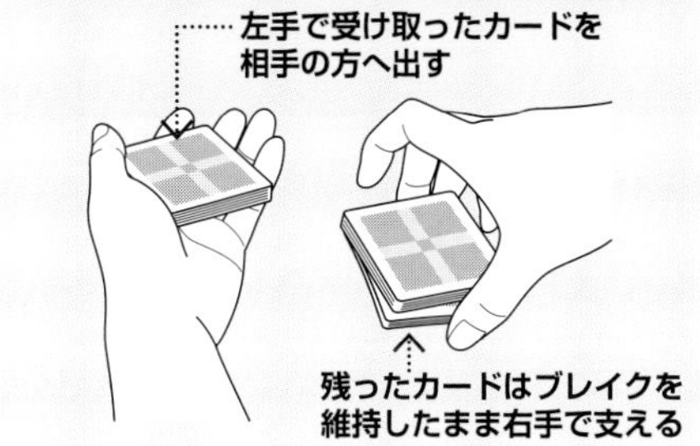
左手で受け取ったカードを
相手の方へ出す
残ったカードはブレイクを
維持したまま右手で支える

手順2で分けたカードを、左手で受け取って抜き出します。まだ手順1のブレイクは維持したままです。

4 左手で相手が覚えたカードを受け取る

相手が覚えたカードを上に
乗せてもらう

左手に持っているカードの上に、相手が手順1で覚えたカードを乗せてもらいます。

5 相手から受け取ったカードの上に右手のカードを重ねる

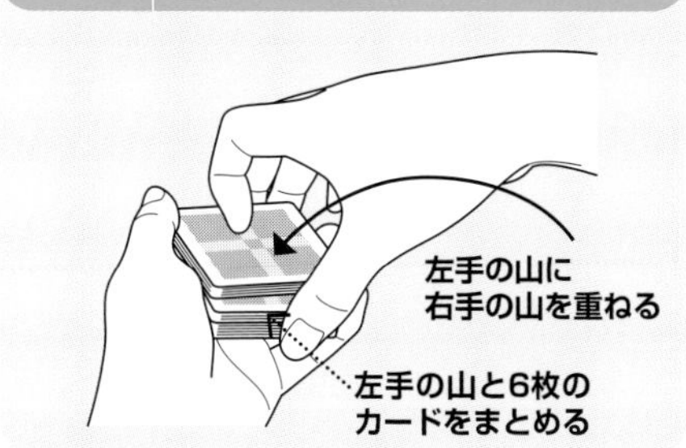
左手の山に
右手の山を重ねる
左手の山と6枚の
カードをまとめる

相手から受け取ったカードの上に、右手で持っているカードを重ねます。ここでも、手順1のブレイクはまだ維持しておきます。なお、ここでダブルカット（68ページ参照）を使えばもっと不思議な印象を与えられます。

6 ブレイクより下のカードを山の上に移す

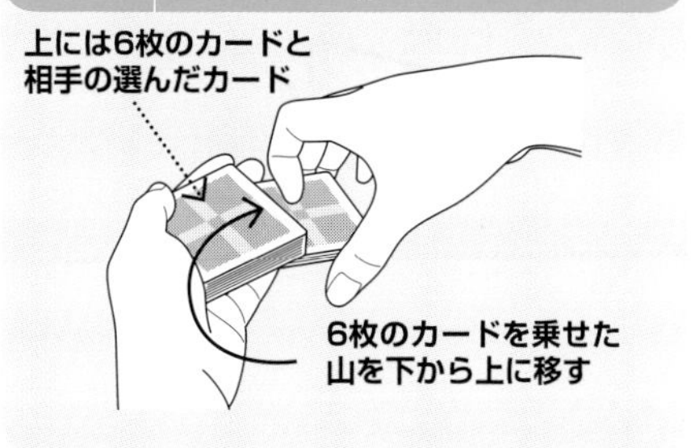
上には6枚のカードと
相手の選んだカード
6枚のカードを乗せた
山を下から上に移す

手順5で分けて持っている、上の山と下の山を入れ替えます。これで山の上から7枚目に、相手の選んだカードが来ます。

7-1 相手の名前が5文字の場合
いちばん上の1枚を山の下に移してから5枚配る

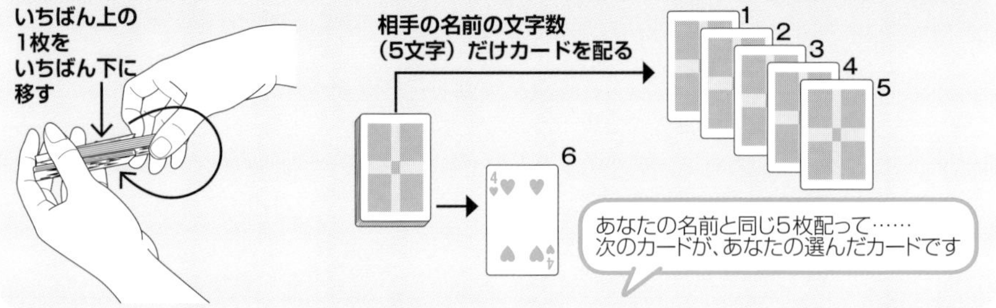
いちばん上の
1枚を
いちばん下に
移す
相手の名前の文字数
（5文字）だけカードを配る
1
2
3
4
5
6
あなたの名前と同じ5枚配って……
次のカードが、あなたの選んだカードです

相手の名前が5文字の場合、さりげなく山のいちばん上にあるカードを、山の下に移します。そして、山の上から5枚配りましょう。その次の6枚目が、相手の選んだカードです。

7-2 相手の名前が6文字の場合
山の上から6枚配って、7枚目が相手の選んだカード

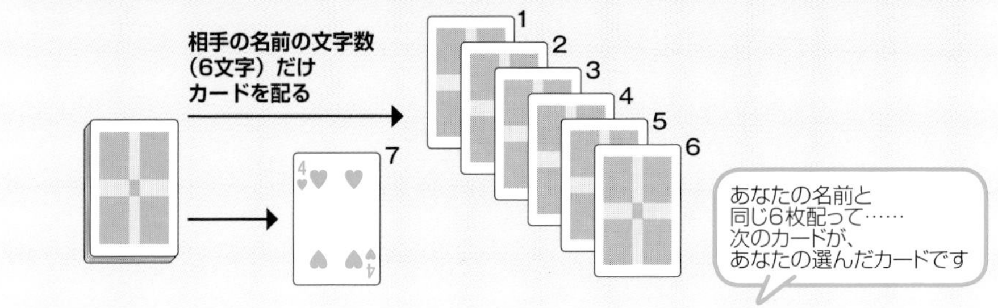
相手の名前の文字数
（6文字）だけ
カードを配る
1
2
3
4
5
6
7
あなたの名前と
同じ6枚配って……
次のカードが、
あなたの選んだカードです

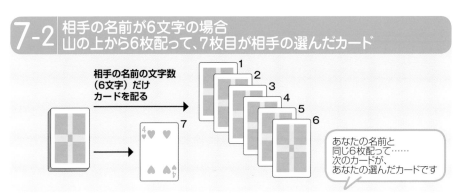

相手の名前が6文字の場合は、そのまま山の上から6枚配ります。その次にある7枚目が、相手の選んだカードです。

7-3 相手の名前が7文字の場合
山の上から7枚配って、7枚目が相手の選んだカード

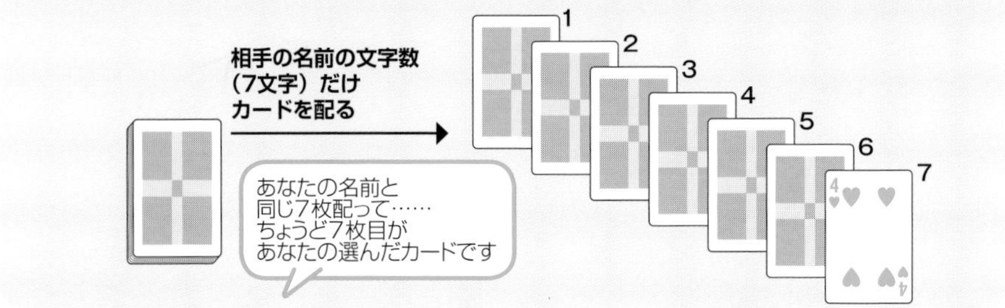
相手の名前の文字数
（7文字）だけ
カードを配る
1
2
3
4
5
6
7
あなたの名前と
同じ7枚配って……
ちょうど7枚目が
あなたの選んだカードです

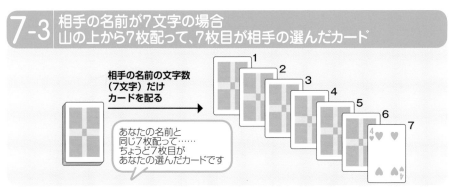

相手の名前が7文字の場合も、そのまま山の上から7枚配ります。ちょうど7枚目に配ったカードが、相手の選んだものです。

※相手の名前が5文字以下または8文字以上の場合は、好きなタレントの名前など違う質問に変えましょう。

MAGIC 18

相手が引いたカードを瞬時に見抜く!!

相手が1枚引いただけで、そのカードを言い当てるというマジック。トリックはある法則に従って並べたカードの山で、相手の引いたカードの隣にあるカードを確認すれば、何を引いたかがわかるのです。

使うカード　1セット52枚　ジョーカーは除く

仕込み系　手順系　テクニック系

難易度 ★★★☆☆

好きなカードを1枚引いて
覚えてください
ハートの
6ね
1
もうわかりました!
あなたの引いたカードは
ハートの6ですね!?
スゴイ!
当たってるー!
2

準備1

カードを4種のマーク別に分ける

52枚のカードを、
ダイヤ、クラブ、ハート、スペードに
分ける

準備 2

下図の通りに並べ替える

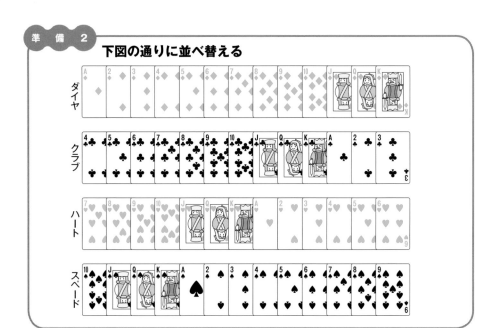

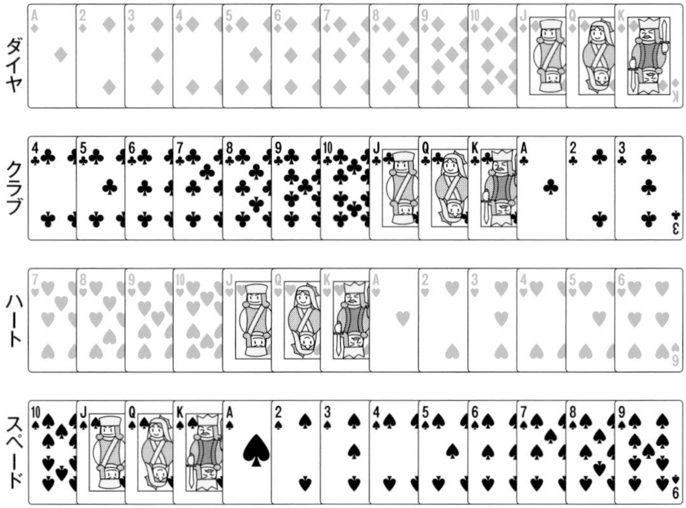

ダイヤ
クラブ
ハート
スペード

準備 3

ダイヤ→クラブ→ハート→スペードの順に1枚ずつ取る

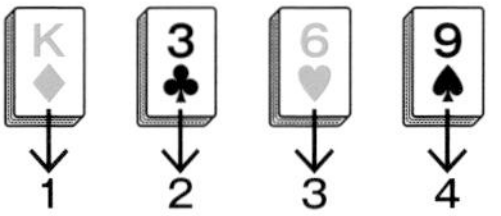

K
3
6
9
1
2
3
4

並べ替えた4種類のカードの山から、
ダイヤ→クラブ→ハート→スペードの
順に1枚ずつ取っていく

準備 4

下図の並びの山を作る

いちばん下のカード

数字は山の上から3ずつ増えていき、マークはダイヤ→クラブ→ハート→スペードの順になっている（「ダ・ク・ハ・ス」と覚える）。

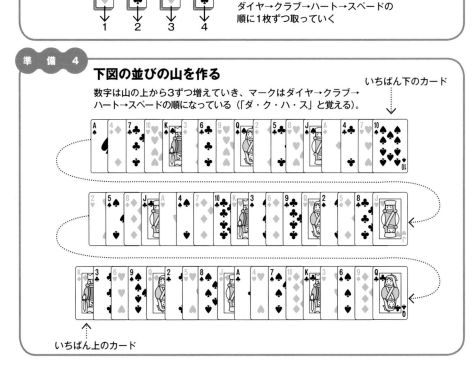

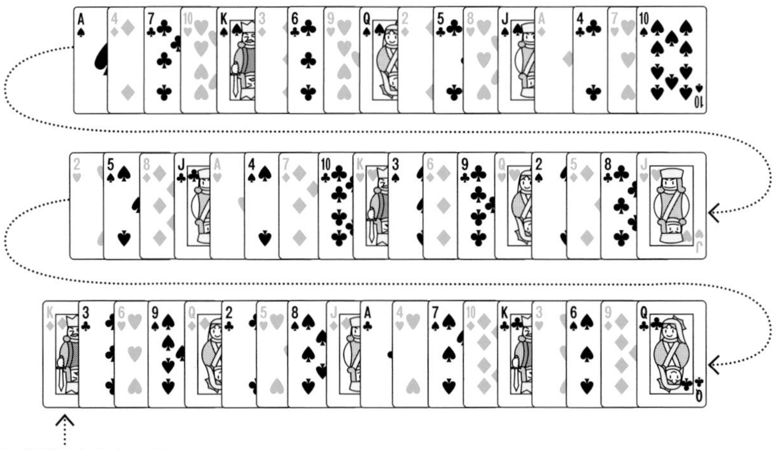

いちばん上のカード

1 山の中から1枚取って覚えてもらう

どれか1枚
取ってください

カードを扇形に広げて、相手に好きな1枚を取って覚えてもらいます。そのカードは相手に持っていてもらいましょう。

2 相手が取ったところで山の上下を入れ替える

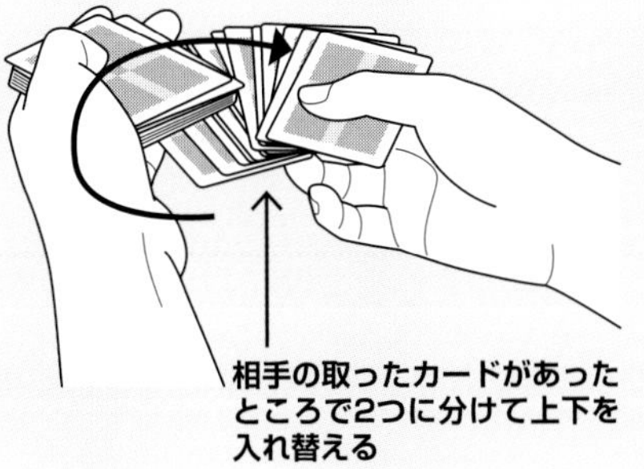
相手の取ったカードがあったところで2つに分けて上下を入れ替える

相手がカードを取ったところで山を2つに分けて、上下を入れ替えてまとめます。

3 さりげなく山の下にあるカードをチェックする

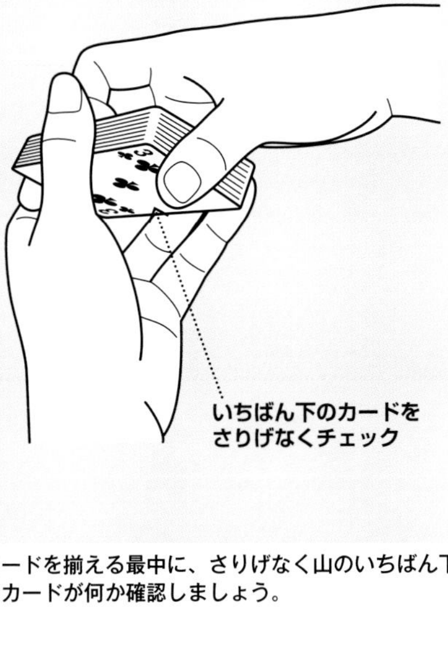
いちばん下のカードをさりげなくチェック

カードを揃える最中に、さりげなく山のいちばん下のカードが何か確認しましょう。

4 手順3でチェックしたカードから予想できる

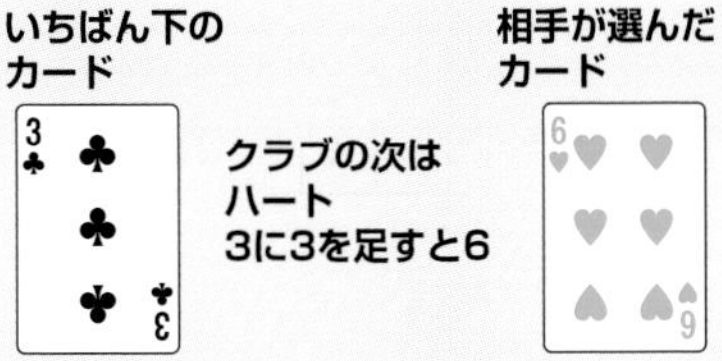
いちばん下の
カード
相手が選んだ
カード
クラブの次は
ハート
3に3を足すと6

山のカードは、マークは「ダイヤ→クラブ→ハート→スペード」の順に、数字は3ずつ増えて並んでいます。この法則で、下のカードから次のカードがわかるのです。

マジックを組み合わせて披露 **03**

カーディシャン風に決める!

カーディシャンとは、カードマジックを演じるマジシャンのこと。この組み合わせでは、カードを当てる、向きを変える、揃えるといった、一連のマジックを鮮やかに連発します。バリエーションに富んだ内容で、相手の興味を引きつけます。

準　備

山の下から4枚目に4のカードを表向きにして仕込む

4のマークは
問わない

披　露

1 マジック10「『4』のカードで相手のカードを当てる!」を披露

➡やり方は96ページ参照

これ?
違います!
いえ、これがあなたのカードだとは言ってません。
実はこのハートの4から、4枚数えたところに
あなたの選んだカードがあります
あなたが引いた
カードは
これですね?
わっ!
当たり!

2 マジック19「裏表を混ぜたカードが一瞬で同じ向きに!!」を抜露

➡やり方は122ページ参照

ザザッ
カードはすべて
裏向きに揃っています
❶
端から適当に
ひっくり返しましょう
❷
カードをきれいに
揃えて半分に分けて
ひっくり返すと……
❸
混ぜたはずのカードが
すべて同じ向きに!
ザザッ
!
パチ
パチ
❹

3 マジック22の前フリをして雰囲気を作る

水と油はどんなに混ぜても、きれいに分かれてしまうことはご存知ですよね?
カードも同じように、赤と黒を混ぜてもきれいに分かれてしまうことがあるのです

4 山から黒4枚、赤4枚を抜き出してマジック22「混ぜたはずの赤と黒がキレイに分かれる!!」を抜露

➡やり方は129ページ参照

赤のカードが4枚
黒のカードが4枚
あります
❶
赤と黒がまるで
水と油のように
きれいに分かれました!
?
ササ
サッ
❷
赤のカードと
黒のカードを
1枚ずつ交互に
混ぜても……
!
❸

MAGIC 19

裏表を混ぜたカードが一瞬で同じ向きに!!

向きを揃えて横一列に広げたカードを、ランダムに裏表を入れ替えます。そうして向きがバラバラになったはずのカードが同じ向きに揃うのです。トリックもテクニックもない、誰でも成功するやさしいマジックです。

使うカード **1セット52枚** ジョーカーは除く

仕込み系 / **手順系** / テクニック系

難易度 ★☆☆☆☆

ザッ
カードはすべて
裏向きに揃っています
端から適当に
ひっくり返しましょう
カードをきれいに揃えて
半分に分けて
ひっくり返すと……
混ぜたはずのカードが
すべて同じ向きに!
ザッ
!
パチ
パチ

準備

なし

1 カードの山を裏向きに広げて適当にひっくり返す

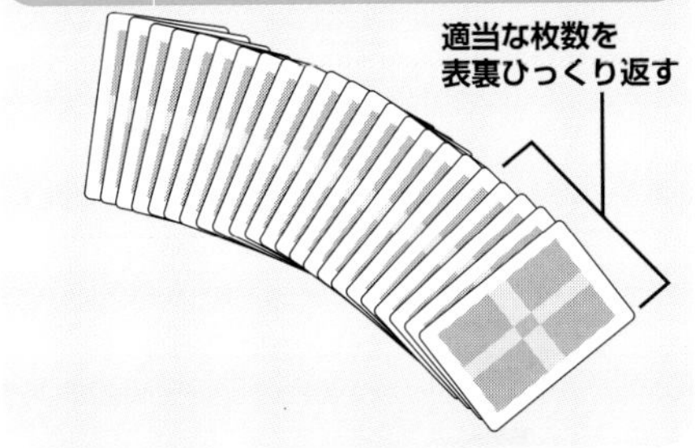
適当な枚数を
表裏ひっくり返す

向きを揃えたカードの山を裏向きに置き、そのまま扇型に広げます。上のカードから適当な枚数を選んで、上下をひっくり返します。

2 端から適当な枚数をつかんで裏表をひっくり返していく

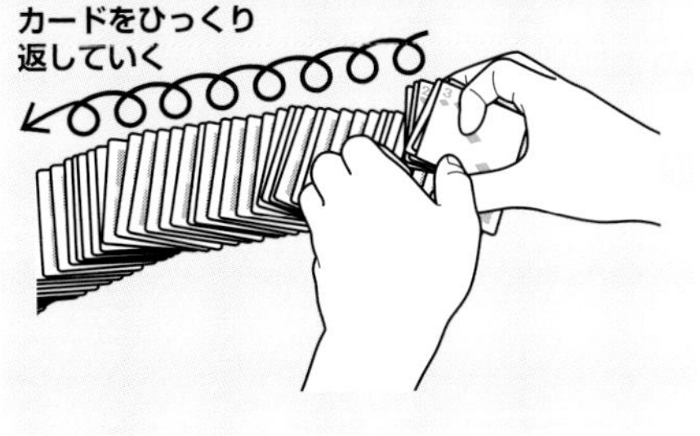
カードをひっくり
返していく

そのまま端までひっくり返していきましょう。

3 ひっくり返したカードをきれいにまとめる

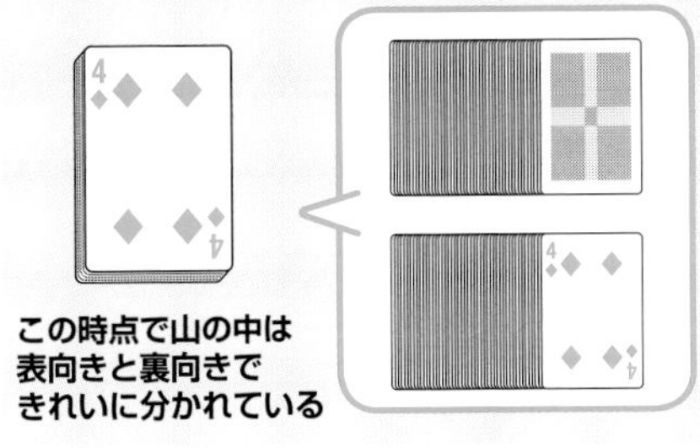
この時点で山の中は
表向きと裏向きで
きれいに分かれている

カードをまとめて山にします。実はこのとき、山は表向きのカードと裏向きのカードが、きれいに分かれているのです。

4 まとめたカードを裏面が向き合っているところで分ける

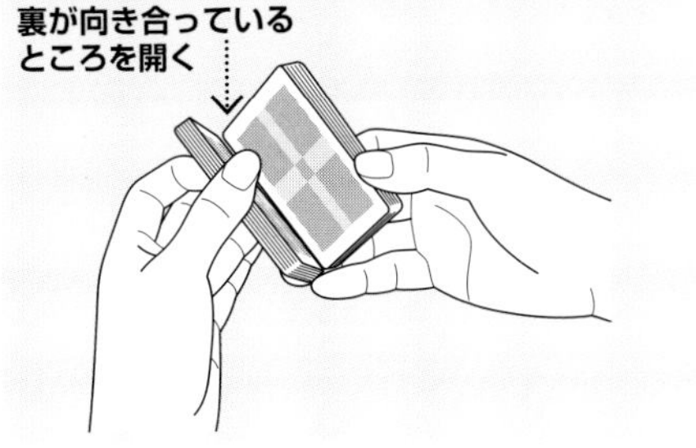
裏が向き合っている
ところを開く

手順3のカードを両手で持ち、裏面同士が向き合っているところを探します。そこが表向き・裏向きのカードの境目です。そこで2つに分けてください。

5 2つに分けたカードを同じ向きで重ねる

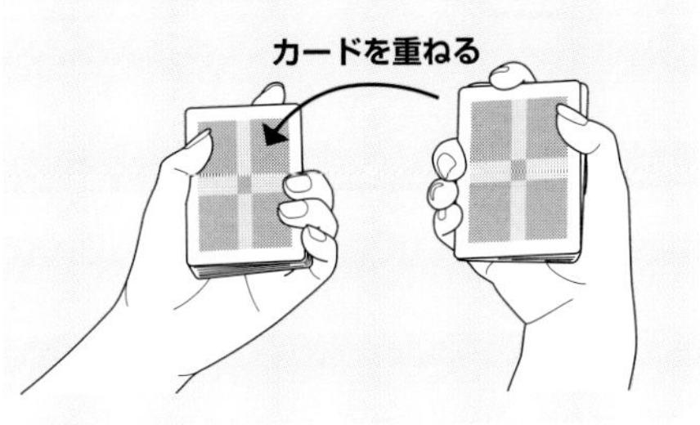
カードを重ねる

2つに分けたカードを、同じ向きにして重ねます。これですべてのカードが同じ向きに揃いました。

6 カードを広げて同じ向きに揃っていることを見せる

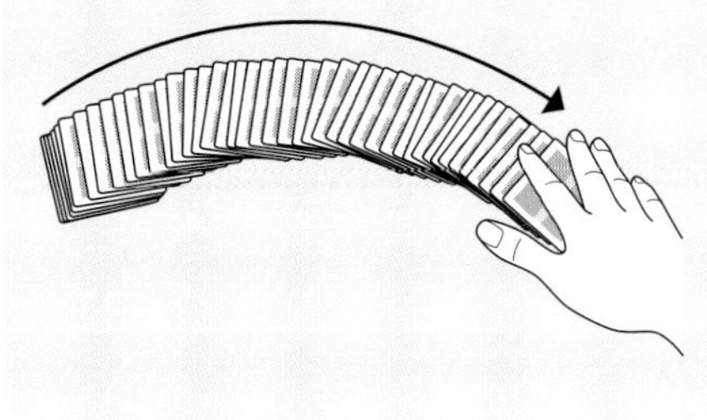

カードをテーブルの上に広げて、相手に向きが揃っていることを見せましょう。

MAGIC 20

バラバラに混ぜたはずのK（キング）が勢揃い!!

3枚のKを取り出して、他のカードと交互に混ぜます。バラバラになっているはずですが、めくってみると3枚のKが出現。山に仕込んだ4枚目のKが、3枚のKのどれか1枚と入れ替わっているのです。

使うカード **1セット52枚** ジョーカーは除く

仕込み系　手順系　テクニック系

難易度 ★★☆☆☆

❶
ここに3枚のKがあります
❷
ワクワク
❸
Kとそれ以外のカードを……
ササ
❹
交互に混ぜても……
ササ
❺
❻
仲よく3枚一緒のままです
アッ

準備

Kを3枚取り出し、残りの1枚は山の上から2枚目に入れておく

Kのマークは問わない

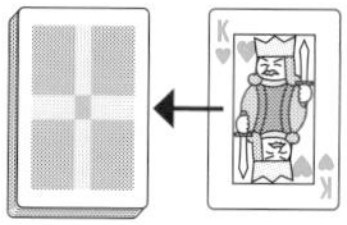

残りのKを
山と同じ向きにして
上から2枚目に
入れておく

1 3枚のKを相手にさっと見せる

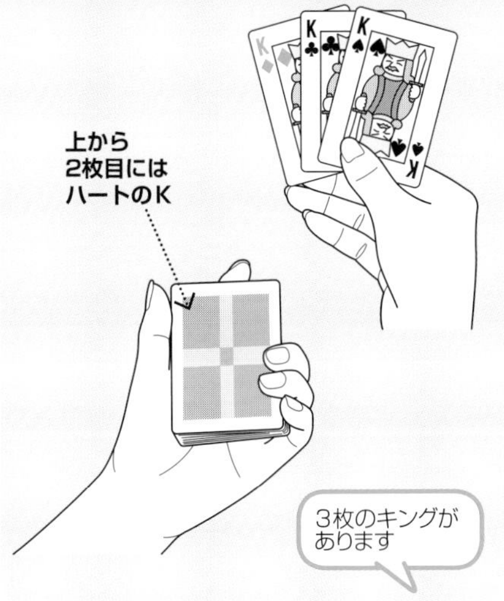
上から
2枚目には
ハートのK
3枚のキングが
あります

取り出した3枚のＫを相手に見せます。このときあまりじっくりと見せないのがポイント。カードのマークが相手に把握されないよう、さっと短時間だけ見せましょう。

2 3枚のKを右手に山は左手に持つ

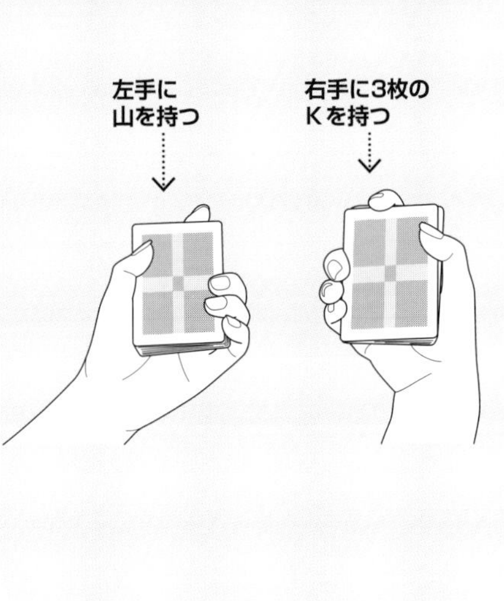
左手に
山を持つ
右手に3枚の
Kを持つ

3枚のＫをきれいに揃えて、裏面を上にして右手に持ちます。その後、山も裏面を上にして左手に持ってください。

3 右手のKから先に交互に1枚ずつ配る

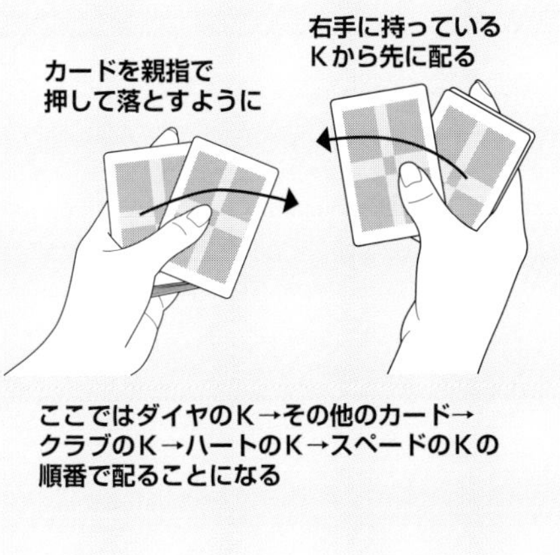
右手に持っている
Kから先に配る
カードを親指で
押して落とすように
ここではダイヤのK→その他のカード→
クラブのK→ハートのK→スペードのKの
順番で配ることになる

右手の3枚のＫから先に1枚、次に左手の山から1枚、裏面を上にして配ります。この手順で右手から3枚、左手から2枚、合計5枚を交互に配ってください。

4 5枚のカードを山に重ねて上から3枚取る

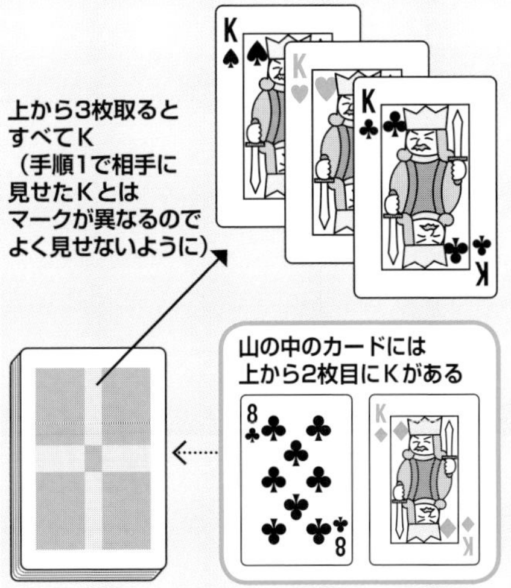
上から3枚取ると
すべてK
（手順1で相手に
見せたKとは
マークが異なるので
よく見せないように）
山の中のカードには
上から2枚目にKがある

5枚のカードを裏向きにして山の上に重ねて、上から3枚取って表を向けるとすべてＫになります。なお、山の中には上から2枚目にＫがあるので、このマジックをそのままくり返すことができます。

MAGIC 21

山の中をカードが移動する!!

山の下に入れたはずのカードが上にあり、上に入れたはずのカードが下にあるといった、カードが移動したように見えるマジック。トリックとなる4枚目のカードによって、カードの位置がスライドするのです。

使うカード **1セット52枚** ジョーカーは除く

仕込み系
手順系
テクニック系

難易度 ★★★☆☆

ダイヤのA・2・3があります

右から順にA・2・3と置きます

Aの上にカードを重ねても……

Aが山のいちばん上に移動しました!

※この後、ダイヤの2と3も山の中を移動する

準備

上からA、2、3の3枚と適当なカードを1枚、きれいに重ねておく

A、2、3は同じマークで揃え、上からA→2→3の順に重ねる。3の下に4枚目となる、適当なカードを仕込んでおく

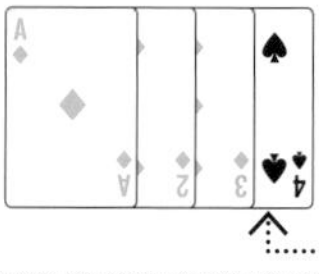
仕込みのカード

1 相手にA、2、3を見せて確認してもらう

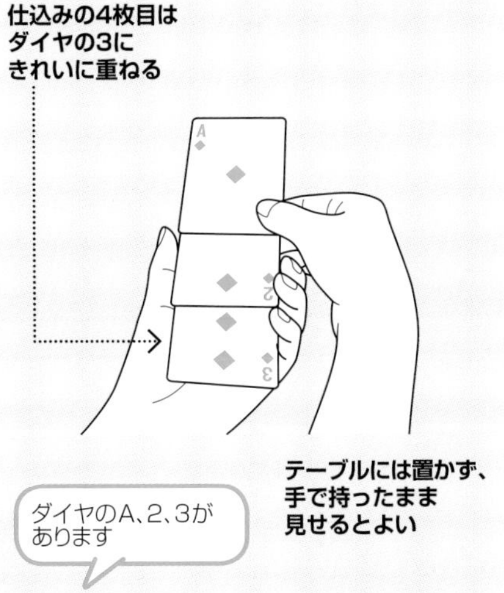
仕込みの4枚目は
ダイヤの3に
きれいに重ねる
テーブルには置かず、
手で持ったまま
見せるとよい
ダイヤのA、2、3が
あります

4枚のカードのうち、A、2、3を相手に確認してもらいます。仕込みの4枚目は3の下から動かさず、相手には3枚のカードがあるように見せます。

2 相手に見せたカードを山の上に重ねる

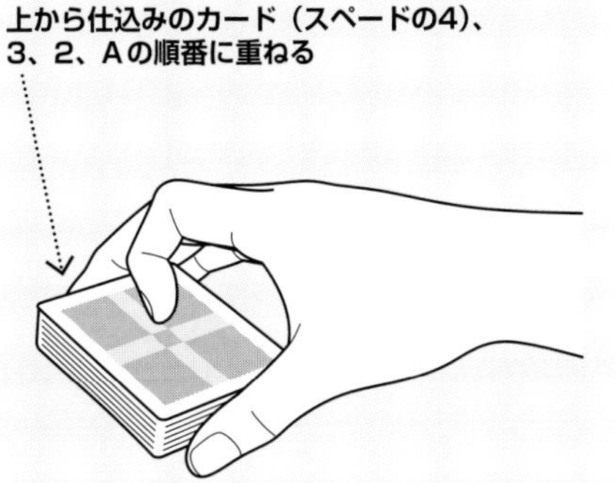
上から仕込みのカード（スペードの4）、
3、2、Aの順番に重ねる

4枚のカードをきれいに揃えて、山の上に裏向きに重ねます。山の上から仕込みのカード、3、2、Aの順に重なっている状態です。

3 山の上から3枚とって1枚ずつ並べる

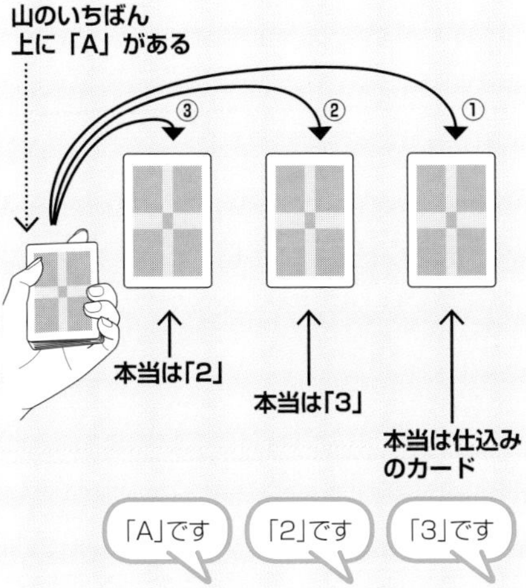
山のいちばん
上に「A」がある
③
②
①
本当は「2」
本当は「3」
本当は仕込み
のカード
「A」です
「2」です
「3」です

山の上から3枚とってテーブルに並べます。このとき、仕込みのカードを「3」、3を「2」、2を「A」と言って置きましょう。

4 「2」のカードに山を重ねて「A」を見せる

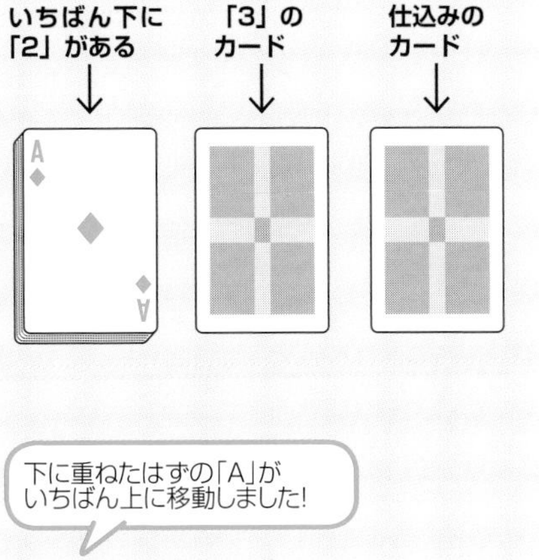
いちばん下に
「2」がある
「3」の
カード
仕込みの
カード
下に重ねたはずの「A」が
いちばん上に移動しました!

相手が「A」だと思っている「2」のカードの上に山を重ねます。あとは、山の上にあるカードをめくってAを見せましょう。

5 Aを除いて「3」のカードを山の上に重ねる

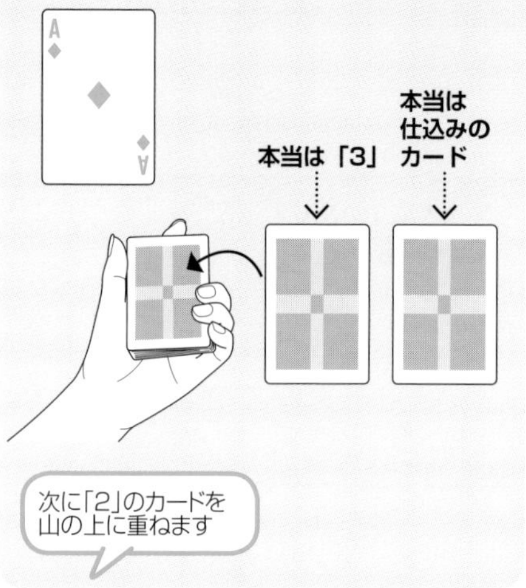

本当は「3」
本当は仕込みのカード
次に「2」のカードを山の上に重ねます

Aはもう使わないので除きます。続いて「2」と言って配った「3」のカードを、山の上に重ねてください。

6 山をひっくり返して下にあるカードを見せる

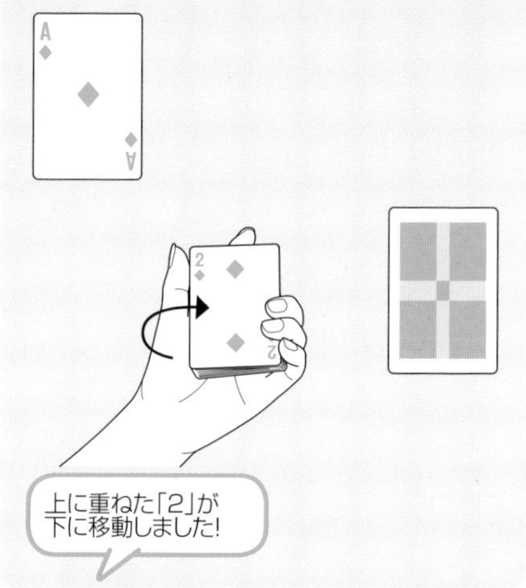

上に重ねた「2」が下に移動しました!

相手は「2」が山のいちばん上にあると思っているので、そのまま山をひっくり返して山のいちばん下にある2を見せましょう。

7 山の中に仕込みのカードを差し込む

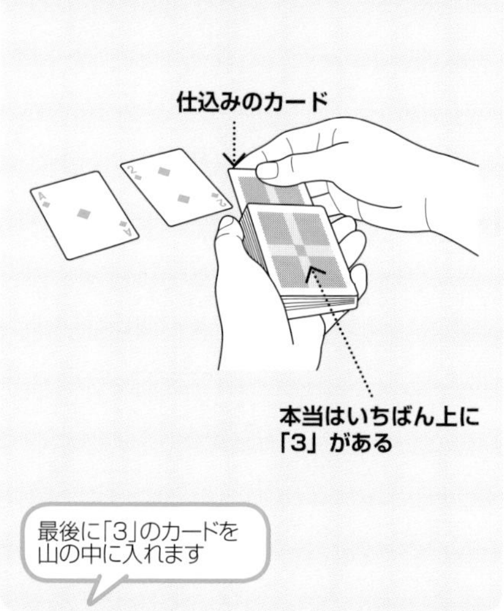

仕込みのカード
本当はいちばん上に「3」がある
最後に「3」のカードを山の中に入れます

2を除いたら、最後に「3」として配った仕込みのカードを山の中に差し込みます。差し込む場所は適当でOKです。

8 山のいちばん上をめくって3のカードを見せる

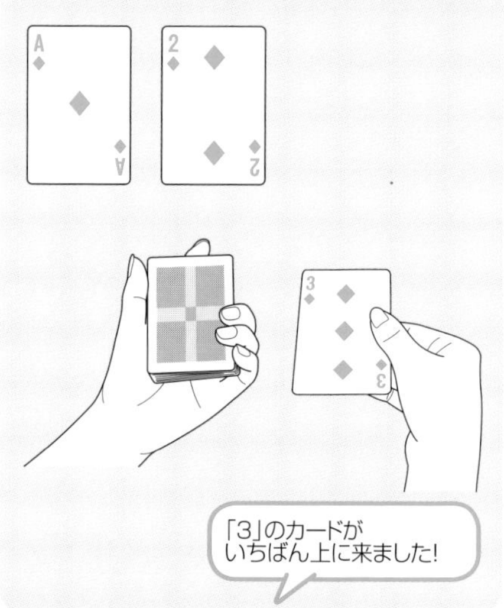

「3」のカードがいちばん上に来ました!

実際には3は山のいちばん上にあるので、上から1枚目をめくって相手に見せましょう。

MAGIC 22

混ぜたはずの赤と黒がキレイに分かれる!!

赤のカードと黒のカードを交互に混ぜたはずが、広げてみると赤と黒がきれいに分かれている、というマジック。「ブレイク」でカードの並びを、交互に混ざらないようコントロールします。

使うカード　赤のカード4枚と黒のカード4枚

仕込み系　手順系　**テクニック系**

難易度 ★★★★☆

❶
赤のカードが4枚
黒のカードが4枚
あります
❷
赤のカードと
黒のカードを
1枚ずつ
交互に混ぜても……
?
ササ
サッ
❸
赤と黒がまるで
水と油のように
きれいに分かれました!
!

準備

赤のカードを4枚、黒のカードを4枚用意する

5・6・7・8など
同じように見える
特徴のないカードを使う

1 赤と黒を分けたカード8枚を両手に持って相手に見せる

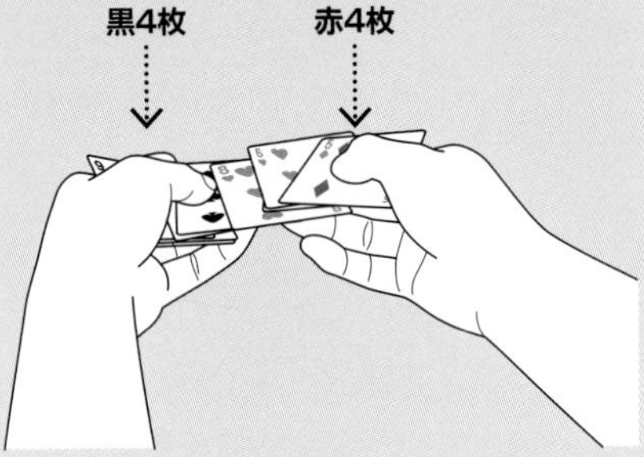
黒4枚
赤4枚

8枚のカードを両手で広げて、表を相手に見せます。このときのカードの並びは、赤と黒がそれぞれ4枚ずつ分かれています。

2 黒2枚と赤4枚＋黒2枚に分けてブレイクを作る

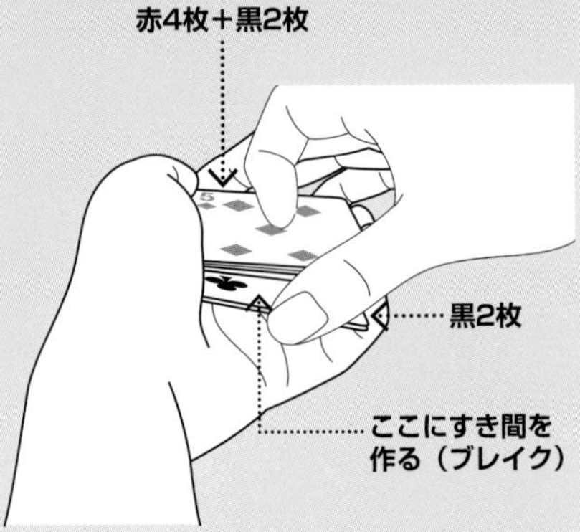
赤4枚＋黒2枚
黒2枚
ここにすき間を
作る（ブレイク）

カードをまとめるときに、さりげなく左手で黒を2枚、右手で赤4枚＋黒2枚に分けて、片手で持つときにブレイク（68ページ参照）を作ります。

3 「赤4枚」と言いながら6枚のカードを置く

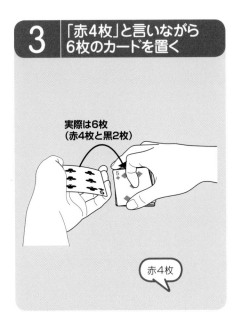

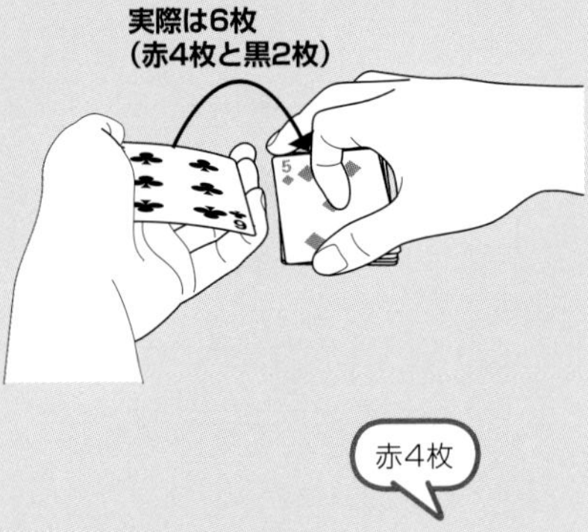
実際は6枚
（赤4枚と黒2枚）
赤4枚

カードをきれいに揃えて、6枚のカードを「赤4枚」と言いながら置きます。ここがこのマジックのポイント。実際とは異なる枚数を言っても、平静を装えばバレません。

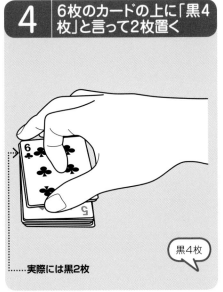

4 6枚のカードの上に「黒4枚」と言って2枚置く

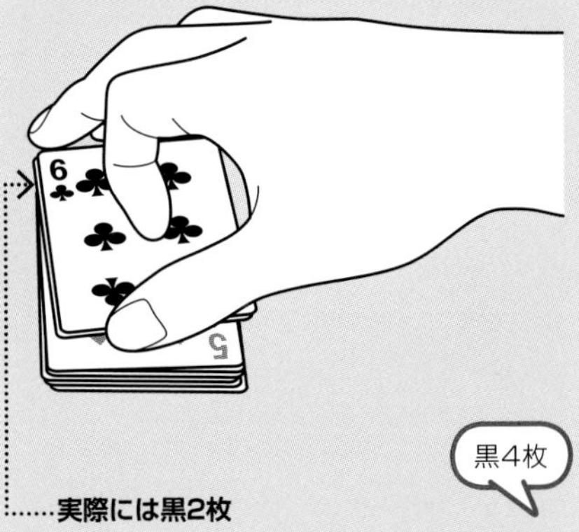
黒4枚
実際には黒2枚

「赤4枚」と言って置いたカード（実際は赤4枚と黒2枚の6枚）の上に、残りの黒2枚を「黒4枚」と言って重ねます。

5 カードを裏向きにして上から4枚配る

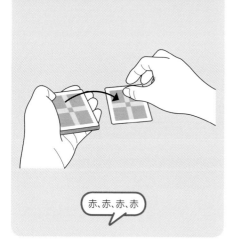

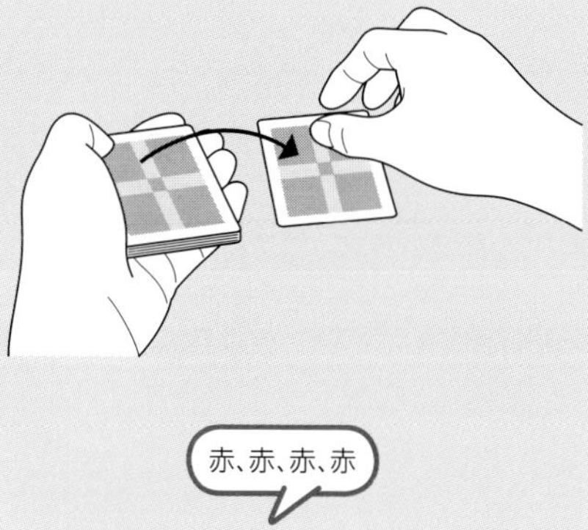
赤、赤、赤、赤

カードを裏向きに持ち、上から1枚ずつ、4枚配ります。このとき、1枚配るごとに「赤」とコールします。

6 4枚ずつ分けたカードを1枚ずつ交互に混ぜる

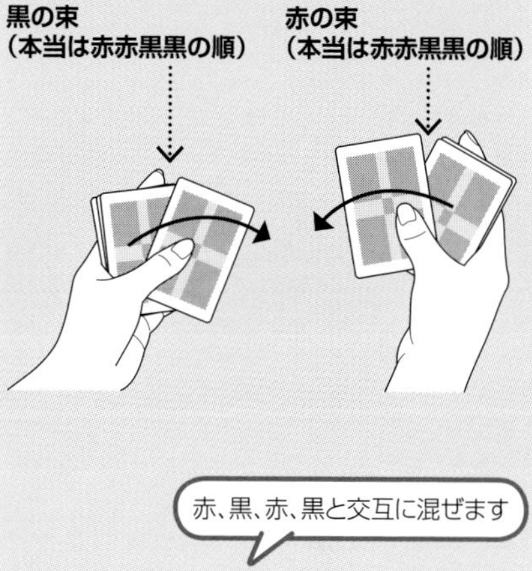
黒の束
（本当は赤赤黒黒の順）
赤の束
（本当は赤赤黒黒の順）
赤、黒、赤、黒と交互に混ぜます

手順4で分けた4枚ずつのカードを両手で持ち、上から交互に1枚ずつ配って混ぜます。配りながら「赤、黒、赤、黒」とコールして、交互に混ぜていることをアピールしましょう。

7 混ぜた8枚のカードを表向きにして広げる

8枚のカードを表向きにして広げると、交互に混ぜたはずのカードが赤と黒にきれいに分かれています。

MAGIC 23

カードをこすると別のカードに変身！

カードを手のひらで覆い隠してこすると、別のカードに変わるというマジック。シンプルですがテクニックを要するので、練習が必要です。鏡で動きを確認しながら、自然に見えるようトレーニングを重ねてください。

使うカード　**1セット52枚**　ジョーカーは除く

仕込み系　手順系　**テクニック系**

難易度　★★★★★

スペードの
7があります
何が起こるのか
見逃さないわよ!
カードを手で覆って
こすると……
キラーン
何と！　違うカードに
変わりました!

準備

なし

1 カードの山を表向きにして持って手のひらをかぶせる

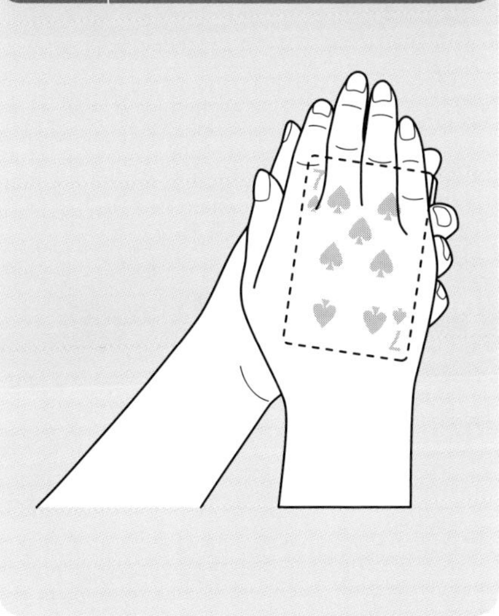

カードの表面を相手に見せてマークと数字を確認してもらったら、手で覆い隠します。このとき、指は伸ばして揃えて、カードが完全に見えないようにしましょう。

2 いちばん上のカードを奥に少しスライドさせる

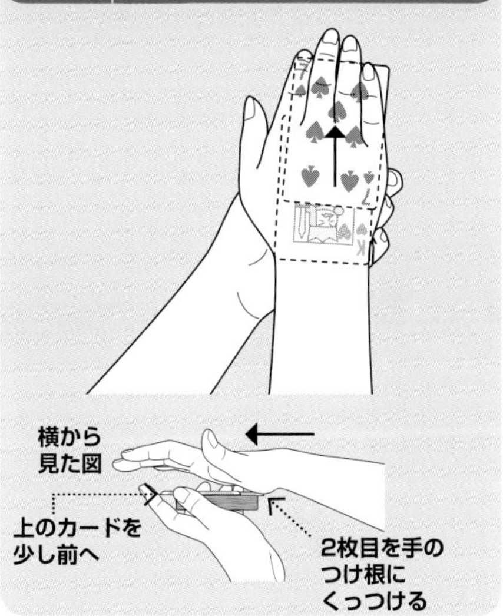
横から
見た図
上のカードを
少し前へ
2枚目を手の
つけ根に
くっつける

手を奥に動かしてこする動作をします。このとき、手のひらで相手に見せた1枚目のカード（スペードの7）を少し奥にスライドさせます。

3 手を手前に引きながら2枚目のカードを引き出す

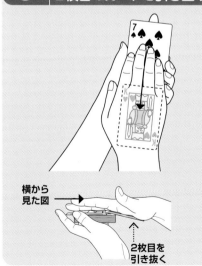

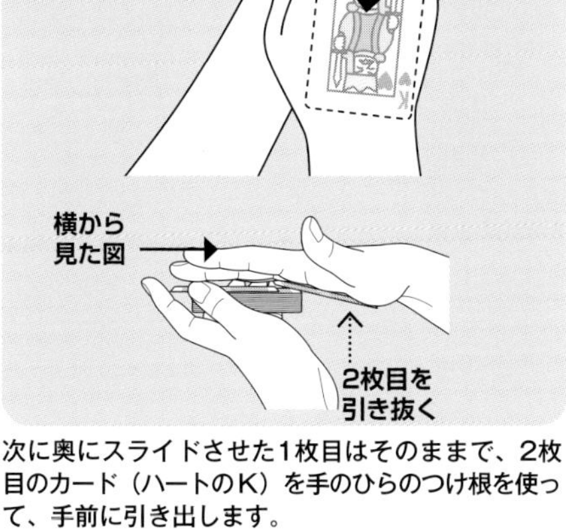
横から
見た図
2枚目を
引き抜く

次に奥にスライドさせた1枚目はそのままで、2枚目のカード（ハートのK）を手のひらのつけ根を使って、手前に引き出します。

4 手を奥に押しながら2枚目を1枚目の上に移す

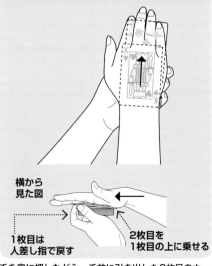

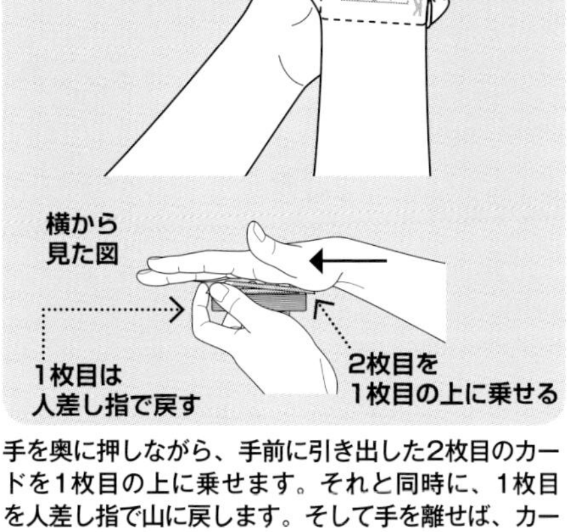
横から
見た図
1枚目は
人差し指で戻す
2枚目を
1枚目の上に乗せる

手を奥に押しながら、手前に引き出した2枚目のカードを1枚目の上に乗せます。それと同時に、1枚目を人差し指で山に戻します。そして手を離せば、カードが変わったように見えるのです。

MAGIC 24

裏表逆のカードが一瞬で同じ向きに!!

半分に分けたカードの山を、裏表逆にして重ねます。向きが逆になっているはずですが、1枚向きを入れ替えただけですべてのカードが同じ向きに揃います。シンプルながら、インパクトの大きいマジックと言えます。

使うカード　1セット52枚　ジョーカーは除く

仕込み系
手順系
テクニック系

難易度 ★★★☆☆

❶
カードの山を
2つに分けます
❷
表が向かい合うように
手の上で重ねます
うーむ…
❸
1枚だけ裏表を
ひっくり返すだけで……
❹
!
すべてのカードが
同じ向きに!

準備

山のいちばん下のカードを表裏逆にしておく

山の上と下、どちらから見ても
カードの裏面が見える状態にする

1 山を手に持って半分くらいに分ける

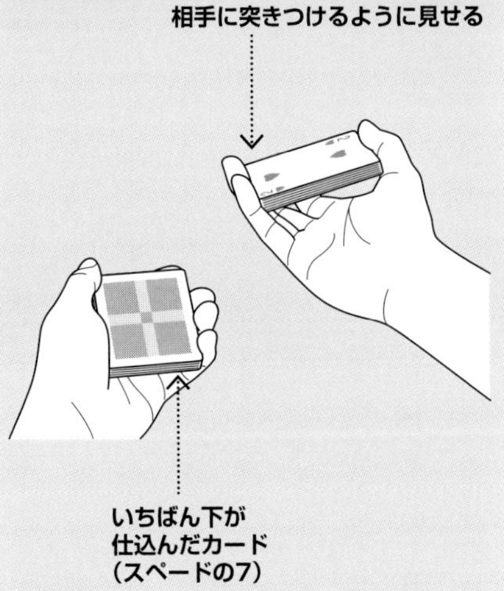
相手に突きつけるように見せる
いちばん下が
仕込んだカード
（スペードの7）

カードの山を手にとって、2つに分けます。そして、右手で持ったカードの表を相手に見せます。

2 山の上半分をひっくり返すと同時に下半分もひっくり返す

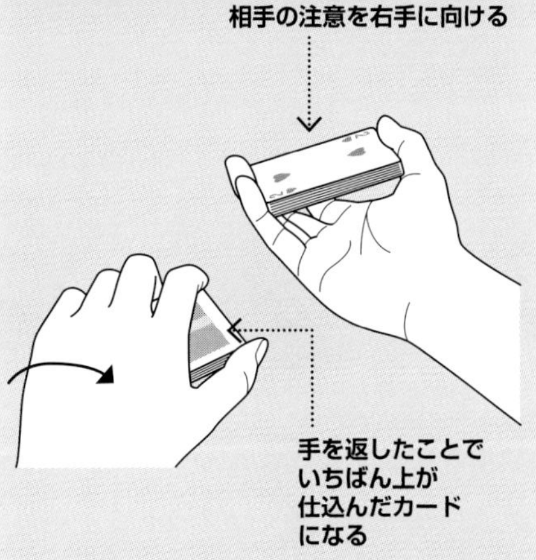
相手の注意を右手に向ける
手を返したことで
いちばん上が
仕込んだカード
になる

右手のカードに相手の視線が向いているスキに、左手を返します。左手は準備で仕込んだカードがいちばん上に来ている状態です。

3 表を見せた山を反対側の手の甲に乗せる

相手に表を見せた山を、反対側の手の甲に表面を上向きにして乗せます。このときカードが崩れないよう、慎重に乗せましょう。

4 手の甲に乗せた山にもう1つの山を重ねる

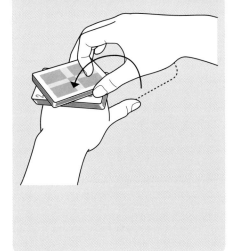

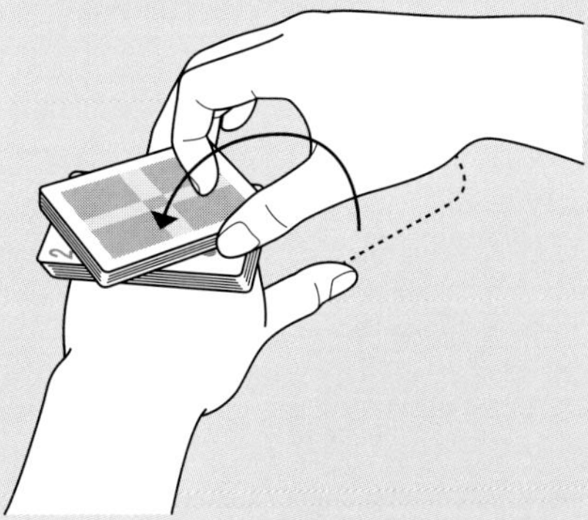

もう1つの山を、手の甲に乗せた山の上に、少し斜めにして重ねます。いちばん上の裏向きのカード以外は向きが逆なので、カードが崩れてそれが見えないように。

5 重ねたカードを左手で支えて右手で手前にひっくり返す

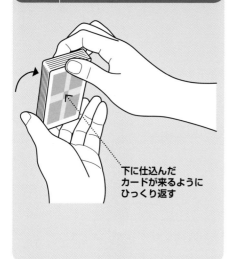

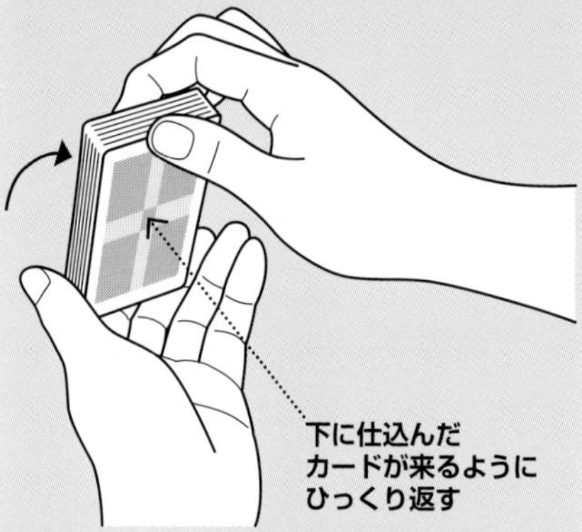
下に仕込んだ
カードが来るように
ひっくり返す

重ねたカードをきれいに揃えたら右手でカードを持ち、左手で下を支えながら右手で手前にひっくり返します。

6 ひっくり返したカードを左手で受け止める

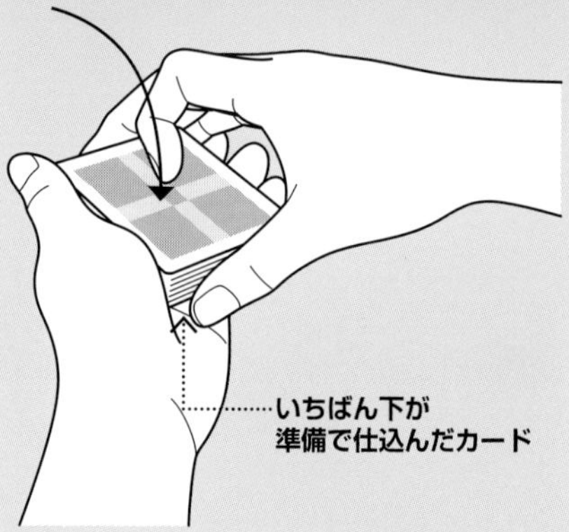
いちばん下が
準備で仕込んだカード

ひっくり返したカードを左手で受け止めると、準備で仕込んだカード（スペードの7）がいちばん下にある状態になります。

7 いちばん下のカードを抜き出して向きを揃える

準備で仕込んだスペードの7を抜き出して、裏向きにして山に戻します。

8 カードを広げるとすべて裏向きになっている

カードを左右に広げて、すべて裏向きになっていることを相手に見せます。

ドキドキ！

占い編

FORTUNE TELLING

トランプを使って、恋愛・結婚・仕事など、身近なことを占ってみましょう。運勢のよし悪しだけでなく、占い結果への対策も導き出すことができます。

トランプ占いの基本

J
Q
JOKER
K

♣ トランプ占いってどんなもの？

ジプシー民族によって、インドからヨーロッパに伝えられたと言われるトランプ。身近なところではゲームやマジックの道具としておなじみですが、実はタロットカードのように占いで使うこともできます。また、タロットカードよりも扱いが簡単で、誰でも気軽にチャレンジできるのも魅力のひとつ。日常生活の運勢や恋愛、健康など、トランプで知りたいことを占ってみましょう。

♥ トランプ占いの心がまえ

◆カードの種類について

占い専用のトランプもありますが、日常のことを占う場合は一般的なトランプでも大丈夫。ただし、カードの裏面がイラストや派手な柄のものは気が散る原因になるので、幾何学模様などがおすすめです。

◆占いの前に

占いは神聖な行為なので、必ず手を洗って浄化してから始めましょう。また、騒がしい場所や、多くの人が集まる場所は避けてください。自分の部屋など、静かでリラックスできるところで行うのがよいでしょう。

◆占うときの注意

占う時は真剣な気持ちで取り組むこと。また、どんな結果が出ても落ち込みすぎず、事実をありのまま受け止める姿勢が大切です。占いに依存するのではなく、自分を成長させるための手段として活用しましょう。

シャッフルのやり方

STEP ❶

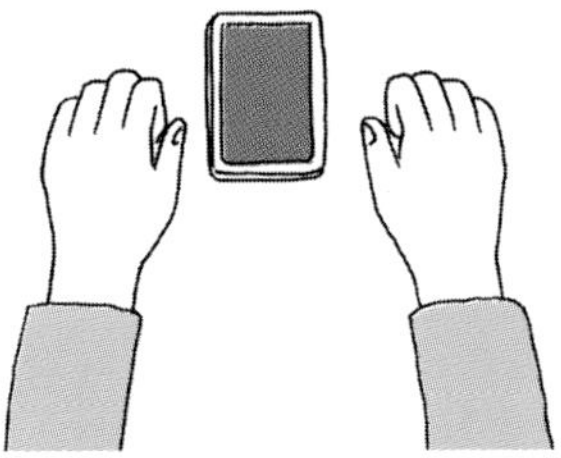

カードを机の上に裏向きに置き、まずは気持ちを落ち着けましょう。目を閉じて深呼吸をし、占うことを頭の中に思い浮かべてカードに触れます。自分以外の人を占う場合は、その人にシャッフルしてもらいます。

STEP ❷

両手を軽く広げて、机の上にあるカードを反時計回りに混ぜ合わせます。あまり力を込めすぎずにソフトなタッチで混ぜて、「充分に混ざった」と納得がいくまで続けましょう。

占いは結果だけでなく対策が大事

何を占った場合でも、悪い結果が出ると不安になるものです。ひとつのことを占ったら、必ずその結果に対してどう向き合っていったらいいかという「対策」も占うことが大切。つまり、アドバイスのようなものです。本書で紹介している占いでは、「パワースポットに行く」など抽象的なものではなく、「どう行動したらいいか」といった具体的なアドバイスがわかるようになっています。

FORTUNE TELLING 1

運命の人との出会いはいつ？

「出会いがなくて恋人ができない」と悩んでいる人のために、運命の出会いの時期と、それがどんな人なのかがわかる占いです。

使うカード　黒または赤のみ **26** 枚（男性を占うならダイヤとハート、女性を占うならスペードとクラブを使用）

1 ♣ 出会いはいつ？

カードを並べる

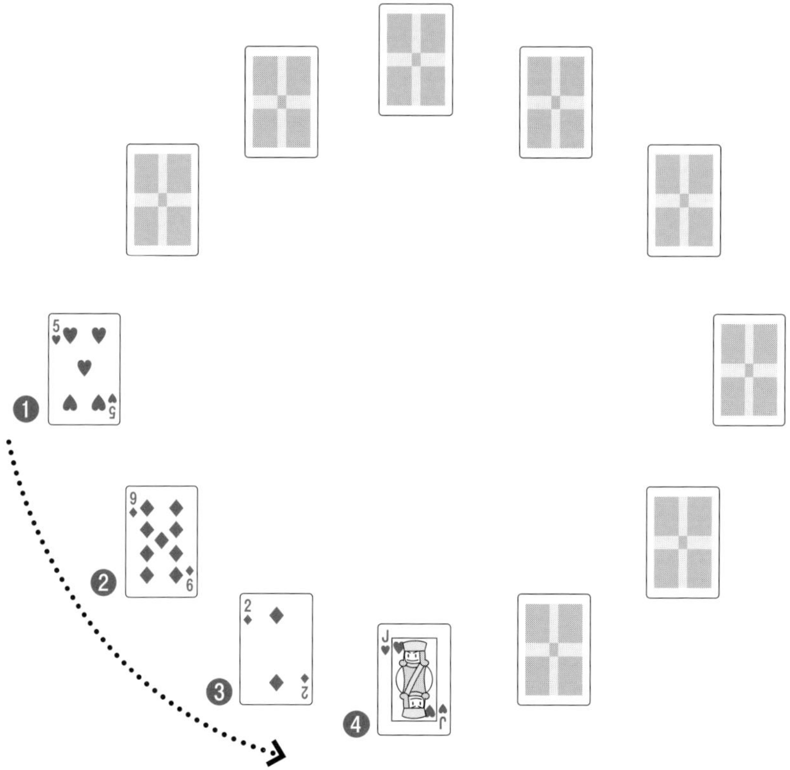

❶
❷
❸
❹

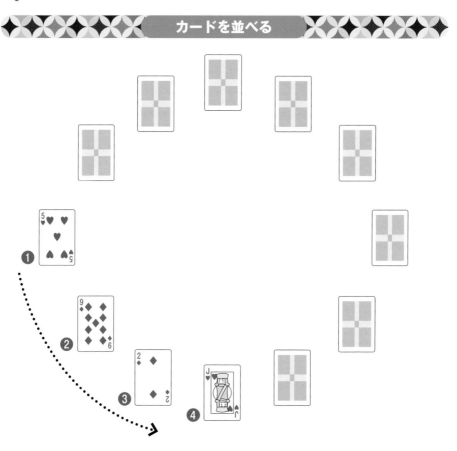

占う対象が女性の場合は黒、男性の場合は赤のカードをシャッフルします（シャッフルのやり方は139ページ参照）。そして裏返したまま、時計の9時の位置から反時計回りに12枚、円状に並べます。最初のカードを置いた場所から反時計回りにめくっていき、絵札（J、Q、K）が出たところで時期を占います。この方法を「12枚引き」と言います。

2 ♣ 出会いはいつ？

カードの意味を読む

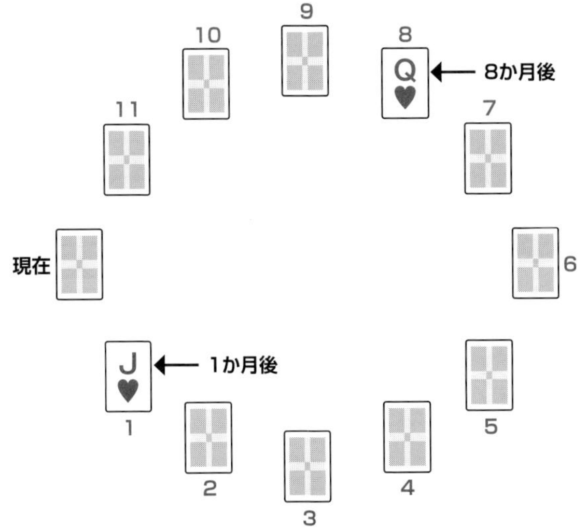
9
10
8
Q
8か月後
11
7
現在
6
J
1か月後
1
5
2
4
3

1ヵ月後と8ヵ月後が出会いのチャンス！

時期の見方は、12枚を1年間に見立て、最初にめくる位置を現在とすると1ヶ月後、2ヶ月後……と数えていくのが一般的。ただ、希望によっては、1枚を1年に見立てて長い期間で、または1週間、1日に見立てて短い期間でも占うことができます。

3 ♣ それはどんな人？

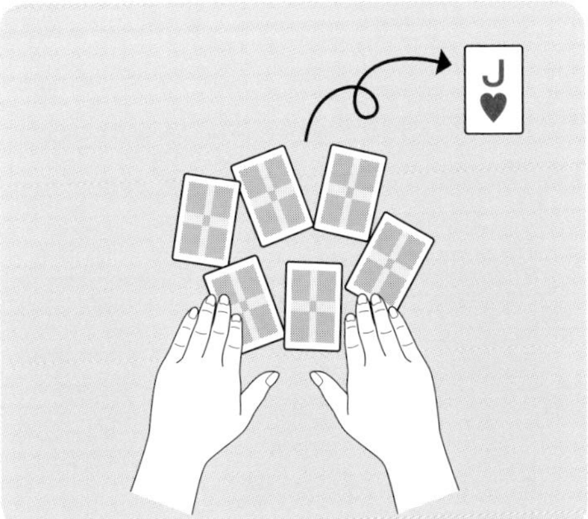
J

黒（スペードとクラブ）または赤（ダイヤとハート）のカードの絵札（J･Q･K）とジョーカー（計7枚）を裏向きにしてシャッフルし、その中から1枚を選びます。出たカードが、運命の人を示しています。男性なら赤のカード、女性なら黒のカードで占うとよいでしょう。この方法を「1枚引き」と言います。

※通常の「1枚引き」ではジョーカーは使用しません。

J を引いたら…

いつまでも若々しく、子どものような純粋な心を持ち続けている人。素直ですが、少し幼稚な一面もあります。育てる気持ちを持って。

Q を引いたら…

優しくておおらかな、包容力のある人。ただ、優柔不断気味で、ちょっとマザコン・ファザコンの気があるかもしれません。

K を引いたら…

責任感があって、大人っぽい人。しっかり者で、男性も女性も将来は独立・起業家向き。言い出したら聞かない頑固な面もありそう。

JOKER
JOKER

Joker を引いたら…

ちょっと変わった人、いわゆる奇人・変人。芸術家肌で気分にムラがありますが、刺激的なので一緒にいて退屈しないでしょう。

FORTUNE TELLING 2

この恋は成就する?

相手の気持ちがつかめず、不安な片思い。あの人は、自分のことをどう思っているの……? 2人の関係性と、仲良くなれる秘訣を占います。

使うカード 黒または赤のみ **26** 枚（男性を占うならダイヤとハート、女性を占うならスペードとクラブを使用）

1 ♣ 今のふたりの状態は?

カードを並べる

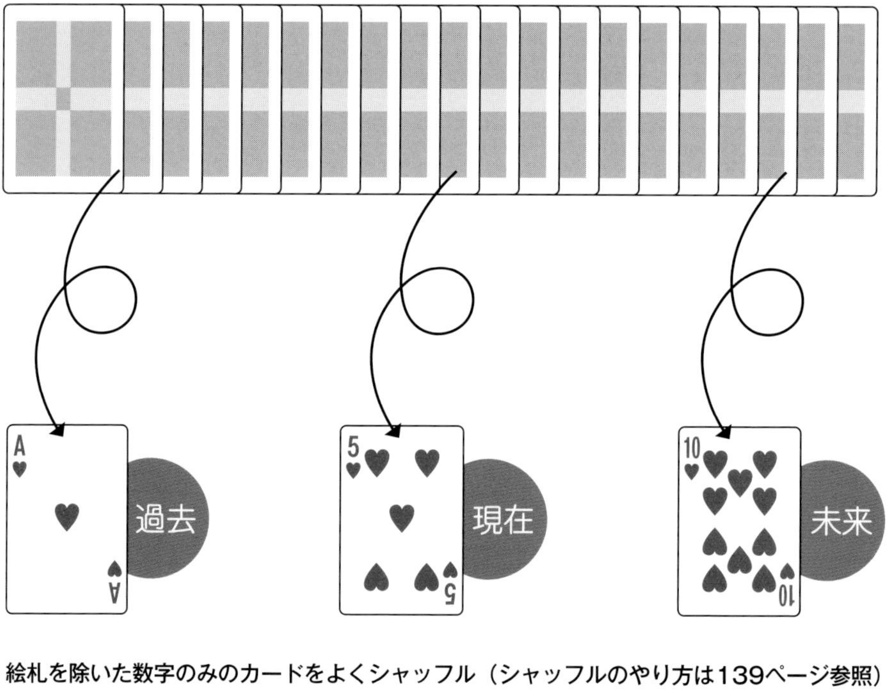
過去
現在
未来

絵札を除いた数字のみのカードをよくシャッフル（シャッフルのやり方は139ページ参照）してから整え、横に広げてテーブルの上に並べます。片思いの相手のことを思い浮かべながら、相手から見て左側から順に3枚、好きなカードを選びます。3枚のカードを表側に返し、一列に並べて置きます。この方法を「3枚引き」と言います。

カードの意味を読む

カードが意味するのは、左側から順に2人の過去・現在・未来の相性。出た数字は、10に近い（数が大きい）ほど2人の間の強い絆を、1に近い（数が小さい）ほど絆が弱まっていることを表します。これらを総合して、片思いの相手との関係性を占います。

パターン❶ 数字が左側から小→中→大と並ぶ場合

過去、2人の関係はあまりよくなかったかもしれません。けれど、現在、未来と時を重ねるにつれて、よりよいものとなっていくでしょう。

パターン❷ 数字が左側から大→中→小と並ぶ場合

出会った頃の2人はとてもよい関係でしたが、現在は少し停滞気味。そして、このままいくと少しずつ距離ができて、やがて自然消滅してしまうかも。

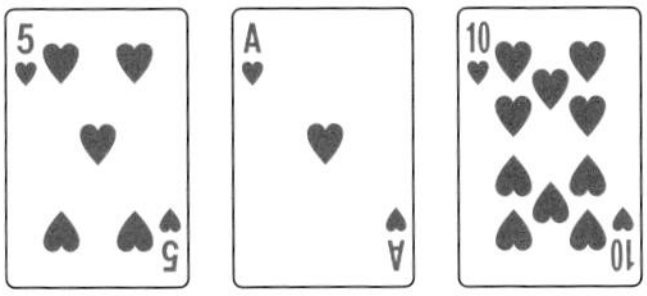

パターン❸ 数字が左側から中→小→大と並ぶ場合

過去に比べると、現在は、相手の気持ちはあなたから離れかかっているよう。でも、これからのアプローチ次第で関係を取り戻すことができそうです。

小→大→中……出会ってからすぐに意気投合し、現在はとても仲良しな2人。将来的にもよい関係が持続しそうです。

大→小→中……第一印象は最高。ケンカが絶えないのも仲が良い証拠で、次第に関係も落ち着いてくるでしょう。

中→大→小……出会いから順調に愛情を育んできた2人ですが、これからの関係には注意が必要。気持ちが冷めてしまう暗示も。

2♣ どうしたらうまくいく？

1枚引きのやり方は141ページ参照

2人の関係をより良く発展させるための方法を占います。先ほどは外しておいた6枚の絵札をよくシャッフルして1枚を選ぶ「1枚引き」を使います。出たカードの絵柄が、相手に対してこれから取るべきアプローチ方法を表しています。

J を引いた場合

まずは、ゆっくりと友情を育んでいくこと。相手の信頼を得られれば、気持ちがあなたに傾く日も近いかもしれません。

Q を引いた場合

相手を振り向かせるためには、優しさをもって接していくことが大事。愛情を注いだ分だけ、チャンスも大きくなるでしょう。

K を引いた場合

自分からリーダーシップを取って、相手との関係を深めることが大切です。放っておくと、せっかくの愛情も冷めてしまうかも？

FORTUNE TELLING 3

パートナーとの相性は?

気持ちが通じ合っているパートナーとでも、相性のよし悪しは気になるもの。2人のこれからを占ってみましょう。友人同士にも使えます。

使うカード　黒または赤のみ**26**枚（男性を占うならダイヤとハート、女性を占うならスペードとクラブを使用）

1 ♣ 2人の関係を占う

横に広げて並べたカードから3枚を選ぶ「3枚引き」の方法を使って、ふたりの過去、現在、未来を占います。パートナーと一緒にいる時のことを思い浮かべながら、カードをシャッフルしてから始めましょう。

3枚引きのやり方は142ページ参照

A
6
10

パターン 1

数字が左側から小→中→大と並ぶ場合

第一印象はイマイチでも、話してみると共感できる部分が多かった2人。似たところも多く、将来、大いに希望が持てるでしょう。

10
7
A

パターン 2

数字が左側から大→中→小と並ぶ場合

出会った瞬間は燃え上がったり、意気投合した2人の恋ですが、現在はややマンネリ気味。このまま放っておくと、冷めてしまうかも？

A
A
9

パターン 3

数字が左側から小→小→大と並ぶ場合

お互いに内気で、仲良くなるまでに時間がかかりそうな2人。でも、少しずつ歩み寄りを続けていけば、未来には強い絆を育めるはずです。

2組のトランプを使うので、まれに同じ数字が横に並ぶ場合があります。その時は、関係はあまり変化していない、と受け止めましょう。

2 ♣ どうしたらもっと仲良くなれる?

世の中には、性格や考え方が大きく違っても、良い関係を築いているカップルや夫婦もたくさんいます。シャッフルした絵札から1枚を選ぶ「1枚引き」で占いましょう。その絵柄から、2人がこれからもっと仲良くなれる方法を導き出します。

1枚引きのやり方は
141ページ参照

Jを引いたら…

性格に子どもっぽいところのある2人。お互いに成長して、相手のことを思いやることが、関係を育てるカギとなります。

Qを引いたら…

うまくいかない時も、急ぎすぎは禁物。焦らずにゆっくりと愛を育て、相手の信頼を得ることを第一に考えましょう。

Kを引いたら…

どちらかがリーダーシップをとることが大事。相手がリードしたいのか、引っ張ってほしいタイプなのかを見極めましょう。

番外編 ♣ 今のパートナーとの結婚運は?

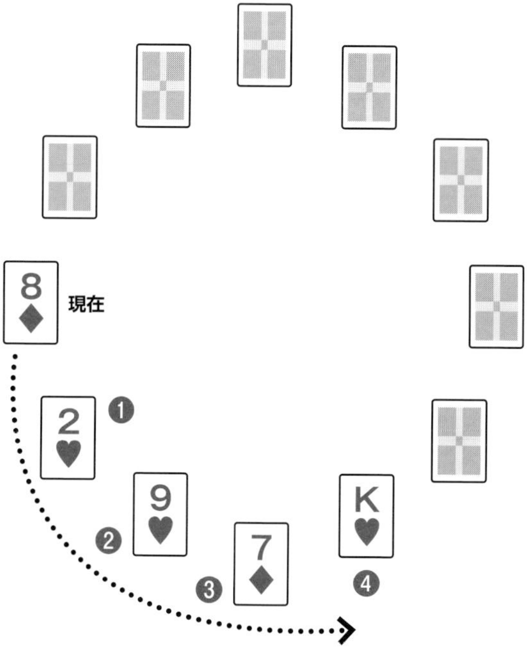
8
現在
2
1
9
2
7
3
K
4

独身で、いまつき合っているパートナーと結婚してもいいか悩んでいる人に向けた占い。円状に並べたカードをめくって、絵札の出た位置で結婚できる時期を占う「12枚引き」（140ページ参照）を使います。絵札の出た位置が、最初にカードを置いた場所に近ければ近いほど、結婚への可能性が高まります。

占いの結果と対策

もし、最後までめくっても絵札が出なかったり、絵札の出た位置が最初にカードを置いた場所から遠かったら、「1枚引き」（141ページ参照）を使って、結婚に結びつけるためにはどうしたらいいかを占いましょう。悪い結果が出ても諦めず、状況をよりよくするために努力をすることが、幸せへの近道です。

FORTUNE TELLING 4

今の職業は自分に合っている？

人生で過ごす時間のうち、その大半を占めるのが仕事です。仕事の時間を充実したものにするために、自分に合っている仕事が何なのかを占います。

使うカード 1セット**52**枚（ジョーカーは除く）

1 ♣ 今の職業は自分に合っている？

まずは、自分の過去・現在・未来の、職業のマッチ度を占ってみましょう。すべてのカードをシャッフルしてから横に広げて、そこから3枚のカードを選ぶ「3枚引き」の方法を使います。

3枚引きのやり方は142ページ参照

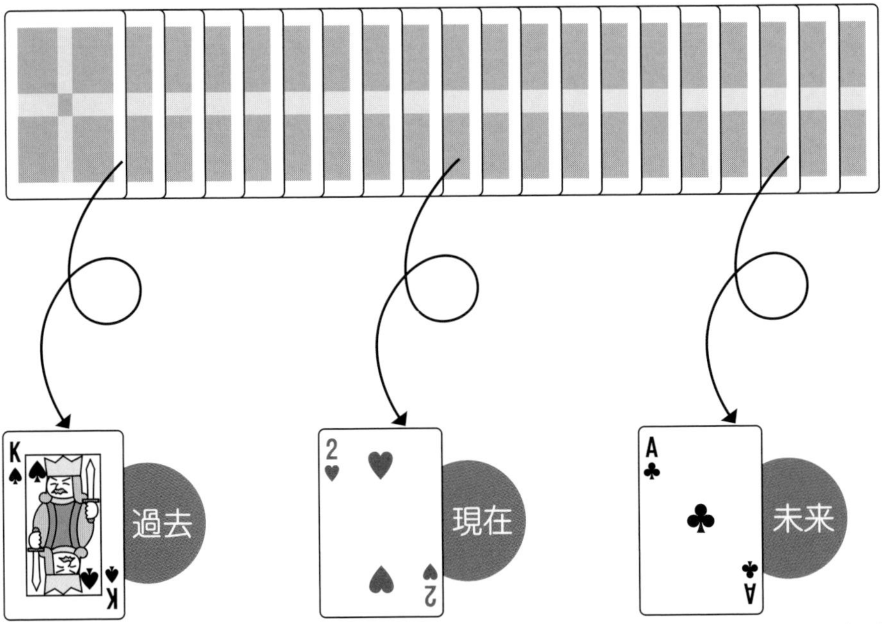
過去
現在
未来

左のカードの数字が大きいほど、過去の職業が実は自分に向いていたということを意味します。転職してしまった人は、元の仕事に戻ってみるのも吉？

真ん中のカードは、今、自分が就いている職業のマッチ度を表します。数字が小さい人は、今の仕事が向いていないのかも。思い当たる節はありませんか？

右のカードが表すのは、今の仕事を今後も続けた場合、うまくいくのかどうか。数字が小さいほど苦労する可能性が大きいので、転職を考えるべきかも。

2♣ 自分に向いている“天職”は何？

職業の分類の説明

“仕事”とひと口に言っても、とても多くの種類がありますが、それをまず、生活リズムと仕事内容を元に大きく3つのカテゴリに分けてみましょう。

サラリーマン……**朝8時に仕事場にいる、または通勤途中。仕事の内容は、利益性を追求するものが多い傾向が。**

公務員や教育関係……**朝8時に仕事場にいる、または通勤途中。仕事の内容からは、利益性が排除されている。**

自由業……**朝の8時は家にいる、または仕事とは関わりのないことをしている。文筆業やアート系、自営業の人。**

一概には言えないかもしれませんが、柔軟に、自分の生活パターンに当てはめて考えてみてください。

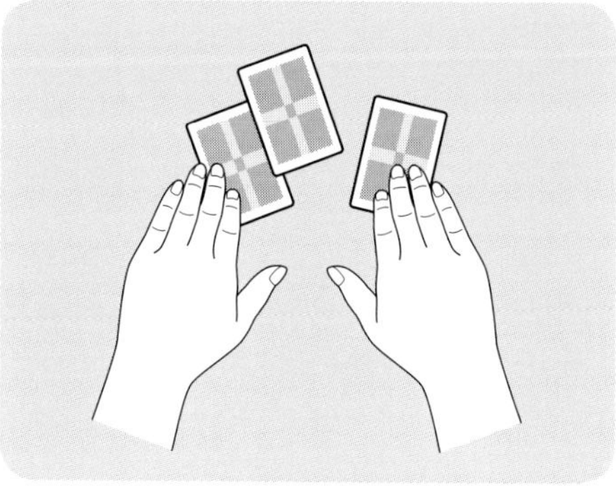

好きなマークのシャッフルした3枚の絵札（J・Q・K）から1枚を選ぶ「1枚引き」を使って、上記でカテゴリ分けした職業の中だと、自分がどのタイプに当てはまるのかを占います。心を落ち着けて、仕事中の自分を思い浮かべながらシャッフルしましょう。

1枚引きのやり方は
141ページ参照

J

J を引いたら…

コツコツと努力を積み重ねながら成長していくタイプのあなたは「サラリーマン」に向いています。競争社会の中で勝ち抜いていくガッツも、人並み以上に持っているはず。

Q

Q を引いたら…

優しい性格のあなたに向いているのは、「公務員や教育関係」の職業。人のために何かをすることによって、自分も安定した幸せを手に入れられる可能性が大きくなるでしょう。

K

K を引いたら…

時間や規則にしばられることが苦手なあなたは「アーティスト・自由業」に向いています。また、溢れるバイタリティを活かして起業に挑戦してみてもよさそうです。

FORTUNE TELLING 5

将来はどんな仕事に向いている?

自分の子どもの才能を開花させてあげたい！　そう願うお父さん・お母さんのために、子どもの才能と、向いている職種を占いましょう。

使うカード　黒または赤のみ26枚（男の子を占うならスペードとクラブ、女の子を占うならダイヤとハートを使用）

1 ♣ 将来はどんな仕事に向いている?

カードを並べる

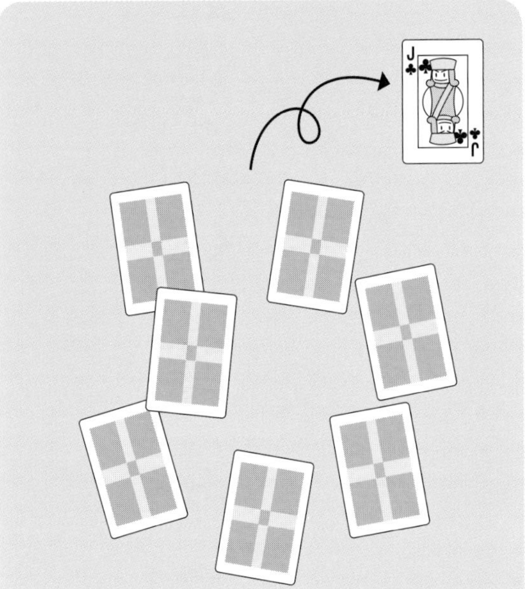

シャッフルした絵札から1枚を選ぶ「1枚引き」を使って、子どもの持っている才能がどんなものかを占います。男の子を占う場合は黒、女の子を占う場合は赤のカードを使いましょう。

1枚引きのやり方は141ページ参照

ここに注意!

子どもの可能性は無限に広がっているものです。才能を占ったからといって、あまり結果にしばられすぎず、何よりも本人の意志を尊重してあげるのが大切です。またアドバイスをする際も、夢を壊してしまうような無神経な発言はやめましょう。

2 将来はどんな仕事に向いている?

カードの意味を読む

男の子

J を引いたら…

柔軟性と協調性を活かして、「サラリーマン」や「公務員」、「研究者」など地道にキャリアを重ねる仕事がおすすめ。

Q を引いたら…

正義感に溢れ、強くて優しいので、「教師」「警察官」「消防士」や「自衛官」など、その性質を活かせる仕事に向いています。

K を引いたら…

目立ちたがりな一面があり、「野球選手」「タレント」など、または独立起業や自分のお店を持つのにも向いています。

女の子

J を引いたら…

コツコツと物事を進めていくのが得意で、ガッツもあるので、「社長秘書」「OL」「公務員」などに向いています。

Q を引いたら…

人のために何かをするのが好きな優しい性格。頭もいいので「キャビンアテンダント」「医者」「看護士」「保育士」などがおすすめ。

K を引いたら…

持っている個性を生かして、「アイドル」や「芸術家」、「パティシエ」から「自営業」まで、自分にしかできないことを追求してみては。

番外編 夢を実現するタイミングは?

シャッフルした6枚の絵札から1枚を選ぶ「1枚引き」（141ページ参照）を使って、夢がいつ頃に叶うかを占います。なりたい職業を思い浮かべながら、子どもにカードをシャッフルしてもらいましょう。

J を引いたら…

早熟なタイプ。成人する前など、早い段階で自分の進むべき道を決められそうです。

Q を引いたら…

自分に合った仕事をコツコツと続けていくことで、着実に夢に近づいてゆけるタイプです。

K を引いたら…

大器晩成タイプ。時間はかかりますが、才能を開花させたら大きな輝きを放ちます。

FORTUNE TELLING 6

今日の運勢を占う!<トランプおみくじ>

今日は一体、どんな日になるの？ 朝、一日をスタートする時にやりたい、今日の運勢とアドバイスを導き出す占いです。

使うカード 1セット**52**枚（ジョーカーは除く）

1 ♣ 今日の運勢を占う①

カードを並べる

〈STEP1〉
今日のラッキーポイントは?

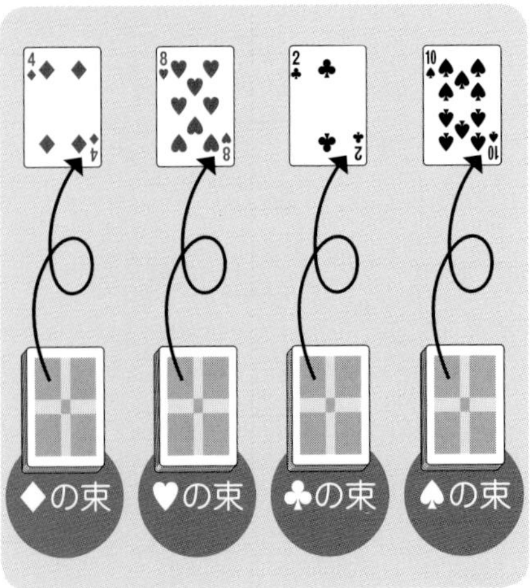

◆の束
♥の束
♣の束
♠の束

52枚あるトランプから1～10のカードをすべて抜き出し、マークごとに分けて、シャッフルしてから4つの山を作ります。そして、それぞれの山のいちばん上から1枚ずつカードを選びます。引いた数字とそのマークが、今日の運勢を表します。

占いの結果は、出た数字の大小ではなく、どの数字が出たかで判断します。

〈STEP2〉
今日のラッキーカラーは?

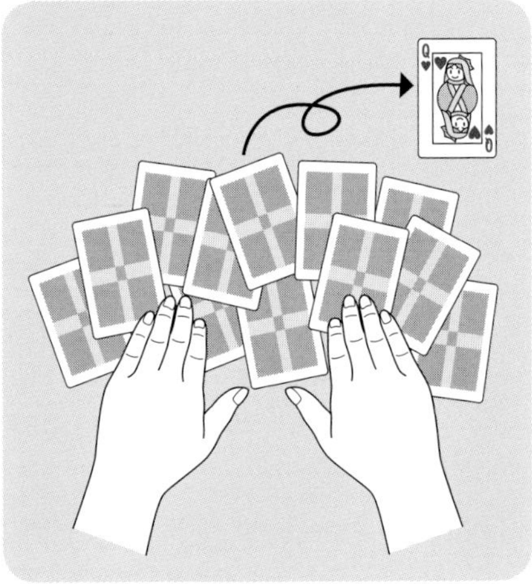

〈STEP1〉で使わなかった4つのマークの絵札（J･Q･K）12枚をシャッフルし、その中から1枚を選び出します。引いた数字とそのマークから、今日のラッキーカラーを占うことができます。

シャッフルのやり方は139ページ参照

2 ♣ 今日の運勢を占う②

カードの意味を読む

選んだカードから、今日の運勢を占いましょう。出た数字だけでなく、4種のマークがそれぞれ異なるラッキーポイントを表すので、下記の表に当てはめて判断してください。数字を見た後は、絵札でラッキーカラーを占い、出た色の小物を携帯してさらなる運気アップを目指しましょう。

〈ラッキーポイント〉

星のマークが多いほどラッキー！

	◆＝願い事	♥＝健康運	♣＝仕事・勉強運	♠＝勝負運
A	★★★★★★★★★★	★★★	★★★★	★★★★★★
2	★★★★	★★★★★★	★★★★★★★★★	★★★★★★★★★★
3	★★★★★★★	★★★★★★★★★★	★★★★★	★★
4	★★★★★★★★★	★★	★★★★★★★★	★★★★★★★
5	★★	★★★★★	★★★★★★★★★★	★★★★★★★★
6	★★★	★★★★★★★★★	★	★★★★★★★★★
7	★★★★★★★★	★	★★	★★★★★
8	★★★★★	★★★★★★★★	★★★★★★	★★★
9	★★★★★★	★★★★★★★	★★★★★★★	★
10	★	★★★★	★★★	★★★★

〈ラッキーカラー〉

◆J	イエロー
♥J	グリーン
♣J	ホワイト
♠J	ブルー

◆Q	パープル
♥Q	ピンク
♣Q	レッド
♠Q	ゴールド

◆K	シルバー
♥K	ブラウン
♣K	ブラック
♠K	オレンジ

FORTUNE TELLING 7

あなたのストレス度は?それを解消するには?

日々、「ストレス社会」の中で生きている現代人。自分にどれだけのストレスがかかっているか、またその解消方法を占ってみましょう。

使うカード 1つのマークのみ**13**枚

1 ♣ 今のあなたのストレス度はどのくらい?

カードを並べる

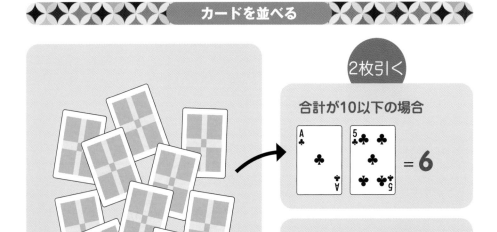

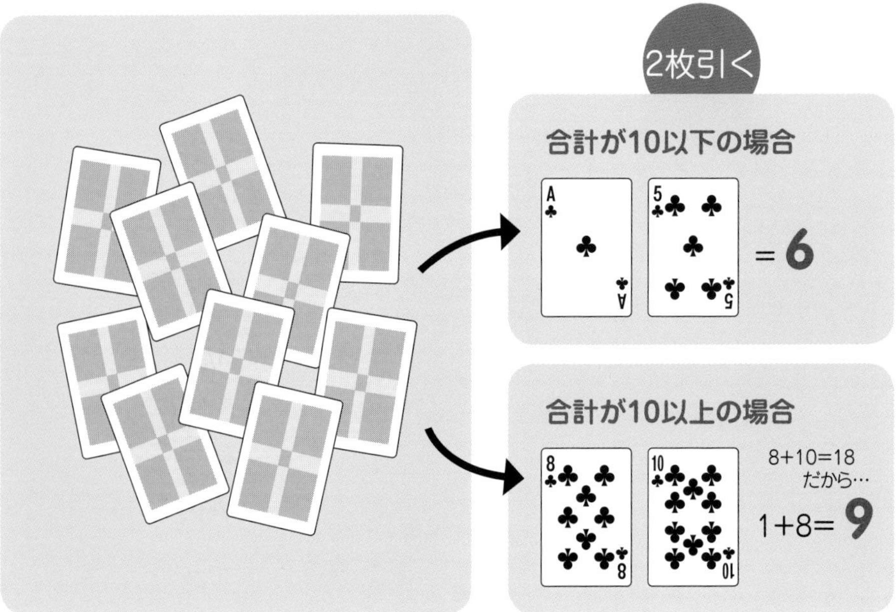

2枚引く
合計が10以下の場合
=6
合計が10以上の場合
8+10=18
だから…
1+8=9

1つのマークを選び、そのマークのカードから絵札（J·Q·K）を除いた10枚をシャッフルします。その中から2枚を選び出し、それぞれの数字を足した数字でストレス度を占います。数字が10を超えてしまった場合は、1の位と2の位を足していき、合計が10以下になった数字を使います。

2♣ 今のあなたのストレス度は？

カードの意味を読む

導き出した数字の大きさが、あなたの今のストレス度を表しています。その時の自分の状況によって数字は変わってくるので、時間をおいて、定期的に占ってみるのもよいでしょう。

数字が 1～3 の場合

日常生活の中で感じているストレスは少ないでしょう。あまり我慢せずに、ありのままの自分を出しながら生活できている、よい状態といえます。

数字が 4～6 の場合

現在のストレス度は、ほぼ人並み。仕事や人間関係で少し我慢を強いられているようですが、こまめにケアしていけば大事には至らないでしょう。

数字が 7～10 の場合

かなり強いストレスを感じている、辛い状況ではないでしょうか。一刻も早く対策を講じて、自分の心を開放してあげることを第一に考えたほうがよさそう。

3♣ ストレス解消によい方法は？

シャッフルした3枚の絵札から1枚を選ぶ「1枚引き」を使って、自分が今、直面しているストレスにどう対処していったらいいかを占います。ストレスを緩和するために、こまめに心をケアしてあげましょう。

1枚引きのやり方は141ページ参照

男性の場合

J を引いたら…

ストレスをため込まないことが大事。同性の友人と飲みに行くなどして、パーっと騒いで発散してしまいましょう。

女性の場合

J を引いたら…

同性や年下の男性など、気の置けない友人とスイーツをお供にしたおしゃべりがおすすめ。夜景など、美しいものを見に行くのも◎。

男性の場合

Q を引いたら…

彼女や母親など、身近な女性と過ごしてみるのが鍵。相談を聞いてもらうと、穏やかな気持ちを取り戻せそうです。

女性の場合

Q を引いたら…

婚活や合コンに精を出して、異性に目を向けてみるのがストレス解消のポイント。また、旅に出かけるのもよいでしょう。

男性の場合

K を引いたら…

図書館やセミナーなどに勉強に行き、ストイックに過ごしてみれば、いつの間にかストレスが消えていそう。スポーツも吉。

女性の場合

K を引いたら…

習い事で自分磨きをしてみましょう。茶道や華道など和の文化に触れるものだと、ストレスに負けず、背筋もしゃんとしそう。

FORTUNE TELLING 8

苦手なあの人とうまくやっていく方法は?

学校で、職場で、どうしても苦手で敬遠してしまう人はいませんか？人間関係を少しでも円滑にするために、取るべき対策を占います。

使うカード　1つのマークの絵札のみ3枚

1 ♣ 関係を保つ最善の方法は?

トランプから1つのマークを選び、シャッフルした3枚の絵札から1枚を選ぶ「1枚引き」を使って、苦手だと敬遠している人に、どのようにアプローチしていったらうまくいくかを占ってみましょう。

1枚引きのやり方は141ページ参照

J を引いたら…

あの人とあなたの両方を知っている、共通の知り合いに相談してみましょう。きっとよいアドバイスをもらえるはずです。

Q を引いたら…

あの人が好きなことを調べてみては。そして、自分もそれに興味を持って、共通の話題を作るところから始めましょう。

K を引いたら…

自分の気持ちを正直に伝えてみるのがおすすめです。一度きちんと意見を言い合うことで、苦手意識も薄れていくでしょう。

FORTUNE TELLING 9

誰かに頼み事をしたい。いいタイミングは?

どんなに仲が良くても、誰かに何かをお願いする時は気を遣ってしまうもの。頼み事をスムーズに受けてもらうのに、最適な時期を占います。

使うカード 1セット**52**枚（ジョーカーは除く）

1 ♣ 頼み事が成功しやすい時期はいつ?

円状に並べたカードをめくって、絵札の出た位置で時期を占う「12枚引き」を使って、頼み事が成功しやすいタイミングを占いましょう。最初にカードを置いた位置から順番にめくっていき、絵札が出た場所が、OKしてもらいやすい時期を表します。

12枚引きのやり方は140ページ参照

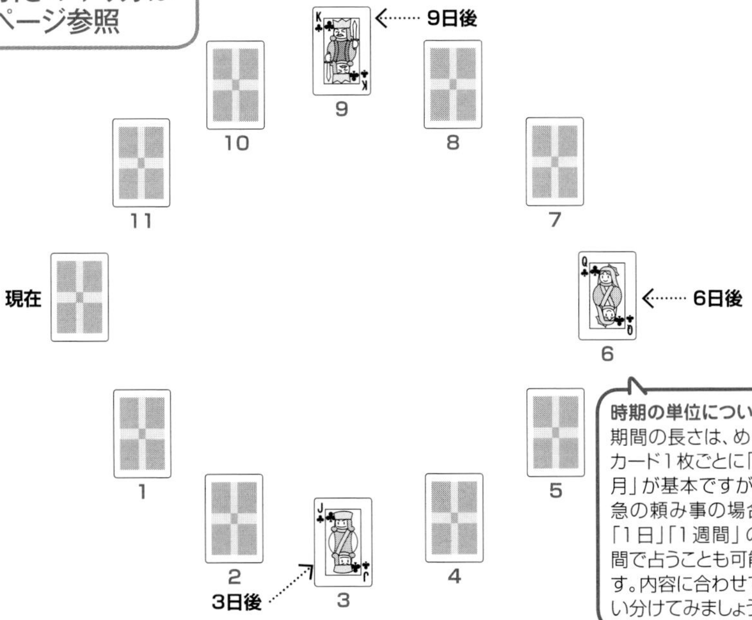
9日後
9
10
8
11
7
現在
6日後
6
1
5
2
4
3
3日後

時期の単位について
期間の長さは、めくるカード1枚ごとに「1ヶ月」が基本ですが、緊急の頼み事の場合は「1日」「1週間」の期間で占うことも可能です。内容に合わせて使い分けてみましょう。

絵札が出なかったら……

12枚の中に絵札が1枚もなかったら、その期間内に頼み事が成功する可能性は薄いのかも。どうしても叶えたい場合は、もう一度「12枚引き」をして、期間を延長して、頼み事によい時期を占ってみましょう。

カードの基礎知識

♠◆♣♥♠◆♣♥♠◆♣♥♠◆♣♥♠◆♣♥♠◆♣♥♠◆♣♥♠◆♣♥♠◆♣♥

トランプの基本的な知識を覚えておけば、トランプ遊びがより充実したものになります。実はトランプの各部位や、山にしたときにも呼び方があるのです。本書では決まった呼び方を知らなくてもわかるように解説していますが、より多くのトランプの遊びを知りたいならば、覚えておくと便利です。

カードのマーク
（スートと呼ぶ）
ハート
クラブ
ダイヤ
スペード

カードの種類

トランプには「♠（スペード）」「♥（ハート）」「◆（ダイヤ）」「♣（クラブ）」の4種類のマークがあります。そしてそれぞれに、「A（エース）」、2から10までの数札、「J（ジャック）」「Q（クイーン）」「K（キング）の絵札、合計13枚があります。これら4種類×13枚＝52枚のカードに、ジョーカーを加えた53枚が、トランプの1セットです。

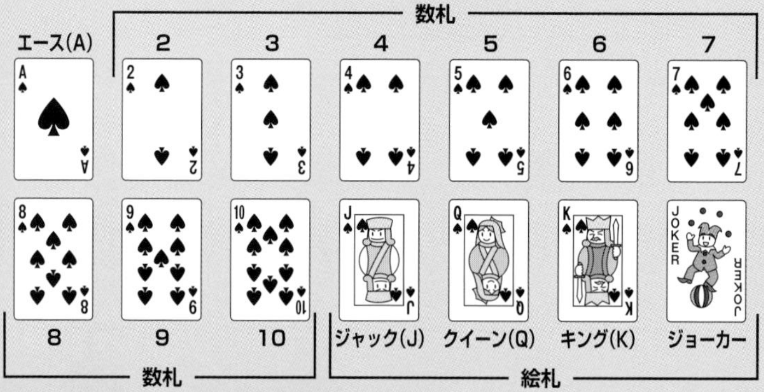

数札
エース(A)
2
3
4
5
6
7
8
9
10
ジャック(J)
クイーン(Q)
キング(K)
ジョーカー
数札
絵札

カード各部位の呼び方

カードの各部位には、それぞれ専門の名前がついています。本書を読むにあたって必ず覚える必要はありませんが、知っておけばこれから多くのカード遊びや手品を知ろうとしたときに役立つでしょう。

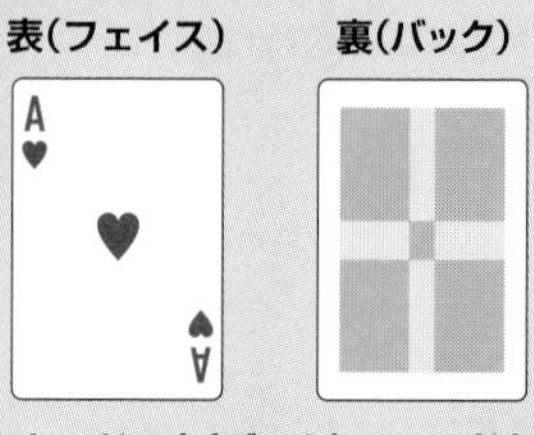

表(フェイス)
裏(バック)

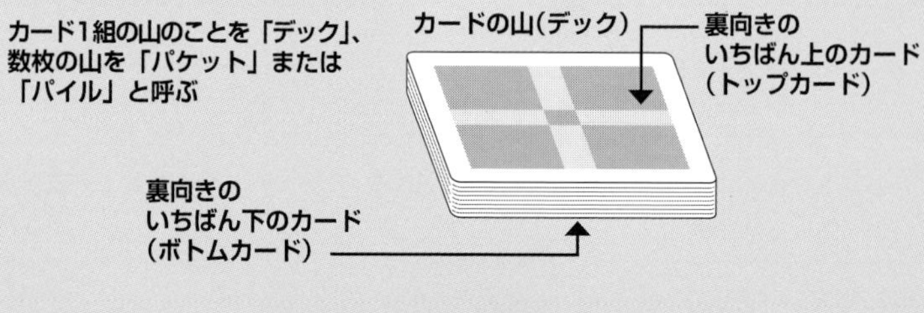

カード1組の山のことを「デック」、
数枚の山を「パケット」または
「パイル」と呼ぶ
カードの山(デック)
裏向きの
いちばん上のカード
（トップカード）
裏向きの
いちばん下のカード
（ボトムカード）

カードの扱い方❶

オーバーハンド・シャッフル

♠♦♣♥♠♦♣♥♠♦♣♥♠♦♣♥♠♦♣♥♠♦♣♥♠♦♣♥♠♦♣♥♠♦♣♥

カードを立てて持って行うシャッフルです。右手で持ったカードを、左手に落としていくような動きが特徴です。ただし、実際は落とすのではなく、左手の親指でカードを押さえておき、右手で残りのカードを引き上げるのが、このシャッフルをスムーズに行うポイントです。左手の力加減を調節すれば、1枚ずつシャッフルすることもできます。

手順 1 カードを横に立てて左手で下から持つ

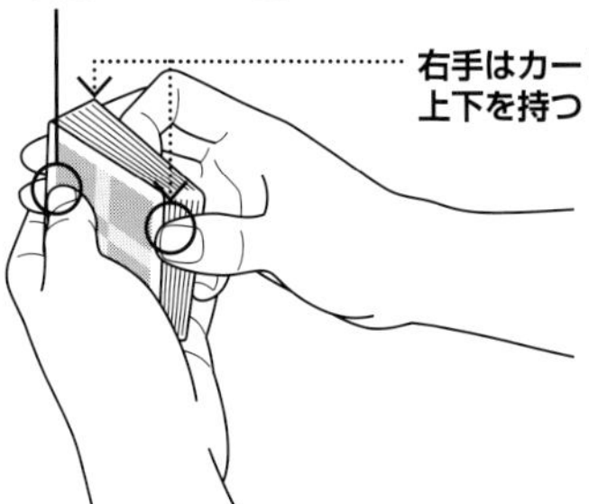
左手の親指でカードを押さえる
右手はカードの上下を持つ

立てたカードを左手で支えたら、親指でカードの表面を軽く押さえます。右手はカードの山を裏から持ってください。

2 左手の親指でカードを押さえ右手でカードを上に引き抜く

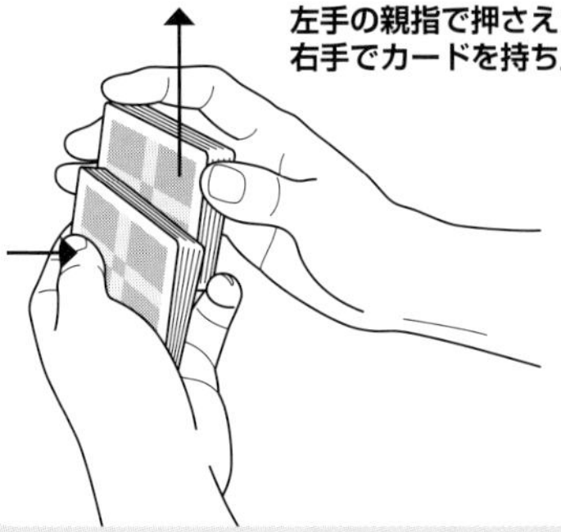
左手の親指で押さえたまま
右手でカードを持ち上げる

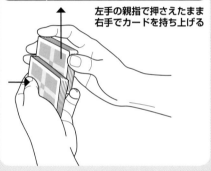

右手で持ったカードを上に引き抜くと、左手の親指で押さえたカードが残ります。

3 左手の親指をカードから離して右手のカードを左手に乗せる

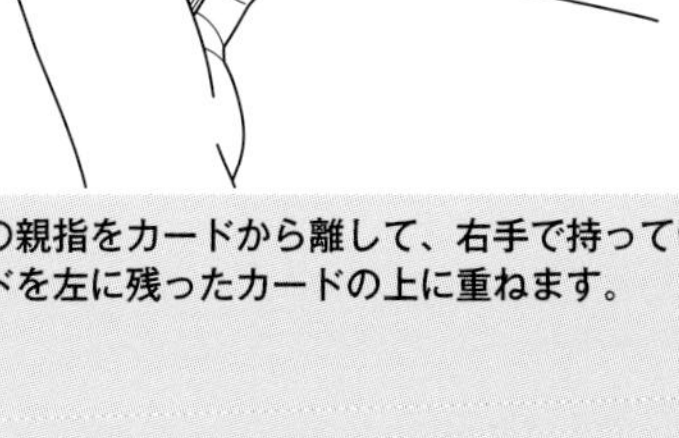
左手の親指をカードから離す

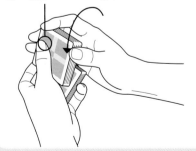

左手の親指をカードから離して、右手で持っているカードを左に残ったカードの上に重ねます。

4 手順1～3を繰り返してカードをシャッフルする

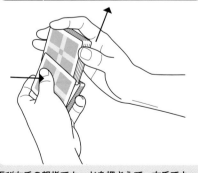

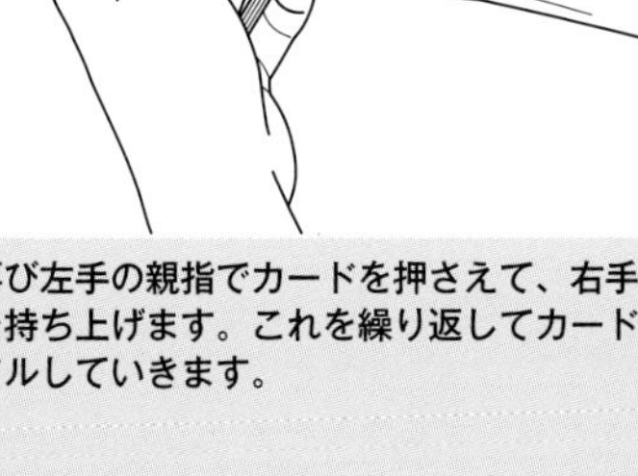

再び左手の親指でカードを押さえて、右手でカードを持ち上げます。これを繰り返してカードをシャッフルしていきます。

カードの扱い方❷

リフル・シャッフル

♠♦♣♥♠♦♣♥♠♦♣♥♠♦♣♥♠♦♣♥♠♦♣♥♠♦♣♥♠♦♣♥♠♦♣♥

カードの山を2つに分けて、曲げたカードが戻る力を利用して、交互に混ぜる方法です。動きが派手でショーアップ効果のあるシャッフルですが、練習が必要です。なお、このシャッフルを行うときはアメリカ製のトランプがおすすめです。

手順1 右手でカードの山を持って少し反らす

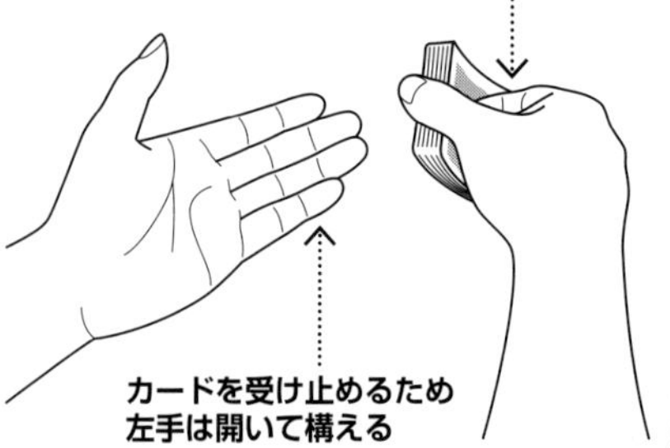

カードの裏面に人差し指を当てて反らす
カードを受け止めるため
左手は開いて構える

カードの上下を右手の親指と、中指・薬指・小指で挟むように持ちます。人差し指は曲げた状態でカードの裏面に押し当て、カードを少し反らしましょう。

2 カードの山を半分くらいに弾いて分ける

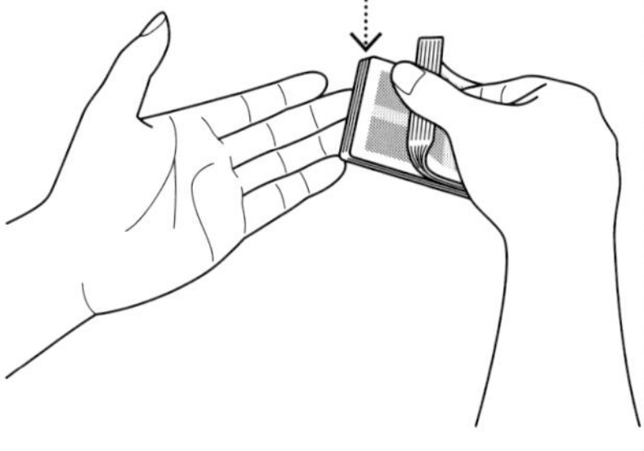

親指の力を少し抜いて半分くらい弾く

親指の力を少し抜いてカードを弾きます。弾いたカードは左手の指先で受け止めましょう。山の半分くらい弾いたら止めてください。

3 左手の人差し指を弾いたカードの上に乗せる

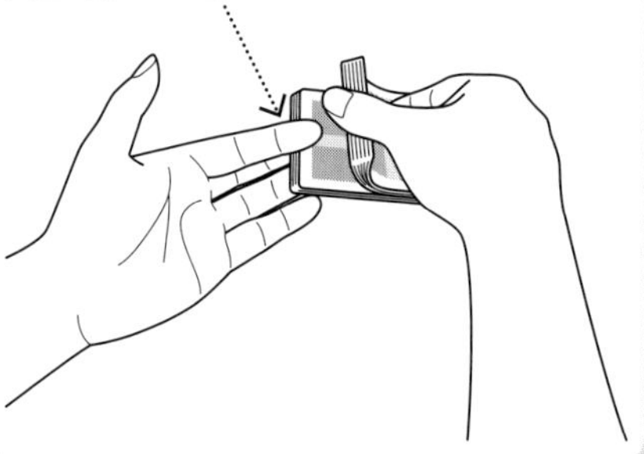

人差し指だけを動かす

左手で受け止めたカードの上に、人差し指を乗せます。カードを人差し指と、中指・薬指で軽く挟んでいる状態です。

4 右手を上げて左手でカードをつかむ

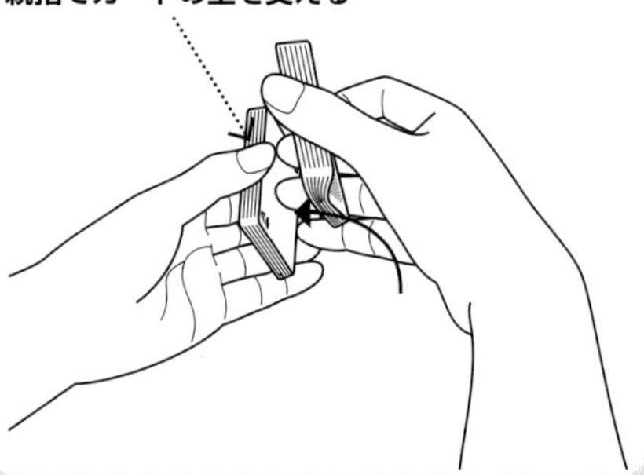

親指でカードの上を支える

右手の中指と薬指の先を、左手のカードの下に当てて、支えます。そのまま右手を上げて、左手のカードを起こして、左手の親指でカードを支えましょう。

5 2つに分けたカードの山を左右それぞれの手で持つ

カードの表面を
内側に向ける

2つに分けたカードの山の、表面を向かい合わせます。

6 カードの端をテーブルに当てて親指で上に曲げる

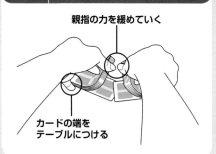

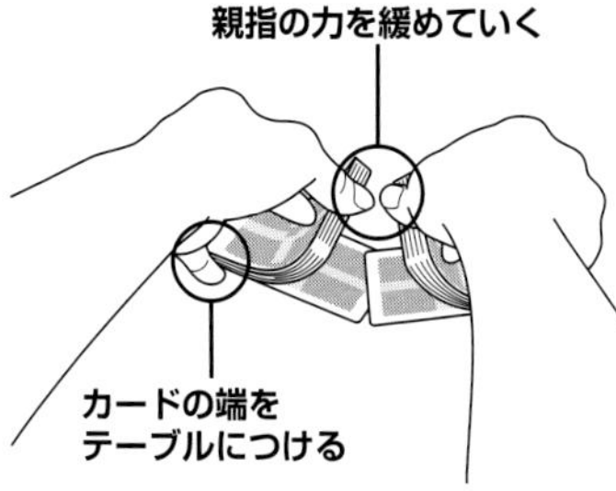
親指の力を緩めていく
カードの端を
テーブルにつける

上の図のようにカードをテーブル上で構えて、親指の力を徐々に緩めて左右のカードを落としていきます。

7 両方のカードを最後まで落とす

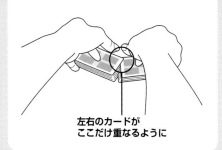

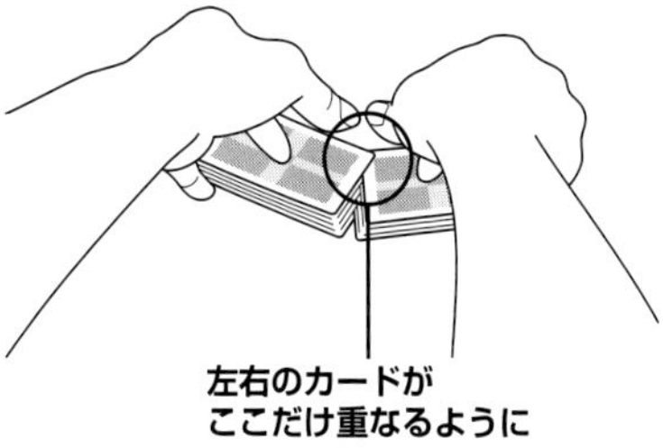
左右のカードが
ここだけ重なるように

カードを最後まで落とすと、2つの山の端が少しずつ交互に重なっている状態になります。

8 両方のカードを両手で持ち上げる

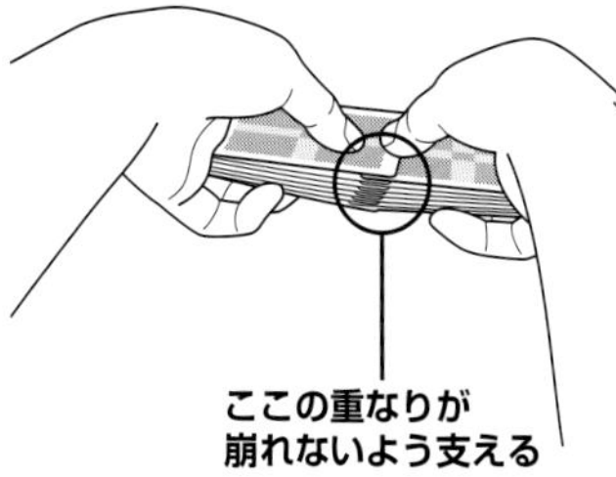
ここの重なりが
崩れないよう支える

両方のカードを、上の図のように上から親指で、下から他の指で挟むように持ちます。

9 両手でカードを押して山の形に曲げる

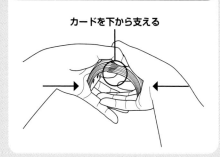

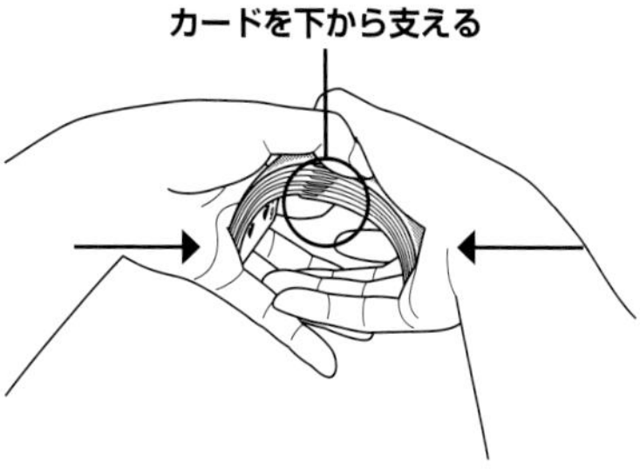
カードを下から支える

そのまま両手を内側に寄せて、カードを山の形に曲げます。

10 手の力を徐々に抜いてカードをまとめる

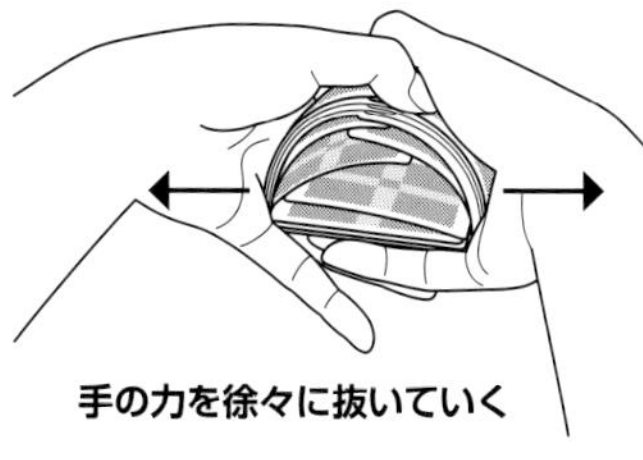
手の力を徐々に抜いていく

手順9の状態のまま、手の力を徐々に抜いていきます。するとカードが順番にまとまっていきます。

◉監修者紹介

上口龍生 Ryusei Kamiguchi（マジック監修）

あらゆるマジックに精通するマスターマジシャン。
テレビなどでも活躍中。近年は後進の指導などにも力を注いでいる。
自身がオーナーを務める「マジックバー・サプライズ」では、
常に素晴らしいテーブルマジックを堪能できる。
マジックバー・サプライズ
http://www.surprise-akasaka.com/

三田皓司 Koji Sanda（ゲーム監修）

1945年生まれ。（公社）日本コントラクトブリッジ連盟終身会員、
IBM（国際奇術家協会）大阪リング会員、（社）日本推理作家協会会員。
12才からマジックを趣味とし、18才よりゲーム（特にカード）を
遊びはじめる。

シャーリー・スー Shirley・Sioux（占い監修）

タロットカード・オーラリーディングを主体にした鑑定を行う。
2003年、自身主宰の「占いの部屋シャーリー」を東京都中央区京橋
にてオープン。口コミで広がり、憩いを求めるOLや主婦、会社帰り
の男性など、幅広い層の客層から支持を得ている。
Facebookページ
http://www.facebook.com/shirleysioux
占いの部屋シャーリー
http://www.shirleysfortuneroom.com

STAFF

編集協力	島田喜樹、佐々木理衣、加藤真理子 （株式会社ケイ・ライターズクラブ）
デザイン・装丁	株式会社志岐デザイン事務所
イラスト	株式会社ウエイド、内山良治、ひろいまきこ、堀江篤史
DTP	株式会社創基

トランプで遊ぼう!
ゲーム・マジック・占い

監修者／上口龍生　三田皓司　シャーリー・スー
発行者／池田　豊
印刷所／凸版印刷株式会社
製本所／凸版印刷株式会社
発行所／株式会社池田書店
東京都新宿区弁天町43番地（〒162-0851）
TEL:03-3267-6821（代）
振替00120-9-60072
落丁、乱丁はお取り替えいたします。

© K.K.Ikeda Shoten 2012, Printed in Japan
ISBN978-4-262-14415-3
本書のコピー、スキャン、デジタル化等の無断複製は著作権法上での例外を除き禁じられています。本書を代行業者等の第三者に依頼してスキャンやデジタル化することは、たとえ個人や家庭内での利用でも著作権法違反です。
1401001